KB175229

데탕트 시기 유엔군사령부 문제와 한국의 대응

(The United Nations Command Issue and South Korea's
Response during the Detente Era)

한국외교협상사례 총서 11

데탕트 시기 유엔군사령부 문제와 한국의 대응
(The United Nations Command Issue and South Korea's
Response during the Detente Era)

초판 1쇄 발행 2023년 1월 1일

지 은 이 우승지
발 행 인 한정희
발 행 처 경인문화사
출판번호 406 – 1973 – 000003호
주소 (10881) 경기도 파주시 회동길 445 – 1 경인빌딩 B동 4층
전화 031 – 955 – 9300   팩스 031 – 955 – 9310
홈페이지 http://www. kyunginp.co.kr
이메일 kyungin@kyunginp.co.kr

ISBN 978 – 89 – 499 – 4995 – 6 94340
       978 – 89 – 499 – 4940 – 6 (세트)

– 이 책은 집필자의 견해를 바탕으로 작성된 것으로서
   외교부의 공식입장과는 무관한 것입니다.

국립외교원 외교안보연구소
외 교 사 연 구 센 터

데탕트 시기 유엔군사령부 문제와
한국의 대응

(The United Nations Command Issue and South Korea's
Response during the Detente Era)

우 승 지

경인문화사

　　뛰어난 인재를 구하기 어려움은 옛날과 오늘이 다르지 않았으니, 선인들은 이를 '재난(才難)'이라는 말로 표현했습니다. 특히 대한민국 외교를 짊어질 외교관 후보자와 초임 외교관들에 대한 교육의 중요성과 어려움은 새삼 강조할 필요도 없을 것입니다. 이에 국립외교원 외교안보연구소 외교사연구센터는 외교관후보자 교육과 초임 외교관들의 실무에 도움을 주고자 2018년부터 「한국외교협상사례」총서를 발간하고 있습니다. 본 총서는 1948년 대한민국 정부 수립 이후 오늘에 이르기까지 외교부가 수행한 주요 외교협상 사례의 배경, 주요 쟁점, 전략, 과정, 성과 및 후속조치 등을 체계적으로 서술함으로써 그 공과(功過)를 기록하고 정책적 함의를 도출하는 데 그 목적이 있습니다.

　　이를 위해 국립외교원은 국내 정치외교학계 및 국사학계의 최고 전문가들로 구성된 기획편집위원회의 자문을 받아 주요 외교협상사례 100건을 선정한 후, 이를 바탕으로 매년 5책 내외의 「한국외교협상사례」총서를 간행하고 있습니다. 본 편찬사업의 실무를 담당한 김종학 외교사연구센터 책임교수와 집필자 추천으로부터 최종 결과물의 심사에 이르기까지 전 과정에 참여해주신 신욱희, 홍석률 공동위원장을 비롯한 기획편집위원들의 헌신적인 도움과 노력에 심심한 사의를 표합니다. 본 총서가 장래 한국 외교의 동량(棟梁)이 될 우리 외교관 후보자들에게 귀감이 되는 교재이자 현직 외교관들의 유용한 업무 지침서로 널리 활용될 수 있도록 많은 관심과 격려를 부탁드립니다.

2022년 1월

국립외교원장 홍현익

국립외교원 외교사연구센터 〈한국외교협상사례〉 총서의 일환으로 단행본 『데탕트 시기 유엔군사령부 문제와 한국의 대응』을 출간하게 되었다. 협상사례총서는 한국현대외교사의 쟁점과 교훈을 돌아보는 목표를 갖고 있다. 사실 필자는 유엔사를 단일주제로 해서는 이번 기회에 처음 글을 쓰게 되었다. 초행길인지라 한 걸음, 한 걸음 조심스럽게 발을 내디딜 수밖에 없었으며, 집필 과정이 저자에게는 '고난의 행군'이자 배움의 연속이었다. 다소 부족한 부분이 있더라도 1970년대 유엔사 협상 이해에 이 책자가 미약하나마 도움이 되었으면 한다. 총서의 형식을 따라 본서는 유엔군사령부를 둘러싼 주요쟁점, 전개과정, 교훈을 서술한 본문과 32편의 자료 그리고 연표로 구성되어 있다. 21세기 한반도의 평화질서를 구축하는 과정에서 유엔사 문제가 다시 화제의 중심에 서고 있다. 유엔사의 과거, 현재, 미래에 대한 총체적인 이해와 논의가 필요한 시점이다.

저자의 서가에는 헨리 키신저가 쓴 Diplomacy 책이 꽂혀 있다. 유학 시절 블루밍턴 시내의 한 서점에서 재고품 할인하는 선반 위에 놓여 있던 것을 2-3불 가량 주고 산 것이다. 리슐리외, 비스마르크, 시어도어 루즈벨트, 우드로 윌슨 등 유럽과 세계질서를 재설계한 정치인들을 학습한 키신저는 자신이 국가안보보좌관, 국무장관이 되어서는 미중화해와 미소 데탕트 전개에 일익을 담당했다. 중국과 함께 아시아질서의 재편을 궁리하면서 키신저 박사는 한반도

정전체제의 변혁에도 관심을 가졌고, 여러 관심 항목 중에 유엔사 문제의 처리도 포함되어 있었다. 필자의 촉(?)으로는 키신저가 유엔사 고리를 풀고 한반도의 새로운 질서를 구축하는데 흥미를 가지고 있었던 것 같다. 돌이켜 보면 그동안 키신저가 활동했던 1970년대에 너무 오래 머물렀던 것 같다. 필자 연구의 다수가 한반도와 데탕트라는 공간에서 맴돌고 있다. 이 책을 기점으로 이제는 키신저 씨를 떠나보내고, 다른 시기와 다른 공간 연구로 훌훌 떠날 때가 온 것 같다.

인류와 바이러스의 전쟁으로 많은 사람들의 일상이 멈추었다. 학교 또한 대면수업이 불가능해서 처음에는 파워포인트에 강의를 녹음해서 시스템에 탑재했다. 이 프로그램에 목소리 녹음 기능이 탑재되어 있다는 걸 그때 알았다. 2주 개강 연기가 4주가 되고, 결국 파워포인트 녹음 강의는 줌을 활용한 라이브 화상강의로 진화되었다. 온라인 수업을 하다가 칠판에 판서하려고 습관대로 뒤를 돌아보니 우리 집 벽이 나와 당황하곤 했었다. 낯선 이국 언어로 온라인 수업하는 일에도 점차 적응이 되어가고 있다. 바이러스와 힘든 싸움이 얼추 두 해에 근접하고 있다. 2022년 1학기 때는 교정에서 학생들을 만나기를 기대해 본다. 요즘 교정에 가면 학생들 인적은 별로 없고, 많은 수의 온갖 산새들이 지저귀며 사람을 반긴다.

본 책자 준비를 마무리하면서 국립외교원 외교사연구센터, 기획편집위원회, 경인문화사의 여러 선생님들께 감사의 뜻을 전한다. 기획편집위원회 구성원으로 활동하면서 역사학, 국제정치학, 외교정책 연구와 집행을 담당하는 분들과 함께 호흡할 수 있었던 부분은 필자에게는 커다란 행운이었다. 경희대학교 국제학부 졸업생 민경익 님과 재학생 심시은 님도 조사와 교정에 많은 도움을 주었다.

2021년 10월

우 승 지

차 례

| 표 |

범례

1. 본 총서는 한국외교협상사례 기획편집위원회가 선정한 『한국 100대 외교협상사례』에 기초하여 협상의 배경과 중요 쟁점, 전개과정과 협상전략, 후속조치와 평가 등을 서술한 것이다.

2. 본 총서의 집필자 추천 및 원고 심사는 한국외교협상사례 기획편집위원회가 담당하였다. 본 위원회의 구성은 다음과 같다.

   공동위원장 신욱희(서울대학교), 홍석률(성신여자대학교)

   위   원 신종대(북한대학원대학교)

   위   원 우승지(경희대학교)

   위   원 정병준(이화여자대학교)

   위   원 조양현(국립외교원)

3. 본 총서는 각 협상사례를 상대국 및 주제에 따라 총 7개의 클러스터로 분류하였다. 각 클러스터는 책등 및 앞표지 상단의 사각형 색으로 구분하였다.

   1) 한반도(황색)

   2) 미국(주황색)

   3) 일본(자주색)

   4) 중국, 러시아(보라색)

   5) 유럽, 제3세계(남색)

   6) 국제기구, 환경(녹색)

   7) 경제통상(연두색)

4. 부록에는 협상의 관련 자료 및 해제와 연표 등을 수록하였다.

　　1) 관련 자료에는 한국, 협상상대국, 제3국의 외교문서 원문 및 발췌문, 발표문, 언론보도 등을 수록하였다.

　　2) 자료의 제목, 공식 문서명, 발신일, 수록 문서철, 문서등록번호, 기타 출처 등은 부록 서두에 목록화하였다.

　　3) 자료 해제에는 각 자료의 배경, 요점, 함의 등을 간략히 기술하였다.

　　4) 연표에는 주요 사건의 시기와 내용, 관련 자료 등을 표기하였다.

　　　　(예)

시기	내용
1950. 10. 7.	유엔총회 UNCURK 창설 결의
[자료 1] "Resolution 376 (V) Adopted by the General Assembly"	

　　5) 자료의 제목은 공식 문서명을 기재하는 것을 원칙으로 하되(예: "Telegram from the Embassy in Korea to the Department of State") 편의상 자료의 통칭 등을 기재하기도 하였다(예: "닉슨 독트린").

　　6) 자료는 원칙적으로 발신일을 기준으로 나열하되, 경우에 따라 협상 단계 및 자료간 연관성 등을 고려하여 배치하였다.

| 개요 |

한반도 평화체제 건설과 새로운 한미동맹 위상 정립과 관련해서 빼놓을 수 없는 항목이 유엔군사령부 문제이다. 유엔군사령부의 기원은 한국전쟁까지 거슬러 올라간다. 유엔군사령부는 공산주의 세력에 맞서 한반도에서 주도적으로 전쟁을 수행했고, 정전협정 체결 이후에는 협정의 당사자 자격으로 정전체제의 한 축을 담당하고 있다.

1970년대 냉전의 와중에서 공산진영과 비동맹국들의 거듭된 문제제기로 유엔 무대에서 유엔사가 논란의 한복판에 서게 되었다. 유엔총회 구성원 성격이 변하면서 종래 미국 의사대로 표결을 이끌던 동력은 많이 소진되었고, 이에 따라 대한민국과 미국을 비롯한 우방들은 유엔 무대에서 유엔사 존립 방어를 위해 분투했다. 워싱턴은 내부적으로 유엔사 해체를 포함한 여러 대안을 검토하기 시작했다. 미국은 유엔사 해체가 한반도 안보에 불안정을 조성해서는 안 되며, 유엔사 해체에 대한 반대급부로 공산권도 무언가 양보를 해야 한다고 생각했다. 한국은 유엔의 상징, 권위, 효용에 주목하며 한국 내 유엔기구 축소 움직임을 반대했다.

유엔총회에서 남한과 북한은 유엔사 문제를 놓고 격돌했다. 1971년, 1972

년은 연속해서 토의가 연기됐고, 1973년에는 남북대화 지속을 촉구하는 의장합의성명으로 마무리되었다. 1974년 총회는 유엔사 문제 관련 안보리 주의를 환기시키는 결의안을 통과시켰다. 1975년 친한 결의안과 친북 결의안이 모두 총회에서 통과되어 남북대결이 최고조에 달했다. 1976년에는 양 진영이 모두 결의안을 철회하였고 이후 총회에서 서울과 평양이 우호적인 결의안을 통과시키기 위해 경합을 벌이던 일은 일단락되었다. 1975년을 제외하고 한국 외교관들은 대체로 만족스러운 결과를 유도해 냈다.

미중화해의 과정에서 한반도 문제도 테이블에 올랐고 한반도 내 유엔기구 처리도 논의되었다. 미국과 중국의 논의는 한국-미국, 중국-북한, 한국과 북한의 우호세력 사이의 협상으로 이어졌다. 뉴욕 유엔총회의 배후에는 베이징, 평양, 서울 등의 토론이 자리하고 있었다. 워싱턴이 서울을 설득하여 베이징에 타협안을 제출하였으나 평양은 이를 받지 않았다. 평양의 강경한 태도와 미국의 정권교체로 유엔사 협상은 길을 잃었다. 70년대 후반 주한미군 철수논의와 유엔사 문제가 얽히면서 유엔사와 연합사의 병존으로 귀결되었다.

유엔사 논쟁은 미중화해, 미소 데탕트, 데탕트의 쇠락이라는 국제정세의 부침에 영향을 받았다. 당시 유엔사 존폐 협상의 중요한 한 축은 미국과 중국의 대화였다. 미중화해가 진전되는 동안 유엔사 협상도 지속되었고 그 불씨 또한 살아 있었다. 미중화해의 속도가 저하하자 유엔사 협상 또한 벽에 부딪쳤다. 중국을 끌어들여 세력균형의 한 축으로 활용하려 한 닉슨과 키신저가 활동하던 시기에 유엔사 문제해결의 가능성은 높았다. 그들이 권좌에서 내려서면서 협상의 동력도 많이 소진되었다. 미국은 한반도 안정 유지라는 큰 틀에서 유엔사 존속을 꼭 고집하지는 않았다. 중국은 북한을 대리하여 미국과 협상했지만 북한이 미국과 직접 협상을 원하자 2선으로 물러섰다.

한반도 차원에서 남북화해와 남북긴장의 변주 또한 유엔사 협상에 영향을 미쳤다. 남북화해가 진행되는 동안에도 남과 북이 허심탄회하게 유엔사 문제를 논의한 것은 아니었다. 서울과 평양은 외양으로 대화를 하고 있었지만 서로 상대방에 대한 기대는 하지 않고, 상대 정권의 실수를 노리고 문제점을 부각시키는 일에 보다 주안을 두고 있었다. 남북대화 시절 북한이 정치, 안보 문제에 집중한 반면 남한은 경제, 인도주의 주제에 치중했다. 1970년대 중반 대통령 살해 미수, 남침용 땅굴 발견, 판문점 미군 살해 사건 등이 발생하면서 유엔사 문제를 대화와 협상으로 풀 기회는 점점 더 멀어져 갔다.

북한은 유엔사/주한미군 관련 강경한 입장을 고수했다. 북한은 미국의 조건부 해체론을 받지 않고 북미 직접대화와 평화조약 체결을 추가적으로 요구했다. 미국이 당시 상황에서 주려고 한 것보다 더 많은 것을 요구한 것이다. 평양에게 유엔사 해체는 과정이었고, 미국과 담판을 전제로 한 평화조약 체결이 궁극적 목표였다. 결국 미국의 조건부 해체론은 없던 일이 되었고, 북한은 큰 보상을 얻으려다 작은 선물마저 받지 못하고 말았다.

박정희 정부는 유엔사의 군사적, 외교적 의미를 높이 평가하면서 유엔사의 존속을 희망했다. 따라서 미국이 유엔사 폐지를 하나의 방안으로 고려하자 소극적이고, 방어적으로 대응했다. 한국은 되도록 유엔사가 존속되는 길을 선호했고 그 폐지에는 여러 조건을 내걸었다. 1970년대 초반 한국은 유엔사 토론을 회피하며 시간을 벌었다. 6.23선언 전후 한국은 여러 조건을 걸며 유엔사 협상에 임했다. 미국에 대해서는 유엔사 권한을 한국군에 이양하자고 제안했고, 유엔총회 무대에서는 이슈를 다양화하며 유엔가입 카드를 꺼냈다. 서울은 워싱턴에 유엔사를 거두어 가면 작전통제권이 한국군에게로 돌아와야 할 필요성이 발생한다고 알렸다. 국제무대에서 서울은 유엔사 해체와 유엔가입을 거래할 용의가 있었다.

미국이 조건을 맞추어 유엔사 문제를 해결하는데 방점을 둔 것에 비하여 한국은 조건이 맞지 않으므로 유엔사는 존속되어야 한다고 보았다. 서울과 워싱턴이 모두 조건을 내걸었지만 그 조건을 바라보는 시선과 속내는 사뭇 달랐다. 당시 국제상황으로 보아 남북한, 미국, 중국이 모두 만족할 수 있는 타협안 마련은 쉽지 않았다. 한국은 유엔사 문제 해결에 조건을 걸거나 새로운 의제를 연계시켜 주고받기 식의 양방향 타결을 모색했다.

닉슨 정부는 유엔사를 대체할 조건을 토론하기 희망하였으나 백악관 주인이 연이어 교체되고, 자유진영과 공산진영 사이 갈등이 지속되면서 관련국 사이 협상은 진척을 이루지 못했다. 결국 한국과 미국은 유엔사를 그대로 둔 채 연합사를 출범시키는 선택을 했다. 1970년대 후반 이후 연합사/유엔사의 이원체제 속에 방위의 주역은 연합사가 담당하고, 정전의 감독 역할을 유엔사가 수행하고 있다.

데탕트 시기 유엔군사령부 문제와 한국의 대응

Ⅰ. 서론

21세기 한반도와 동아시아 국제질서 재편을 둘러싸고 남북한과 주변 강대국의 셈법과 실천이 뜨겁게 부딪치고 있다. 미국, 중국, 일본, 러시아의 아시아태평양전략의 방향은 한국과 북한의 평화공존, 공동번영, 민족통일을 위한 설계도에 많은 영향을 끼치게 될 것이다. 한국정부는 평화와 번영의 한반도 신질서 마련을 위해 북한 비핵화 개념과 시간표, 한반도 평화체제 내용과 성격, 한미동맹 비전과 지휘구조 재편에 많은 정성을 쏟고 있다. 평화체제 건설을 위해서는 남북한과 주변국의 새로운 관계정립이 필요하며, 기존 정전체제와 동맹구조에도 변화가 수반될 것이다.

한반도 평화체제 건설과 새로운 한미동맹 위상 정립과 관련해서 빼놓을 수 없는 한 항목이 유엔군사령부(유엔사: UNC) 문제이다. 한반도에서 정전체제에서 평화체제로 넘어가는 전환기 마디마다 유엔사 위상을 둘러싼 논란이 불거질 수 있다. 미국은 아시아태평양 정책의 변화에 따라 유엔사의 성격과 위상을 재조명하고 있다. 한국 또한 유엔사를 바라보는 시각이 정세와 정권 변화에 따라 꿈틀거린다. 유엔사 위상은 시대를 흐르면서 변화하여 왔다. 유엔사는 진화 중이다.

유엔군사령부의 기원은 6.25전쟁(한국전쟁)까지 거슬러 올라간다. 유엔사를 만든 설계사들이 이 기구의 장수를 예측했는지 알 수는 없지만, 포연의 언저리에서 탄생한 유엔사는 한국전쟁을 훌쩍 넘어 냉전체제가 수명을 다한 이후에도 굳건히 한반도 안보의 중심에 자리하고 있다. 유엔군사령부는 공산주의 세력에 맞서 한반도에서 전쟁을 수행했고, 정전협정 체결 이후에는 협정의 당사자 자격으로 정전체제의 한 축을 담당하고 있다.

1970년대 냉전 공간에서 공산권/비동맹의 거듭된 비판으로 유엔사는 유엔무대에서 논란의 한복판에 서게 되었다. 유엔총회 구성원 성격이 변하면서 종래 미국 의사대로 표결을 이끌던 동력은 많이 소진되었고, 이에 따라 미국은 유엔 무대에서 유엔사 존립의 방어비용이 증가하는 상황을 감내해야 했다. 워싱턴은 내부적으로 유엔사 해체를 포함한 여러 대안을 검토하기 시작했다. 미국은 유엔사 해체가 한반도 안보에 불안정을 조성해서는 안 되며, 유엔사 해체에 대한 반대급부로 공산권도 무언가 양보를 해야 한다고 생각했다. 한국은 유엔의 상징, 권위, 효용에 주목하며 한국 내 유엔기구 축소 움직임을 반대했다. 1970년대 박정희 정부가 워싱턴의 여러 정부보다 유엔사 기능과 위상에 더 많은 의미를 부여하고 있었다.

닉슨/키신저는 관련국들과 유엔사를 대체할 수 있는 방안을 토론하기를 희망하였으나 미국 정부가 연이어 교체되고, 자유진영과 공산진영 사이 갈등이 지속되면서 국제협상은 성과를 내지 못했다. 결국 한국과 미국은 유엔군사령부를 그대로 둔 채 한미연합군사령부(ROK-US CFC)를 출범시키는 선택을 했다. 1970년대 후반 이후 연합사/유엔사의 이원체제 속에 연합사가 방위의 역할을, 유엔사가 정전의 감독 역할을 담당하고 있다. 2000년대 들어서 정전체제 종언과 평화체제 수립, 전시작전권 전환과 한미연합사 재편이 추진되면서 이들 문제와 연계되어 있는 유엔사 위상 문제가 다시 불거지고 있다.

본 연구는 1970년대 데탕트 시기 유엔사를 둘러싼 한국외교의 도전과 응전의 특징을 살펴본다. 유엔사 현안의 국제적 성격을 고려, 관련국의 이해와 활동을 함께 고찰하게 될 것이다. 미국, 중국의 입장과 역할과 함께 북한의 주장과 활동 그리고 남한의 논리와 활동을 중점적으로 고찰하고자 한다. 유엔사 문제를 둘러싼 미국-중국, 중국-북한, 미국-한국, 남한-북한 사이 협상과 유엔무대에서 한국외교의 활약상을 추적한다. 본 연구가 던지는 주요 질문은 다음과 같다. 70년대 유엔사 문제의 성격은 무엇인가? 당시 유엔사 협상의 주역, 쟁점, 특징은 무엇인가? 한국외교에 당시 무슨 대안들이 존재했는가? 당시 협상의 귀결에 영향을 미친 주요 변수들은 무엇인가? 유엔사 협상이 주는 교훈은 무엇이며, 향후 한국외교에 어떤 과제를 던져주고 있는가?

데탕트 시기 문제를 고찰하기 위해 본 연구는 유엔사 연구물과 함께 한국외교사료관, 미국 국립문서기록관리청 자료를 활용하였다. 본 주제 연구를 통해서 1970년대 한반도 주변상황에 대한 이해, 한반도문제에서 유엔사의 기능과 의미에 대한 이해를 도모한다. 70년대 당시 유엔사 문제 대응에 대한 성찰을 바탕으로 현 시점에서 유엔사 관련 한국정부의 정책 방향을 개발하는데 이바지할 수 있을 뿐만 아니라 한미동맹 간의 안보협상의 한 사례로 21세기 변화된 상황에서도 협상가와 정책결정자에게 교훈과 시사점을 줄 수 있을 것이다. 본 연구서는 외교관 교육 시 교재로 활용하는 한편 외교정책 실무자와 연구자를 위한 참고자료로 활용될 수 있다.

Ⅱ. 유엔군사령부의 형성과 활동

1. 유엔사의 성립

일본 제국주의 패망 이후 한반도의 남쪽에는 미국군이, 북쪽에는 소련군이 진주하여 군정을 실시하면서 민족의 분단은 시작되었다. 3년여의 군사점령을 거쳐 1948년 8월 15일 대한민국이, 동년 9월 9일 조선민주주의인민공화국이 각각 출범하였다. 1947년 9월 17일 미국이 한국문제를 유엔(국제연합) 총회에 의제로 상정하면서 유엔과 한국의 인연은 시작되었다. 대한민국은 1947년 11월 14일 유엔총회 결의와 1948년 2월 26일 유엔 소총회 결의에 의거 실시된 총선거를 통해 수립되었다. 1948년 12월 제3차 유엔총회에서 대한민국을 합법적 정부로 선언하는 결의가 채택되었다. 이후 남한과 북한은 독자적으로 유엔 가입을 시도하였으나 상대 진영의 반대로 뜻을 이루지 못하고 있었다. 냉전체제가 무너지는 와중인 1991년 9월 제46차 유엔총회에서 남한과 북한은 각자 유엔에 가입하게 된다.[1]

한국현대사와 유엔은 출범 시기부터 밀접하게 연관되어 있었는데 한국전쟁

---

[1] 이상옥, 2002, 2부; 외교통상부, 2009, 3장; 노태우, 2011, 44장; 노동영, 2017, 53-75쪽; 최동주, 2020.

이 발생하면서 한국인의 삶은 다시 유엔정치의 영향을 받게 되었다. 1950년 한국전쟁이 발발하자 6월 25일 오후 2시(현지시간) 미국의 요청으로 소집된 유엔 안전보장이사회는 결의안 82호를 통과시켰다. 동 결의안은 대한민국이 한반도에서 유일한 합법정부임을 재확인하는 한편 북한의 평화 파괴를 규탄하면서 평양에게 적대행위를 즉각 중지하고, 38선 이북으로 철수하라고 요구하고 있다. 이 결의안은 소련이 불참하고, 유고슬라비아가 기권한 가운데 9개국 찬성으로 통과되었다.[2] 유엔 안보리는 이어 6월 27일 결의안 83호를 채택하여 무력공격을 격퇴하고, 평화와 안전을 회복하기 위해 대한민국에 필요한 원조를 제공할 것을 회원국에 권고하고 있다. 소련은 여전히 회의에 참석하지 않았고, 유고슬라비아가 다시 기권하였지만 7개의 찬성표가 나왔다.[3]

1950년 7월 7일 유엔 안전보장이사회는 7개국 찬성으로 결의안 84호를 통과시켰다. 소련은 회의에 불참했고, 이집트, 인도, 유고슬라비아는 기권했다. 안보리 결의안 84호는 미국이 주도하여 통합군사령부(unified command)를 만들 것을 권고하고, 미국이 통합군사령관을 임명하도록 요청하며, 통합군이 북한에 대한 작전을 펼칠 때 유엔기(United Nations flag)를 사용할 권한을 가진다고 명시했다. 또한 84호 결의는 유엔사 활동에 대해 안보리에 정기적으로 보고할 것을 요청하고 있다.[4]

2 Security Council Resolution 82, June 25, 1950, Official Document System of the United Nations, https://documents.un.org, 검색일: 2021년 2월 26일.

3 Security Council Resolution 83, June 27, 1950, Official Document System of the United Nations, https://documents.un.org, 검색일: 2021년 2월 26일.

4 Security Council Resolution 84, July 7, 1950, Official Document System of the United Nations, https://documents.un.org, 검색일: 2021년 2월 26일.

한반도에서 분쟁이 발생하자 미국은 즉각 반응했다. 트루먼 대통령은 6월 26일 저녁 미국 극동군 총사령관 맥아더에게 미 해군과 공군의 한국 출동을 명령했고, 이튿날 한국에서 작전행동권을 부여했다. 태평양전쟁 이후 일본 점령을 위해 진주해 있던 주일미군 제8군 산하 제24보병사단이 출병했고, 7월 중순에는 제8군 사령부가 한반도로 이동했다. 안보리 결의 아래 미국은 유엔사를 설립했다. 트루먼 대통령은 7월 8일 일본 도쿄에 있던 극동군 총사령관 맥아더 원수를 유엔군사령관으로 임명하는 한편 참전국 국기와 더불어 유엔기 사용을 지시했다. 7월 14일 이승만 대통령은 작금의 적대상태가 지속되는 기간 동안, 한국과 그 근해에서, 한국 육해공군에 대한 모든 지휘권(all command authority)을 이양하겠다는 서한을 맥아더 장군에게 보냈고, 7월 16일 맥아더 장군은 무초 대사를 통해서 작전지휘권(operational command authority)을 인수한다는 회신을 보내 유엔군사령부가 한국군의 작전지휘권한을 행사하게 되었다.[5]

이후 유엔군사령부는 도쿄에 위치하는 한편, 한국에는 예하 야전부대인 미8군이 주둔하는 이원적 체제를 갖추고서 한국전쟁을 주도적으로 수행하게 된다. 맥아더 유엔군사령관은 한국군, 유엔 참전국군, 미8군, 미 극동공군, 미 7함대를 단일 지휘하였다. 한국전쟁에는 유엔군 깃발 아래 모두 16개국(미국, 캐나다, 콜롬비아, 영국, 프랑스, 그리스, 벨기에, 네덜란드, 룩셈부르크, 태국, 필리핀, 터키, 호주, 뉴질랜드, 에티오피아, 남아프리카공화국)이 참전하였다. 이탈리아, 스웨덴, 노르웨이, 덴마크, 인도 등 5개국은 비전투요원(의료지원부대)을 파병하였다.[6]

5 이시우, 2013, 2부; 남기정, 2016, 2장; 장광현, 2020, 3부; Henry Kissinger, 1994, Ch. 19.
6 서주석, 2001, 107-108쪽; 정경영, 2007, 40쪽; 유병현, 2013, 70-77쪽; 장광현, 2020, 3부; 정경영, 2020, 1장.

아시아의 동쪽 끝자락에서 첫 포성이 울린 지 일 년여의 시간이 흐른 즈음부터 참전국들은 본격적으로 전투행위의 중지를 모색했다. 1951년 7월 소련의 중재로 정전(휴전) 협상이 시작되었다. 전쟁 기간 북한/중국을 상대로 전투를 벌인 유엔군사령부는 휴전협상에도 주도적으로 참여했다. 양 진영은 1951년 7월부터 1953년 7월까지 2년여에 걸쳐 휴전의 양식과 조건을 놓고 지루한 공방을 벌였다. 첫 난관은 휴전선을 어디에 둘지 여부였다. 공산진영은 전쟁이 시작되기 전의 경계였던 북위 38도선으로 복귀를 주장했다. 반면 자유진영은 휴전협정을 체결하는 날의 전선을 휴전선으로 하자고 주장했고, 결국 유엔군 주장이 관철되었다. 휴전협상을 2년이나 끌고 간 큰 걸림돌은 전쟁포로 교환 문제였다. 북한/중국은 포로 전체의 교환을 주장하였고, 유엔군은 자발적 송환을 고집하며 평행선을 걸었다.[7]

1953년 7월 27일 판문점에서 유엔군 총사령관, 조선인민군 최고사령관, 중국인민지원군 사령원이 정전협정에 서명하였다. 정식명칭은 〈국제연합군 총사령관을 일방으로 하고 조선인민군 최고사령관 및 중국인민지원군 사령원을 다른 일방으로 하는 군사 정전에 관한 협정〉이다. 미국이 한국을 포함 유엔사에 병력을 파견한 모든 국가들을 대표하여 서명하였고, 한국은 이 문서에 직접 서명하지는 않았다.[8]

정전협정은 "한반도에서 적대행위와 일체 무장행동의 정지를 보장하는 군

---

7 김계동, 2019, 20-22쪽.
8 서주석, 2001, 107-108쪽. 영문 명칭은 다음과 같다. Agreement between the Commander-in-Chief, United Nations Command, on the one hand, and the Supreme Commander of the Korean People's Army and the Commander of the Chinese People's Volunteers, on the other hand, concerning a Military Armistice in Korea.

사상의 휴전 조치를 규정"하고 있다. 본 협정은 군사분계선, 비무장지대, 정화 및 정전의 구체적 조치, 전쟁포로에 관한 조치 등 총 5개조 63개항으로 이루어졌다. 정전협정 제2조 제17항은 정전협정 집행의 책임 주체를 밝히는 한편 쌍방 사령관들이 군사정전위원회와 중립국감독위원회와 협력할 것을 규정하고 있다.

본 정전협정의 조항과 규정을 준수하며 집행하는 책임은 본 정전협정에 조인한 자와 그의 후임 사령관에게 속한다. 적대 쌍방 사령관들은 각각 그들의 지휘 하에 있는 군대 내에서 일체의 필요한 조치와 방법을 취함으로써 그 모든 소속 부대 및 인원이 본 정전협정의 전체 규정을 철저히 준수하는 것을 보장한다. 적대 쌍방 사령관들은 상호 적극 협력하여 군사정전위원회 및 중립국 감독위원회와 적극 협력함으로써 본 정전협정 전체 규정의 문구와 정신을 준수하도록 한다.[9]

정전협정 제4조 60항은 한국전쟁을 평화적으로 종결하기 위한 정치회담을 정전협정 발효 후 3개월 내에 개최하도록 명시하고 있다. 1953년 10월 개최된 정치 예비회담과 1954년 4월에 열린 제네바 회담은 한반도 평화정착 관련 아무런 결실을 맺지 못하고 끝났다. 정전협정 제1조 제9항과 제10항은 유엔군사령관의 권한 및 책임을 언급하고 있다. 이 조항들은 유엔군사령부가 비무장지대 내 군사분계선 이남에 관한 통항 문제에 대한 통제 권한 및 관할권을 가지고 있으며, 유엔군사령관이 정전 관련 업무를 관장한다고 규정하고 있다.[10]

9 서주석, 2001, 107-108쪽에서 재인용.

정전협정은 정전을 관리하고 감독하는 양대 기구로 군사정전위원회와 중립국감독위원회를 지목하고 있다. 군사정전위원회는 정전협정의 이행을 감독하고, 협정의 위반을 협상을 통해 해결하려는 협정 당사자들의 유일한 공식대화기구이다. 군사정전위원회 정원은 10명으로 유엔사가 5명의 선임장교를, 북한과 중국이 5명의 선임장교를 임명하는 공동기구이다. 유엔군사령관은 미국 1명, 한국 2명, 영국 1명 그리고 호주, 캐나다, 필리핀, 태국 중 호선으로 1명을 임명한다. 군사정전위원회는 쌍방 중 한쪽의 요청이 있을 때 판문점 공동경비구역에서 개최된다. 중립국감독위원회는 스웨덴, 스위스, 체코슬로바키아, 폴란드에서 각 1명씩 4명으로 구성되어 있다. 스웨덴과 스위스 대표는 유엔사가, 체코슬로바키아와 폴란드 대표는 북한이 임명한다. 중립국감독위원회는 비무장지대 밖의 휴전 관련 사항들에 대해 독자적인 조사를 수행하여 군사정전위원회에 보고하며, 군정위는 양측이 제출한 보고서를 평가하는 회의를 매주 공동경비구역에서 개최한다.[11]

미국이 승패 없이 한반도의 분쟁을 마무리하려고 동분서주하는 동안 정작 직접 당사자인 한국정부는 휴전 조인에 부정적인 태도를 보이고 있었다. 이승만 대통령은 확실한 안전보장이 없는 휴전에 반대한다는 입장을 거듭 피력하였다. 그는 통일 없는 평화는 있을 수 없다면서 한국인의 의사에 반하여 휴전이 이루어지면 국군을 유엔군사령부로부터 철수하여 단독으로라도 북진을 하겠다는 결연한 의지를 나타내기도 하였다. 정전회담이 진전되자 이승만은 마

10 서주석, 2001, 107-108쪽.
11 주한 UNC(유엔군 사령부) 연례 보고서, 1979, 분류번호 729.54, 등록번호 26228 13131, 외교사료관.

크 클라크 유엔군사령관에게 서한을 보내 중국군과 유엔군의 동시철수에 이의가 없다면서, 미군이 철수할 경우 한미상호방위조약을 체결하고, 완충지대를 설치하며, 한국군이 증강되어야 한다는 선제조건을 제시했다. 이승만이 휴전에 제동을 걸고 나오자, 협상을 통해 태평양 너머 분쟁에서 벗어나려던 미국은 적잖이 당황했다. 워싱턴은 이승만 대통령을 설득하는 방안부터 그를 제거하는 방안까지 여러 대안을 두루 검토한 후 결국 이승만을 설득하기로 정했다. 미국정부는 이승만이 요구하는 상호방위조약을 체결하기로 결심하고 한국정부와 협상에 나섰다.[12]

휴전협상 타결이 임박해 오자 이승만은 강하게 반발하며 독자행동에 나섰다. 이승만 정부는 1953년 6월 18일 북한으로 송환을 거부하는 27,000명이 넘는 포로들을 유엔사에 통보하지 않고 일방적으로 석방하는 조치를 취했다. 이에 분노한 아이젠하워 대통령은 이승만 대통령에게 포로 석방이 유엔군사령부의 권위에 도전하는 것이라며 경고 서한을 보냈다.[13] 이승만 대통령은 6월 22일 기자회견을 갖고 한국이 수락할 수 없는 상황에서 휴전이 조인되면 한국군이 유엔군사령부 관하에 남아있지 않을 수 있다고 으름장을 놓았다. 그는 이튿날 한국이 수락할 수 있는 대안으로 (1) 중국군의 철수 또는 중국군과 유엔군 동시철수, (2) 휴전 이전 한미상호방위협정 체결, (3) 3개월 기한부 정치회의 개최를 제시했다.[14]

로버트슨 국무부 차관보가 1953년 6월 25일 특사로 한국을 방문하여 협상

---

12 김일영·조성렬, 2003, 1장; 김계동, 2019, 1-2장.
13 홍용표, 2010, 144-181쪽; 김계동, 2019, 2장.
14 김계동, 2019, 45-46쪽.

에 들어갔다. 미국은 동맹조약 협상을 개시하고, 경제원조를 실시하며, 한국군 증강을 약속하는 대신 한국정부가 유엔사령부의 권위를 인정하고, 휴전협정을 준수하며, 한국군이 유엔사에 잔류한다는 것을 조건으로 제시했다. 이승만 대통령은 즉각적인 상호방위조약 체결과 경제원조 제공, 육군 20개 사단 증강을 요구하였다. 한국과 미국은 결국 휴전 후 상호방위조약 체결, 미국의 경제원조 제공, 한국군 증강에 합의했다.[15]

1953년 10월 1일 워싱턴에서 덜레스 국무장관과 변영태 외무장관이 참석하여 한미상호방위조약을 체결하였다. 동 조약은 양국 의회의 비준을 거쳐 1954년 11월 18일 발효된다. 방위조약 협상 시 한국은 조약의 한 당사국이 외부로부터 공격을 받을 경우 다른 당사국이 자동적으로 개입하는 자동개입 조항을 요구했으나, 미국은 각자의 헌법적 절차에 따라 개입을 하는 절차를 주장하여 결국 후자로 매듭지어졌다.[16]

상호방위조약 발효 하루 전인 11월 17일에는 양국이 〈경제 및 군사문제에 관한 한미합의의사록〉에 서명했다. 한미합의의사록을 통해서 미국은 한국에 대규모 경제 및 군사원조를 실시하고, 한국군 증강을 후원할 것을 약속했다. 의사록 제2조는 유엔군사령부가 대한민국의 방위를 책임지는 동안 유엔군사령관이 한국군의 작전통제(operational control)를 맡는데 한국이 동의한다고 명시하고 있다. 미국은 이 조항의 위력으로 이승만 대통령이 무리하게 북진통일을 시도하려는 의도를 사전에 차단하려고 했다.[17]

---

15   김일영·조성렬, 2003, 1장; 홍용표, 2010, 144-181쪽; 김계동, 2019, 46-53쪽.
16   김일영·조성렬, 2003, 1장; 김계동, 2019, 1-2장.
17   김일영·조성렬, 2003, 1장; 김계동, 2019, 3장.

유엔군사령부는 1950년 7월 24일 일본 도쿄에서 창설되었다. 한국전쟁 중인 1951년 9월 8일 샌프란시스코 평화조약이 체결되어 일본의 주권이 회복되자 일본 내 유엔군사령부의 법적 지위에 대한 논란이 발생했다. 샌프란시스코 평화조약 체결 당일 미국과 일본은 애치슨-요시다 교환각서에 서명하였다. 요시다 총리와 애치슨 국무장관은 샌프란시스코 평화조약 발효 이후에도 일본이 유엔군사령부의 일본 내 주둔과 활동을 허용한다는 내용의 각서를 교환하였다. 본 각서는 정치적 합의의 성격을 갖고 있었기 때문에 이를 더욱 구체화하고, 법적 구속력을 갖출 필요성이 있었다. 미국과 일본은 1954년 2월 19일 주일유엔군지위협정을 체결하게 된다. 동 협정 제5조 제2항은 유엔군사령부가 주일미군 기지를 사용할 수 있도록 허락하고 있다.[18]

미국은 1957년 4월 도쿄의 극동군사령부를 해체하고, 하와이에 태평양지구사령부를 신설하였다. 주한미군 또한 태평양사령부의 작전지휘에 편입되었다. 유엔군사령부는 1957년 7월 1일 도쿄에서 서울(용산기지)로 이전하였고, 유엔군사령관이 유엔군사령부, 주한미군사령부, 미 제8군사령부를 모두 지휘하게 되었다. 유엔사 이전과 함께 일본 자마기지에 유엔군 후방사령부가 신설되어, 한국과 일본 모두에서 유엔사 활동이 지속되었다.[19]

---

18 김일영·조성렬, 2003, 2장.
19 이기범, 2019, 2-4쪽.

2. 유엔사의 구성과 활동

유엔군사령부는 미국이 주도하여 유엔 안전보장이사회 결의에 의해 출범하였다. 유엔사는 한국전쟁과 정전체제를 거치면서 70여 년 동안 한반도 평화와 안보의 한 축을 담당해 왔다. 유엔군사령부는 북한의 무력공격 격퇴, 정전협정 이행 감독, 위반 시 이를 조사 및 시정, 주일 유엔사 후방기지 유지, 유사 시 파견되는 유엔 회원국 군대 통제 및 지원 임무를 수행한다.[20] 유엔사가 유엔의 공식적인 보조기관(subsidiary organ)인지 여부와 관련 긍정론과 부정론이 공존하고 있고, 한국전쟁 당시 유엔사 활동이 집단적 자위권(collective self-defense) 행사였는지, 집단안보(collective security) 취지에 따른 군사적 강제조치였는지에 대해서 여러 해석이 엇갈리고 있다.[21]

유엔군사령부는 유엔군사령관/부사령관, 참모장/부참모장, 참모부, 군사정전위원회(MAC), 주일 유엔사 후방사령부(후방지휘소: UNC Rear Command), 유엔사 회원국 연락장교단(UNC Member States Liaison Office Corps), 의장대로 구성되어 있고, 군정위 산하에 군정위 고문단, 군정위 비서처, 공동경비구역(JSA) 경비대대가 있다. 군정위는 정전협정 위반과 군사적 긴장완화를 위한 안건을 협의한다. 군정위 비서처는 군정위에 행정 및 참조 지원 역할을 맡고 있다. 유엔사 후방지휘소는 유사 시 유엔사 회원국 병력이 일본 기지를 통과하여 한반도로 전개되는 임무를 지원하게 된다. 일본 내 유엔사 지정기지는 주일미군사령부와

---

20 노동영, 2017, 68-71쪽; 김병기, 2019, 73-74쪽; 정경영, 2020, 1장.
21 노동영, 2017, 53-75쪽; 송승종, 2019, 235-263쪽.

미5공군이 있는 요코다 공군기지, 미7함대 모항 요코스카 해군기지, 자마 기지, 사세보 해군기지와 오키나와 지역의 가데나 공군기지, 후텐마 해병항공기지, 화이트 비치 해군기지 등 7곳이다. 유엔사 후방지휘소는 자마 기지에서 요코다 기지로 이전했다. 연락장교단은 유엔사 회원국의 주한 국방무관이 겸직하며 유엔사와 본국 정부 사이 연락업무를 수행한다. 경비대대는 공동경비구역의 경비 업무를, 의장대는 의장 행사, 본청 경비, 유엔군 포로 및 유해 송환 시 호송 등의 업무를 수행한다.[22]

창설 10여 년이 지나면서 유엔사 기능과 역할에 조금씩 변화가 일어나기 시작했다. 예기치 못했던 군사 쿠데타가 유엔사 변모의 단초가 되었다. 1961년 5.16 쿠데타 당시 한국군 일부 병력이 유엔사 통제를 벗어나 독자적으로 행동하여 유엔군사령관의 작전통제 권한에 손상을 입혔다. 5월 26일 유엔군사령부와 국가재건최고회의는 다음과 같이 공동성명을 발표하였다.

(1) 국가재건최고회의는 유엔군사령관에게 모든 한국군의 작전통제권이 복귀되었음을 밝힌다.

(2) 유엔군사령관은 공산 침략으로부터 한국을 방어함에 있어서만 그 작전통제권을 행사한다.

(3) 유엔군사령관은 제30예비사단, 제33예비사단, 제1공수특전대, 5개 헌병 중대를 국가재건최고회의 통제하에 둔다.[23]

---

22 김일영·조성렬, 2003, 172쪽; 정경영, 2007, 46~49쪽; 정경영, 2020, 1장.
23 김일영·조성렬, 2003, 81쪽.

공동성명은 일부 국군 병력이 유엔사령관의 통제 밖에 있음을 밝혔다. 베트남전쟁 중 파병 한국군에 대한 작전통제권 또한 주월 한국군사령관이 행사하게 되었다. 한국과 미국 정상은 1968년 4월 정상회담에서 우리 정부의 요청으로 간첩작전 수행과정에서 예비군을 포함한 한국군 전체에 대한 작전통제권을 한국군이 행사하기로 합의하였다.[24]

본 연구의 중점인 1970년대 초반 미국 국무부 문건은 유엔군사령부에 대해 미국이 조직하고 통제하는 기구라고 단정적으로 언급하고 있다.[25] 1953년 정전협정 이후 미국을 제외한 참전국 군대는 대부분 철수하였으며, 일부 국가들이 유엔사에 상징적인 인원을 잔류시키고 있다. 참전국의 유엔사 잔류 결정은 미국과 친소, 자국의 이해 등 정치적인 요인에 영향을 받은 것으로 보인다.

1971년 5월 31일 기준으로 미국을 제외하고 6개국이 유엔사 활동에 참여하고 있으며, 그들은 군사연락단을 구성하고 있다. 군사연락단은 명목상의 주둔을 하고 있을 뿐 유엔사의 작전통제를 받는 주요 부대는 대한민국의 군대였다. 유엔군사령관은 유엔사에 배속된 부대, 태국 중대, 그리고 한국군을 지휘하였다. 주한미군은 유엔사의 구성원이 아니며, 유엔사가 아닌 태평양사령부의 작전통제를 받는다. 군사연락단은 영국(24명), 태국(168명), 캐나다(2명), 호주(2명), 에티오피아(3명), 필리핀(2명)으로 200명 남짓의 인원으로 구성되어 있었다. 터키와 뉴질랜드는 1971년 초반 철수했으며, 가장 많은 병력을 파견한 태

---

24 김일영·조성렬, 2003, 2장, 6장.

25 Memorandum to EA/K — Mr. Ranard from EA/K — P. Wesley Kriebel, August 16, 1971, The United Nations in Korea — Belling the Cat, Pol 32-4 Kor/UN, Subject-Numeric Files, RG 59, National Archive at College Park. 원문은 아래와 같다. "But the UN Command itself was and is a U.S. staffed and controlled organization."

국은 당시 파견부대의 임무기간이 다하면 교대 병력을 보내지 않겠다고 선언한 상태였다. 미국은 군사연락단의 효용이 크지 않다고 보고, 이 조직을 축소하거나 자연스럽게 소멸되는 방향을 고려하고 있었다.[26]

유엔군사령부는 1975년 기준 의장대 170명, 공동경비구역(Joint Security Area) 158명, 정전업무단(Armistice Affairs Group) 16명, 유엔사 지휘부(UNC Command Group) 6명을 합하여 총 350명으로 충원되어 있었다. 350명 중 미군이 230명으로 전체 구성원의 65퍼센트 이상을 차지하고 있었다. 의장대는 미국 50명, 영국 27명, 태국 6명, 필리핀 5명, 한국 82명 등 총 170명으로 충원되었는데 의장대를 제외하고 유엔사는 모두 미군으로 구성되었다.[27]

〈표 1〉은 직능별, 국가별로 1978년 당시 유엔군 요원의 구성 현황을 보여주고 있다. 1978년 10월 기준 유엔사 근무요원은 한국인 104명, 미국인 92명, 기타 외국인 73명 등 269명으로 나타난다. 1970년대 후반 유엔사 근무자 수는 1970년대 중반에 비해 80여 명이 축소되어 있었다. 한국과 미국 출신을 제외한 제3국 인원은 전체의 27퍼센트를 차지하고 있었다.[28]

1970년대 들어 유엔총회를 무대로 유엔사 해체에 대한 갑론을박이 지속되자 유엔사에 참여하고 있던 국가들도 일부 동요하기 시작했다. 70년대 중반 에티오피아 정부가 군부 내 좌경 소장파의 영향으로 한국과 참전국으로서 혈맹우호관계를 폐기하고 유엔사 파견 연락장교단을 철수하는 한편 북한과 관

---

26 Memorandum to EA/K - Mr. Ranard from EA/K - P. Wesley Kriebel, August 16, 1971, The United Nations in Korea - Belling the Cat, Pol 32-4 Kor/UN, Subject-Numeric Files, RG 59, NA.

27 주한UNC(유엔군 사령부) 연례보고서 1975, 729.54, 8354, 외교사료관.

28 주한 UNC(유엔군 사령부) 터키군 연락장교 철수, 1978-79, 729.54, 26225 13132, 외교사료관.

〈표 1〉 유엔군 사령부 그룹별 및 국별 구성 현황 (1978년 10월 13일 현재)[29]

구분	Armistice Affairs Division (정전 업무처)	UNC Advisory Group (유엔사 고문단)	Military Armistice Commission (군정위)	Joint Security Area (공동경비 구역)	Honor Guard (의장대)	소계 (주한)	UNC/Rear Tokyo Liaison (유엔군 후방 사령부 도쿄 연락단)	(Camp Zama) UNC/Rear Full-Time (유엔군 후방 사령부 상근)	소계 (주일)	총계 (주한+주일)
미국	21	1	*[1]	13	52	87	4	2	**5	92
영국		2	*[1]		29	31	6		6	37
태국		2	*[1]		6	8	7		7	15
호주		2				2	3		3	5
카나다		2				2	2		2	4
비율빈		1			5	6	3	1	4	10
뉴질랜드			***[1]			***[1]	1		1	1
불란서		-				-	1		1	1
터키		-				-				-
총계	21	10	*[3]	13	92	136	27	3	**29	165
한국	10	5	2	5	82	104				104

주: 1. * MAC 요원들은 이미 AAD와 AG에 포함되어 있어 총계에서 제외함. 2. ** 은 연락업무와 상근장교업무를 겸임하는 인원 1명을 단일 계산한 때문임. 3. *** 은 주한 UNC 연락업무를 겸임하고 있는 주일 공관원으로서 UNC/R 난에서 계산함. 4. 터키는 78. 11. 참전국 대표 사무실에서 연락장교를 철수시킨 이래 복귀하지 않고 있는 상태임. (주한 무관은 있음) 5. 불란서는 77. 12. 이래 주한무관이 상주하고 있으므로 여타 참전국의 경우와 같이 향후 UNC 연락장교를 겸하도록 교섭할 필요가 있음.

계를 강화하기 시작했다.[30] 주한 태국대사가 주한유엔군 사령부 소속 태국 의 장병 6명과 주일유엔군 후방사령부에 배속되어 있는 태국 공군기 2대를 철수 시킬 것을 본국 정부에 건의하였다는 첩보를 1974년 1월 중순 외무부가 입수

29   주한 UNC(유엔군 사령부) 터키군 연락장교 철수, 1978-79, 729.54, 26225 13132, 외교사료관.
30   주한UNC(유엔군사령부) 에티오피아 연락장교단 철수 문제, 1975, 729.54ET, 8356, 외교사료관.

하였다. 그러나 주태국 한국대사는 그즈음 장관에게 보내는 전문에서 주재국 외무성이 태국군의 철수를 검토하고 있지 않는 것으로 보인다고 보고하고 있다.[31] 1975년 2월 3일 〈코리아 헤럴드〉는 유엔사 소속 태국군인들을 철수할 계획이 없다는 태국 외무상의 논평을 보도했다. 1975년 9월 16일 〈코리아 타임즈〉는 태국은 평양과 우호관계를 중시하는 등 중립지향을 보이고 있으며, 유엔총회가 끝날 무렵 태국군을 철수할 것이라고 보도했다. 본 보도는 태국 외무상의 발언에서 촉발되었는데 향후 조사에서 외무상 발언록을 검토한 결과 그의 논지는 유엔군이 폐지되면 태국군도 철수한다는 내용으로 밝혀졌다.[32]

터키는 정치상황의 변동을 이유로 유엔군 의장대를 1971년 7월 1일부로 철수시켰고, 이와 동시에 주한대사관 무관을 유엔군 연락장교로 임명하였다.[33] 1978년에는 주한 터키참전국대표(유엔사 연락장교) 철수 문제가 불거졌다. 터키 정부는 주한 무관을 유엔사 연락장교로 겸임시켜 왔으나 신임무관은 78년 8월 29일 부임 이래 유엔사에 신임장을 제정하지 않고 있다가 동년 11월 9일 유엔사에서 철수했다. 외교부 차관이 78년 12월 11일 주한 터키대사를 초치하여 한국정부의 입장을 설명하고 터키정부의 호의적인 고려를 요청하였다. 외무부는 터키무관의 유엔사 잔류를 위해 터키주재대사에게 터키정부와 교섭

---

31 주한UNC(유엔군사령부) 태국 연락장교단 철수 문제 1974-1975, 729.54TH, 8358, 외교사료관.

32 주한UNC(유엔군사령부) 태국 연락장교단 철수 문제 1974-1975, 729.54TH, 8358, 외교사료관. 유엔사 파견 태국 주력군은 1972년 철수했다. 김병기, 2019, 72쪽. 1976년 7월 태국군을 마지막으로 주한미군을 제외한 회원국 전력은 사실상 한반도로부터 모두 철수하였다. 장광현, 2020, 70쪽.

33 Telegram from Secretary of State to Amembassy Seoul, Turkish Representation on United Nations Command, March 25, 1971, Pol 27-14 Kor/UN, Subject-Numeric Files, RG 59, NA.

을 지시했다. 터키군 총사령부는 주한미군 감축, 연합사 창설로 터키 연락장교단의 유엔사 잔류가 무의미해졌다는 반응을 보였다. 터키 외무성은 원칙적으로 군부가 결정할 문제로서 외무성이 관여할 여지는 없으나 검토해 보겠다는 반응을 보였다. 터키주재 한국대사관은 철수 결정의 번복은 곤란할 것이며, 검토 시에도 결론은 부정적일 것이라는 평가를 내렸다. 터키가 공산권과 비동맹국에 접근하는 정책을 추진하면서 유엔사 잔류에 부담을 느낀 것으로 정부는 판단하고 있었다.[34]

유엔군사령관은 매년 미국 합참의장 앞으로 〈유엔군사령부 활동보고서〉를 제출한다. 활동보고서는 1950년 7월 7일 유엔 안보리 결의 제84호에 의거 작성되는 것이며, 유엔사의 기원과 변천, 구성과 임무 내역을 해설한 후 해당 기간 발생한 특이사항과 정전협정 위반사례를 상세히 기록한다. 미 국무부는 자체 판단에 따라 유엔 안전보장이사회 의장 앞으로 활동보고서를 제출하게 되는데 1971년, 1972년, 1973년, 1974년에는 제출하지 않았다. 당시 미국은 표면적으로 남북대화 진전에 지장을 초래할 우려를 감안하여 미제출 결정을 내렸다고 설명하고 있지만 내심 유엔사에 대한 유엔총회의 관심과 비난을 회피하고 한국문제 토의의 연기를 희망한 것이 미제출의 동기인 것으로 한국 외무부는 파악하고 있었다.[35]

〈1970년 유엔군사령부 활동보고서〉는 1969년 8월 1일부터 1970년 8월 31일 기간 유엔사 동향을 섭렵하고 있다. 동 보고서는 군정위 회의를 304차례

---

34 주한 UNC(유엔군 사령부) 터키군 연락장교 철수, 1978-79, 729.54, 26225 13132, 외교사료관.
35 주한UNC(유엔군 사령부) 연례보고서 1975, 729.54, 8354, 외교사료관. 영문 명칭은 다음과 같다. Report of the Activities of the United Nations Command.

가졌고, 북한대표들은 정치선전 공세로 대부분의 시간을 흘려보냈다고 힐난하고 있다. 일례로 한 회의에서 북한 참석자는 박정희 대통령의 1970년 광복절 연설을 놓고 비난공세를 퍼부었다. 유엔군은 북한정권이 새로운 무력공세를 펼칠 능력을 겸비하고 있다며 경각심을 불러일으키고 있다.[36]

〈1975년 유엔군사령부 활동보고서〉는 1974년 9월 1일부터 1975년 8월 31일 사이 13회의 위원회 및 9회의 사무장(비서장)회의를 개최했다고 적고 있다. 보고서는 북한이 휴전협정을 지속적으로 위반하여 한반도의 긴장이 고조되고 있는 점을 지적한 후 휴전협정의 유지가 대화와 평화를 위해 필수적이라고 결론짓는다. 보고서의 부록은 기습공격용 지하터널(땅굴) 발견(1974년 11월 15일), 북한함정의 한국영해 침범(1975년 2월 15일), 북한 미그기 한국영공 침범(1975년 3월 25일) 등 총 6,426건의 북한의 휴전협정 위반을 열거하고 있다.[37]

1975년도 보고서는 또한 주유엔 미국대표가 유엔 안보리 의장에게 서한(1975년 6월 27일자)을 보내어 미국정부가 한국정부와 상의 하에 유엔사 임무를 종료하고(terminate), 유엔군 사령관을 계승할 미국군과 한국군을 지명할 용의가 있음을 밝힌 점을 상기시키고 있다. 동 서한은 조선인민군과 중국인민지원군이 휴전협정을 계속 존중하겠다는 사전협정에 서명해야 한다는 조건을 달았다. 미국대표는 서한에서 미국정부가 과도기에 유엔기 사용을 제한하는 등 유엔사 활동을 축소시킬 조치를 취할 것이라고 밝혔다. 실제 유엔군사령관은 1975년 8월 휴전협정 이행과 직접적으로 관련되지 않은 부대와 시설에서 유

---

36 Airgram from Secretary of State to USUN New York, Report of the UN Command, November 6, 1970, Pol 27-14 Kor/UN, Subject-Numeric Files, RG 59, NA.

37 주한UNC(유엔군 사령부) 연례보고서 1975, 729.54, 8354, 외교사료관.

엔기 하강을 지시하는 한편 유엔 표식의 사용도 금지시켰다.[38]

주유엔 미국대표 윌리엄 스크랜튼(William Scranton)은 1976년 12월 23일 안전보장이사회 의장(루마니아 대사)에게 서신을 보내어 〈휴전협정 유지에 관한 유엔사 활동보고서〉를 제출했다. 동 보고서는 1975년 9월 1일부터 1976년 12월 20일 동안 유엔사 활동내용을 기록하고 있다. 보고서는 북한군 경비병 30명이 10명의 유엔군 경비병을 공격하여 미군장교 2명이 사망하고, 7명이 부상한 1976년 8월 18일 사건 개요를 포함해서 북한이 지난 기간에 10,801건의 휴전협정 위반을 범했다고 적시하고 있다.[39]

〈1978년도 유엔군사령부 활동보고서〉는 (1) 배경, (2) 휴전체제 및 절차(휴전협정 및 군사정전위원회, 중립국 감시위원단, 대한민국의 역할), (3) 군사정전위원회 활동, (4) 새로운 진전, (5) 결론의 구성으로 1976년 12월 21일부터 1977년 12월 16일까지 한국의 휴전 유지와 관련된 유엔사의 활동을 기록하고 있다. 부록에는 북한에 의한 유엔사 병사 살상, 유엔사 헬리콥터 격추, 유엔사 인원 납치를 포함한 휴전협정 위반건수를 담고 있다. 특히 보고서는 '대한민국의 역할' 항목에서 미국과 한국이 휴전협정의 당사자가 아니라는 점을 밝히면서, 한국정부가 협정 교섭 당시 휴전협정 준수를 확약했으며 이후 휴전협정 규정을 준수하여 왔음을 명기하고 있다. 동 보고서는 한국, 북한, 미국, 중국이 참여하여 항구적인 대안을 마련할 때까지 유엔사가 휴전체제를 유지하기 위한 기능을 계속해야 한다고 적시하고 있다.[40]

---

38 주한UNC(유엔군 사령부) 연례보고서 1975, 729.54, 8354, 외교사료관.
39 주한 UN(유엔)군사령부(UNC) 연례 보고서, 1976, 729.54, 10072, 외교사료관; 〈중앙일보〉, 1976년 12월 29일; 〈동아일보〉, 1976년 12월 29일.

앤드류 영(Andrew Young) 주유엔 미국대표가 1979년 1월 25일 제출한 〈유엔군사령부 활동보고서〉는 1977년 12월 17일부터 1978년 12월 17일까지 내용을 담고 있다. 군사정전위원회는 본회의 6회, 비서장회의 6회를 개최하였으며, 주요 협의의제는 제3땅굴 굴착, 북한의 선박침투 건들이었다. 동 보고서는 북한의 정전협정 위반건수가 2,200건에 달한다고 기록하고 있다. 결론 부분에서 유엔사는 군사정전위원회가 한반도 평화를 수호하는데 중요하고 효과적인 역할을 담당했다고 자평하면서 아울러 남북한 당사자 간 보다 항구적인 평화조치가 이루어질 때까지 유엔사가 정전협정 상의 의무를 계속할 것임을 천명하고 있다.[41]

평화를 파괴한 북한의 도발을 막기 위해 급히 창설된 유엔군사령부는 정전협정의 일방이 되고, 한국군 작전통제권을 계속 보유하면서 한반도 남쪽에서 역할을 지속적으로 수행하게 되었다. 아래에서 자세하게 살펴보게 되겠지만 유엔사는 70년대 유엔의 무대에서 자유진영과 공산진영 사이 논쟁의 불씨가 되었고, 그 여파로 위상이 흔들리게 된다. 중국과 북한 등 유엔사에 비판적인 세력은 유엔사의 폐지를 요구했고, 한국과 미국은 대응책을 골몰하게 된다. 한국과 미국은 주한미군 철수/감축 논의의 와중에 한미연합사령부 창설에 의견을 모았다. 1978년 11월 한미연합사 출범과 더불어 작전통제권은 유엔사에서 연합사로 이양되었고, 정전협정 이행을 감독하고 비무장지대를 통제하는 임무를 짊어진 유엔사는 지금까지 건재하다. 한미연합사와 유엔사는 상호지원 및

---

40 주한 UNC(유엔군 사령부) 연례 보고서, 1978, 관리번호 CA0136448, 국가기록원.
41 주한 UNC(유엔군 사령부) 연례 보고서, 1979, 729.54, 26228 13131, 외교사료관.

협조관계를 유지하고 있다. 유엔군사령관과 한미연합군사령관은 동일인이 임명되며, 한미연합군사령부 참모 중 일부가 유엔군사령부 참모로 복무하고 있다.

Ⅲ. 협상의 배경과 쟁점

1. 협상의 배경

　1970년대에도 자유진영과 공산진영 사이 냉전의 갈등은 지속되었다. 냉전을 배경으로 유엔의 무대에서 양 진영 간 반목이 격화되었다. 1970년대 북한과 친밀한 공산권과 비동맹국들은 유엔총회를 배경으로 주한미군 철수와 유엔군사령부 해체 주장의 목소리를 높였다. 유엔사를 놓고 진영논쟁이 팽팽하게 전개되자 미국 또한 유엔사 존속 여부를 놓고 고민하게 되었다. 워싱턴은 유엔사의 득과 실, 효용과 부담을 저울질하며 새로운 길을 탐구했다.

　미국은 1970년대를 맞이하면서 2차 세계대전 종전 시기의 양상과 사뭇 다른 국제환경과 맞닥트리게 된다. 우선 미국과 여타 국가들 사이 벌어졌던 국력 격차가 줄어들기 시작했다. 미국경제가 무역적자, 재정적자로 허덕이는 와중에 워싱턴은 달러의 금태환을 정지시켰다. 워싱턴은 미국의 국력 축소와 더불어 미국의 역할을 축소하고, 동맹국과 우호국의 의무를 확대시키는 정책을 펴나갔다. 닉슨 대통령은 1969년 7월 괌을 방문한 자리에서 (1) 미국은 아시아 국가와 맺은 조약을 준수하며, (2) 미국의 동맹국이 핵 위협을 받을 경우 이를 보호하나, (3) 아시아 당사국 지상군이 침공을 방어하는 일차적 책임을 진다는 미국 정부의 안보 공식을 정리했다. 닉슨 정부는 베트남과 한국을 포함하여 아시아에 주둔하고 있던 미군을 감축하면서 베트남에서 명예롭게 철수하는 방안을 궁리했다.[42]

지나친 진영대결이 국가 에너지 소모를 가져온다는 점에서 미국은 또한 적대국과 긴장을 완화해 나가는 노선을 취했다. 미국과 중국의 화해, 미국과 소련의 데탕트는 이런 분위기에서 탄생한 것이었다. 1970년대 초기 미국의 닉슨 정부는 베트남전쟁의 수렁에서 벗어나기 위해서 중국과 화해를 모색하고 있었다. 마오쩌둥은 중소갈등이 심해지자 미국과 관계를 개선할 필요를 느끼고 있었다. 미국과 중국은 관계개선을 추진하면서 동아시아 질서 전반에 대해 재점검을 하였다. 한반도 평화유지를 위해서 미국과 중국은 정전체제에 일정 수준 변화가 불가피하다는 점에 공감하고 있었다. 물론 워싱턴과 베이징이 생각하는 변화 양상은 사뭇 달랐다. 미소 데탕트를 가능하게 한 하나의 요인은 양국의 전략적 균형의 형성이었다. 닉슨 대통령이 1972년 5월 모스크바를 방문했고, 이듬해 6월 브레즈네프 서기장이 워싱턴을 답방했다. 워싱턴, 모스크바, 베이징을 잇는 전략 트라이앵글의 시간이 도래한 것이다.[43]

1970년대 데탕트 공간은 남과 북의 외교전쟁의 무대였다. 남북한은 적십자 회담, 조절위원회 회담 등 평화와 협력을 위한 대화를 시작했지만 양측의 물밑 대결은 팽팽하게 지속되었다. 남한과 북한은 국제무대에서 충돌하는 한편 직접 대면하며 대화를 시작했다. 서울과 평양은 대화를 통해서 서로의 의중을 살

---

42 우승지, 2020, 3장.

43 Henry Kissinger, 1994, Chs. 27-28.

폈다. 북한은 정치의제로 기선을 잡으려 했고, 한국은 인도주의 우선을 고집했다. 실제로 원하는 바가 달라서 남북대화의 앞길은 험난했다. 서울과 평양은 2년 남짓 오고가며 대화를 펼치다가 서로를 비난하며 헤어졌다. 남한은 대화를 계속하자는 편이었고, 북한은 박정희 정권과 대화의 무용성을 강조했다. 평양이 남북대화를 통해서 얻을 것이 별로 없다는 판단을 내린 것으로 보인다.[44]

북한은 1955년부터 상이한 제도를 가진 모든 국가들과 평화공존의 원칙에서 외교관계를 수립할 수 있다는 입장을 보였다. 북한은 일본과 1950년대 말부터 민간 차원의 교역을 시작했고, 1968년 5월 프랑스가 평양에 민간무역사무소를 설치했고, 동년 9월 북한이 파리에 민간무역대표부를 설립했다. 1974년 기준 북한의 대서방 교역액이 전체 교역량의 43%를 차지한다. 북한은 미국과 일본에도 접근을 시도했다. 1970년대 초 미국 언론은 잇달아 북한을 취재하고, 김일성과 인터뷰를 가졌다. 1973년 1월 하순 미국과 베트남민주공화국이 적대행위를 종식하는 조약을 파리에서 체결한 이후에는 평양은 워싱턴과 직접 접촉하기 위해 공을 들이기 시작한다. 인도차이나에서 주월미군이 철수하는 광경을 평양은 흥미롭게 지켜보고 있었다. 1974년 봄부터 북한 당국은 한반도의 긴장상태 해소를 위해 북한과 미국이 직접 협상하여 북미평화협정을 체결할 필요성을 제기하였다. 평양은 북미 간 불가침 선언과 남조선 내 외국군대와 무기 철거를 협정의 예시로 내세웠다.[45]

한국정부 또한 공산권 국가와 접촉 및 교류를 모색하기 시작한다. 1970년

---

44 우승지, 2020; Dae-Sook Suh, 1988, Ch. 14.
45 홍석률, 2012, 6장.

4월 최규하 외무장관은 외무부가 동유럽 국가들과 교역하는 문제를 검토하고 있다고 공개적으로 언급했다. 박정희 대통령은 1971년 1월 11일 연두기자회견에서 비적대적인 공산국가와 관계를 개선하면 국익에 도움이 될 것이라고 분석했다. 1970년대 한국은 동구권과 직간접 교역을 시작했다. 1971년 7월 닉슨이 이듬해에 베이징을 방문한다는 소식이 전해진 이후에는 소련, 중국 외교관들과 접촉을 시도했다. 스웨덴 스톡홀름에서 한소 대사관 참사관급 접촉이 지속적으로 이루어졌다. 1972년 겨울 대한민국 정부는 공산권과 수출입 행위를 허용하는 법령을 만들었다. 1973년 2월 10일 김용식 외무장관은 북한과 관계를 맺은 국가와도 외교관계를 맺을 수 있다는 입장을 표명했다. 박정희 대통령은 1973년 6월 23일 평화통일 외교정책에 관한 특별선언을 통해서 남북한 유엔 동시가입을 제안하고, 공산권과 호혜평등 외교를 펼치겠다는 포부를 밝혔다.[46]

아시아와 아프리카 29개 독립국 대표들이 1955년 4월 인도네시아 반둥에서 만난 것이 비동맹외교의 모태가 되었다. 1961년 유고연방 베오그라드에서 1차 비동맹 정상회의가, 1964년 이집트 카이로에서 2차 비동맹 정상회의가 열렸다. 비동맹회의는 동서 군사동맹 불가담, 반식민주의, 평화공존주의를 기치로 상설사무국 없이 외무장관회의, 조정회의, 정상회의 3단계로 구성되어 있으며 만장일치 제도에 따라 의사를 진행한다. 북한은 1975년 3월 쿠바 아바나에서 열린 비동맹 조정회의에서 비동맹 가입을 정식으로 제의해서 동의를 받았고 그해 8월 페루의 리마에서 열린 비동맹 외상회의에서 정식 회원으로

46　홍석률, 2012, 6장.

가입한다. 한국도 이때 가입 신청을 냈으나 북한과 월맹의 강력한 반대로 좌절되고 만다. 평양은 비동맹회의를 무대로 주한미군 철수, 평화협정 체결, 고려연방제 통일방안을 선전하고 다녔다. 번번이 비동맹회의 선언문에 한국조항이 포함되어 외국군 철수 등의 주장을 내놓았다. 1970년대 중남미, 아프리카 국가들을 대상으로 남한과 북한은 영합게임 성격의 외교경쟁을 펼쳤다. 이들 나라들을 친한 또는 친북의 영역으로 끌어들이기 위해 서울과 평양은 유무형의 자원을 끌어다 환심을 사기 위한 정성을 쏟았다.[47]

남북 외교경쟁의 치열함은 곧 수치로 나타났다. 1970년 기준 남한 수교국 81개국, 북한 수교국 35개국으로 그 격차가 컸는데, 1975년에는 남한 수교국 93개국, 북한 수교국 88개국으로 격차가 크게 줄었다. 남북대화 이후 스웨덴, 핀란드 덴마크, 오스트리아, 스위스 등 서방국가들이 잇달아 북한을 승인하고 나섰다. 1973년 5월 중순 북한이 유엔 산하기구인 세계보건기구(WHO)에 가입하고, 뉴욕 유엔본부에 상설 옵저버 대표부를 두게 되었다.[48]

1970년대 대한민국은 개발도상국이자 분단국가로서 유엔 존재와 역할과 관련해서 정부와 국민 모두가 상당한 권위와 의미를 부여하고 있었다. 대한민국이 유엔총회 결의에 의한 총선거를 통해서 수립된 유일한 합법정부라는 점이 매년 유엔총회 결의를 통해 확인되고 있었다. 1960년대와 1970년대 유엔에서는 소위 한국문제를 놓고 남북한 사이 치열한 외교대결이 펼쳐졌다. 국제연합이 51개 회원국으로 설립된 초기만 해도 자유진영이 압도적 다수를 차지

---

47 곽재성, 2015; 이한규, 2015; 조동준, 2015, 2장; 박구병, 2016, 2장; Dae-Sook Suh, 1988, Ch. 14.
48 홍석률, 2012, 6장.

하여 미국의 의사가 총회의 결정을 좌지우지하고 있었다. 그러나 1950년대, 1960년대 수많은 신생 독립국들이 유엔에 가입하면서 이념적으로 중립적인 국가와 공산국가의 수도 늘어났다. 1971년 10월에는 중화인민공화국이 중화민국을 대신해서 유엔에서 중국을 대표하게 되었다. 유엔 회원국 세력분포의 변화로 한국과 미국은 새로운 외교 도전에 직면하게 됐다.[49]

1970년대 후반 들어 데탕트는 후퇴한다. 소련과 쿠바가 앙골라에 군대를 주둔하면서 아프리카와 중동에서 소련과 미국의 갈등의 골이 깊어졌다. 마오쩌둥과 저우언라이의 사망으로 미중화해도 벽에 부딪쳤다. 사인방이 축출되고, 덩샤오핑이 복귀하는 등 중국은 국내문제로 분주했다. 미국이 확고하게 대만 안보공약을 견지하는 자세 또한 미중관계 돌파구를 봉쇄하는 한 요인이 되었다. 1975년 4월 중순 크메르 루즈가 프놈펜을 함락했고, 4월 하순 북베트남이 사이공을 점령했다. 1970년대 중반 한반도에도 긴장이 고조되고 있었다. 1974년 8월 대통령 암살미수사건이 발생했고, 그해 11월 북한의 남침용 땅굴이 발견되었다. 1976년 8월 판문점에서 미군장교 2명이 북한 경비병에게 살해당하는 사건이 발생했다.[50]

1974년 1월 중하순 포드 대통령은 도쿄, 서울, 블라디보스토크를 잇는 극동 순방에 오른다. 한미 정상회담에서 포드 대통령은 미국 방위공약을 재확인하는 한편, 주한미군 감축을 추진하지 않겠다는 의사를 표명했다. 그는 북의 공격 시 미국이 즉각적이고, 효과적인 지원을 하겠다고 다짐했다.[51] 카터 정부의

49 조동준, 2015, 2장.
50 김일영·조성렬, 2003, 2장; 우승지, 2020, 4장, 9장; Don Oberdorfer, 2001, Chs. 3-4.
51 Ford, Gerald 미국 대통령 방한, 1974.11.22-23. 전6권(V.4 활동사항), 724.12US, 6945, 외교사

등장은 다시 한미관계에 풍랑을 일으켰다. 미국 의회를 대상으로 한 불법 로비가 한미관계에 어두운 그림자를 드리웠고, 카터 대통령은 주한미군 철수정책을 다시 추진했다. 유신체제의 박 정권과 인권외교를 앞세운 카터 정부는 대립각을 세우게 된다.[52]

데탕트의 흥망을 배경으로 유엔사 논의가 펼쳐졌다. 유엔사 문제는 유엔총회 단골메뉴였다. 북한의 비동맹외교가 탄력을 받으면서 유엔 무대를 중심으로 평양의 위세 또한 상승했다. 박정희 정부는 유엔총회의 거듭된 한국문제 논의에서 벗어날 수 있기를 희망했다. 닉슨 정부의 출범과 함께 미중대화가 시작되었다. 미중대화는 남북대화를 낳았다. 후자는 강대국 게임에 적응하려는 약소국 노력의 일환이었다. 미중대화 속 하나의 주제로 유엔사 문제도 거론되었다. 미중화해의 흥망과 유엔사 논의의 성쇠가 어느 선에서 연동되며 전개되었다. 그러나 한반도문제가 워싱턴과 베이징 손과 머리에서 결정되지는 않았다. 서울과 평양이 다른 셈법으로 다른 게임을 펼쳤기 때문이었다.

2. 협상의 구도와 쟁점

1970년대 유엔군사령부를 둘러싼 협상은 유엔, 한미, 미중, 북중 등 다양한 채널을 통해 전개되었다. 두 나라가 하나의 의제를 놓고 마주앉아 주고받기를

료관; 〈서울신문〉, 1974년 11월 23일; 〈조선일보〉, 1974년 11월 23일; 〈한국일보〉, 1974년 11월 23일; *Korea Herald*, November 23, 1974; *Korea Times*, November 23, 1974.
52 김일영·조성렬, 2003, 2장; 우승지, 2020, 4장; Don Oberdorfer, 2001, Chs. 3-4.

하는 것과는 양상이 좀 달랐다. 유엔사 소재가 한국이었음에도 불구하고 유엔사 관리를 미국이 하고 있었기 때문에 워싱턴과 서울의 협상에서 워싱턴이 유리한 면이 존재했다. 미중대화 시 한국은 간접적으로만 협상의 내용을 전해들을 수 있었기 때문에 정보의 비대칭도 존재했다. 유엔 무대에서 한국은 아직 참관국의 지위밖에 없다는 점도 한국의 협상력에 도움이 되지 못했다.

매년 가을 뉴욕에서는 한국문제 토의를 놓고 한바탕 외교전이 펼쳐지곤 했다. 한국 외교관들은 한국결의안 지지표를 획득하기 위해서 또 북한결의안 반대표를 확보하기 위해서 동분서주했다. 유엔본부가 소재한 뉴욕뿐만 아니라 한국 외교관이 상주하는 재외공관 곳곳에서 유엔 득표를 위해 땀을 흘렸다. 예산의 어려움 속에서도 새 공관을 열고, 교섭 사절단을 파견하고, 원조를 공여하며 평양과 경쟁을 벌였다. 한국은 중남미, 아프리카에 공관을 증설하며 이 지역의 나라들과 친교의 폭을 넓혔다. 외무부는 방교국, 지역국, 주유엔 대표부의 삼각편대를 구성, 방교국에서 전략을 수립하고, 지역국이 집행을 담당하며, 주유엔 대표부가 총회에서 표결을 확인하는 역할을 맡았다. 한국은 유엔 회원국이 아닌 참관국으로서 주유엔 옵저버대표부를 유엔본부에 두고 있었다. 옵저버의 한계에도 불구하고 미국을 비롯한 핵심 우방국들과 긴밀하게 접촉하며 유엔의 남북경쟁에서 승리하기 위해 정보를 교환하고, 전략을 협의하였다.[53]

가을 총회를 앞둔 여름 무렵 핵심우방국들이 참여하는 전략회의가 열렸다. 핵심우방전략회의에는 대체로 미국, 영국, 캐나다, 프랑스, 독일, 네덜란드, 호

53   조동준, 2015, 2장.

주, 뉴질랜드, 일본, 필리핀, 태국, 코스타리카, 콜롬비아, 가봉 등이 대사, 차석 대사, 공사, 참사관급에서 참여했다. 이들 우방국들은 유엔에서 서방 결의안의 공동제안국가 역할을 맡고, 한국문제 토의 과정에서 남한 견해를 옹호하는 발표자로 나섰다.[54] 핵심우방전략회의는 한국 외무부의 유엔외교에 많은 도움을 주었다. 유엔총회 의결 성격 상 많은 우방들과 함께하는 것이 중요했다. 물론 한국이 가장 많이 상대하고 의논한 국가는 단연 미국이었다. 여러 우방들과 토의하기 전후 한국과 미국은 따로 만나 심층 논의를 가졌다.

유엔 무대 밖에서도 유엔사 문제가 협의의 대상이 되었다. 미국과 중국의 협상 테이블이 또한 중요한 논의의 장이었다. 키신저와 저우언라이가 베이징에서 만날 때뿐만 아니라 워싱턴과 뉴욕의 중국 대표부를 통해서도 메시지가 오고갔다. 북한은 중국을 통해서 미중대화의 내용을 파악하고 있었고, 북한의 의중을 중국을 거쳐 미국에 전달했다. 평양은 처음에는 이런 간접 소통을 활용하였으나 이내 이를 불편하게 여긴 듯하다. 한국 또한 미국을 통해서 미중대화의 추이를 파악하고 있었다. 한국 대통령은 한미 정상회담을 갖거나 미 국무장관, 주한 미국대사와 만나 한반도 안보문제를 점검했다. 통상적인 대화 채널은 외무장관과 주한 미국대사, 주미 한국대사와 미 국무부 인사였다. 국방부와 주한미군사령부도 협상에 관여했다.

유엔 회원국 수가 증가하면서 유엔총회에서 유엔사를 둘러싼 논쟁이 보다 치열해졌다. 뉴욕과 관련국가 수도에서 다양한 채널을 통해 논의가 이루어졌다. 한국 청와대와 외무부는 모든 역량을 동원해서 외교전을 펼쳤다. 북한과

---

54 조동준, 2015, 2장.

친밀한 국가들은 유엔사 해체, 외국군 철수를 줄기차게 주장했다. 한국을 지지하는 국가들은 유엔사의 평화유지 기능을 강조하고 유엔사 대신 정전협정을 유지할 수 있는 안전장치 마련이 선결과제라고 맞받았다. 1970년대 유엔사를 둘러싼 협상과 논의의 쟁점은 다음과 같다.

(1) 유엔사의 위상과 역할 문제이다. 북한과 공산진영은 유엔사가 유엔의 산하기구라는 위상을 부정했다. 친북진영에게 유엔군사령부는 단지 유엔 깃발을 들고 있는 미국군과 미국의 추종자들이었을 뿐이다. 평양은 한반도의 남쪽을 불법점거하고 있는 외국군의 철수가 이루어져야 이 지역의 평화를 이룩할 수 있다고 주장했다. 데탕트 시기 유엔군사령부 관련 한국정부의 기본입장은 주한 유엔군의 전쟁 억제 역할과 휴전 당사자로서 특수한 성격 때문에 주한 유엔군이 필요하다는 것이었다. 서울은 유엔군 철수는 휴전협정과 휴전상태의 사실상 소멸을 초래하여 한반도의 평화와 안전을 위협할 것이라고 우려하였다.[55] 자유진영은 유엔 안보리 결의에 의해 탄생한 유엔사의 위상을 인정하고 지지했다.

(2) 유엔사 기구의 지속 여부다. 북한과 친북한 진영은 유엔사의 무조건적이며, 즉각적인 해체를 주장했다. 북한은 유엔사의 권위를 인정하지 않으려 했으며 미군과 모든 외국군대의 철수를 주장했다. 한국과 미국은 애초 유엔사 지속을 희망했다. 그러나 닉슨 정부의 신아시아질서 구상 아래 유엔사에 대한 워싱턴의 입장은 점차 유연해진다. 이즈음 서울이 워싱턴보다 더 유엔사에 애착을 가지고 있었던 것 같다. 닉슨 정부는 유엔사가 대체가 불가능한 자원이라고

---

55 제28차 유엔총회 한국문제에 대비한 정부 입장 설명 자료, 1973년 7월 18일, 731.21, 6144, 외교사료관.

생각하지 않았고, 박정희 정부에 유엔사 처리를 협상해 보자고 졸랐다. 6.23선 언을 전후하여 박정희 정부의 입장은 다소 누그러졌다. 외무부는 휴전협정을 대치할 수 있는 한반도 안전보장에 관한 포괄적인 방안이 남북한 합의와 관계 국가 간의 양해를 통해 마련되기 전에 유엔사 철수가 선행해서는 안 된다는 입장을 견지했다.[56] 미국 또한 조건부 협상안에 동의하고 있었다.

(3) 유엔사 해체의 주체 문제이다. 중국과 북한은 유엔과 유엔사의 연결고 리를 인정하지 않고 미국이 주도하는 기구를 즉각 해체하고, 모든 외국군대가 한국을 떠날 것을 요구했다. 미국은 국제법적으로 미국과 유엔 안보리 사이 소 통을 통한 유엔사 문제의 원만한 해결을 고려하고 있었다. 워싱턴은 서울의 입 장도 배려하고 있었다. 한국은 유엔사가 국가안보에 중요한 역할을 하고, 한국 영토에 주둔하고 있다는 점에 비추어 당사자 입장에서 이 문제에 임했다. 미국 은 한국과 함께 협상안을 마련하고, 중국/북한과 타협을 맺은 후 미국이 안보 리에 유엔사 소멸을 통보하거나 안보리 결의를 추진하는 방안을 궁리했다.

(4) 정전협정 유지 여부다. 미국은 정전협정 서명 당사자인 유엔사가 해체 되면 정전협정 유지 문제가 발생한다고 보고 정전협정을 일부 손보는 선에서 정전체제 유지를 희망했다. 한국 또한 미국과 마찬가지로 정전협정을 유지하 는 틀 속에서 유엔사 문제를 해결하려고 했다. 북한은 정전협정을 넘어서서 평 화협정 체결을 원했다. 애초에는 남북 평화협정을, 나중에는 북미 평화협정을 줄곧 제기했다. 북한은 평화협정 체결로 유엔사뿐만 아니라 주한미군까지 철 수하기를 원했다. 미국도 평화협정의 효용성을 완전히 배제한 것은 아니어서

---

56 제28차 유엔총회 한국문제에 대비한 정부 입장 설명 자료, 1973년 7월 18일, 731.21, 6144, 외 교사료관.

상황 진전에 따라 미국, 중국, 남한, 북한이 참여하는 4자회담에 일말의 기대를 갖고 있었다.

(5) 유엔가입 문제다. 분단국가로서 유엔가입은 명분과 실리 모두가 걸린 이슈였다. 분단국가 독일, 중국, 베트남, 한국은 모두 제각각의 방식으로 국제기구 문제에 임했다. 서독과 동독은 1973년 유엔에 동시가입했고, 1971년 중화인민공화국이 중국을 대표하게 되자 대만은 유엔에서 탈퇴했다. 북베트남/남베트남, 남한/북한의 유엔 가입은 당시 실현되지 않았다. 한국은 동시가입을, 북한은 통일 후 단일의석 가입을 각기 주장했다. 한반도에서 유엔은 유엔가입과 유엔군사령부 의제로 분기되었다. 양자를 하나의 바구니에 담은 것은 한국외교였다. 서울은 남북한이 국제연합에 가입하게 되면 유엔사 유지가 힘들어질 수 있다는 측면을 이해하고 있었다. 한국은 유엔 가입을 전제로 해서 유엔사 존폐를 논의할 수 있다는 타협책을 준비했다.

(6) 한미 연합지휘체제의 문제다. 유엔사가 작전통제권한을 행사하고 있었기 때문에 유엔사의 존치 여부는 한미동맹의 지휘구조에 영향을 미칠 수밖에 없었다. 따라서 유엔사 존치 논란은 곧 한국과 미국의 연합지휘구조를 어떻게 재설계할지 문제로 자연스럽게 이어졌다. 애초 유엔사가 소멸하면 한미 연합지휘구조 개편이 필요하다는 선에서 문제가 제기된 것인데, 유엔사는 남고 지휘구조 개편만 달성되었다. 카터 정부에서 주한미군 감축을 추진하면서 한국과 미국은 연합군사령부를 출범시키는데 합의하게 된다.

Ⅳ. 협상의 전개과정

1. 유엔총회와 한국문제 토의 연기

가을이 깊어가는 뉴욕 세계의 외교관들이 모여 유엔총회가 열리면 단골로 등장하는 메뉴 가운데 하나가 한국문제였다. 1950년 유엔총회에서 창설된 언커크(UNCURK)는 한반도 문제에 관한 유엔 관여를 상징하는 기구로서 매년 유엔총회에 보고서를 제출하고 있었다. 언커크 보고서를 놓고 유엔총회 정치(제1)위원회에서 토의를 거친 후 본회의에서 통한 결의안이 채택되는 상황이 반복되곤 했다. 한국과 미국은 공히 유엔무대에서 한반도 문제가 거듭 거론되는 것에 피로감을 갖고 있었다. 두 나라는 유엔 토의가 너무 소모적으로 흐르고 있다고 판단하고, 1960년대 말부터 유엔에서 한국문제 토의를 회피하는 방법을 모색하기 시작한다. 서울과 워싱턴은 총회에 한국문제가 자동으로 상정되는 것을 방지하기 위해 1968년 유엔총회에서 언커크 보고서를 유엔 사무총장에게 제출할 수 있는 우회로를 마련하였다. 이듬해부터 사무총장이 보고서를 접수한 후 필요하다고 판단될 때 총회에서 한국문제를 토의하는 방식으로 바뀌었다.[57]

그러나 우회로가 생성되었음에도 불구하고 공산권에서 계속 한반도에서 외국군 철수, 언커크 해체, 유엔기 사용금지를 내용으로 하는 안건을 제기하여 결과적으로 한국문제가 유엔총회에서 거듭 토의되었다. 공산진영 결의안과 자유진영 결의안이 제출되어 경합을 벌였고, 친북 결의안은 부결되고 친한 결의안은 통과되는 일이 반복되었다. 해가 갈수록 두 결의안 사이 표차가 야금야금 줄어드는 경향을 보였다. 소련을 필두로 공산권 국가들은 처음에는 총회에서 한국문제 토의 자체를 못마땅해 하다가 북한도 한국문제 토의에 초대해야 한다는 남북한 동시초청 제안으로 태도를 바꾸었다. 자유진영이 남북한 동시초청 제안을 매년 부결시켜 북한 초청은 1972년까지 봉쇄되고 있었다.[58]

1970년 8월 15일 박정희 대통령은 광복절 경축사에서 북한이 무력통일노선을 포기한다면 통일을 위한 획기적인 제안을 할 용의가 있다고 밝혔다. 그는 북한이 유엔의 권위를 인정한다면 유엔에서 남북이 함께 한국문제를 토의하는 것에 반대하지 않겠다고 언급했다. 아울러 남한과 북한이 국민의 복리 증진을 위한 경쟁을 하자는 제안도 내놓았다.[59] 그러나 8.15선언에도 불구하고 남북한이 유엔총회에 동시에 등장하는 사변이 당장 실현되지는 않았다.

1970년 9월 16일 북한이 총회를 앞두고 북한정부비망록을 발표했다. 평양의 비망록은 외국군 철수, 언커크 해체, 미군철거 후 북남평화협정 체결, 조선문제의 평화적 해결을 위해 유관국가들이 참여하는 국제회의 소집을 주장하는 한편 주한유엔군은 유엔군이 아니며 유엔의 원칙, 사명과 무관하다는 점을 지적하고 있었다.[60] 10월 7일 우리 정부 또한 비망록을 발표했다. 비망록은 한

57   외교통상부, 2009, 3장; 조동준, 2015, 2장.
58   외교통상부, 2009, 3장; 조동준, 2015, 2장.
59   우승지, 2020, 8장.

국 통일을 위한 유엔의 노력과 활동을 소개한 후 북한이 유엔의 권위를 부인하여 왔음을 지적하면서 북한 통일방안의 취약성을 공격하고 있다.[61]

1970년 10월 30일 오후 제25차 유엔총회 정치위원회 표결에서 서방측이 제기한 대한민국 대표단 단독초청안이 찬성 63표, 반대 31표, 기권 25표로 가결된 반면, 공산측이 제기한 남북한대표 동시초청안은 찬성 40표, 반대 54표, 기권 25표로 부결되었다. 11월 24일 오후 제1위원회 표결 결과 통한결의안은 찬성 69표, 반대 30표, 기권 23표로 가결되고, 소위 외군 철수안은 찬성 32표, 반대 60표, 기권 30표로 부결되고, 소위 언커크 해체안 또한 찬성 32표, 반대 64표, 기권 26표로 부결되었다. 총회에서 통한결의안은 찬성 67표, 반대 28표, 기권 22표로 채택되었다. 호주 등 우방들이 공동제안한 통한 결의안은 6항에서 한국 주둔 유엔군이 지역 평화와 안전을 수호하는 것을 유일 목적으로 하며 총회가 규정한 여러 조건이 충족되면 잔여 유엔군 병력이 철수할 수 있다고 선언하고 있다. 알제리 등 북한 우방들이 제출한 외군 철수안은 북한 지역에는 어떤 외국군대도 주둔하고 있지 않음을 상기시키면서, 유엔 깃발 아래 모인 미군과 외국군대를 6개월 안에 남한에서 철수하라는 내용을 담고 있었다.[62]

1971년은 역사적인 미중화해와 남북대화가 시작된 해였다. 한국외교로서는 도전과 응전의 시간이 열리고 있었다. 역사적인 미중대화의 와중에 한반도 문제도 다루어졌다. 1971년 7월 9일부터 11일까지 2박 3일 동안 비밀리에 베

60   김태영, 2001, 83쪽; 북괴 정부비망록에 관한 보고, 1970년 9월 22일, 731.14, 3675, 외교사료관.

61   대한민국 정부각서, 1970년 10월 7일, 731.2, 3680, 외교사료관.

62   외무부 보고사항, 제25차 유엔총회 한국문제(제3보), 1970년 10월 31일, 731.2, 3680, 외교사료관; 외무부 보고사항, 제25차 유엔총회 한국문제(제5보), 1970년 11월 27일, 731.2, 3680, 외교사료관.

이징을 방문한 키신저는 저우언라이와 회담을 가졌다. 7월 9일 회담은 타이완, 베트남, 한반도 문제의 순으로 진행되었다. 저우언라이는 베트남에서 미군이 철수할 때 한국군도 반드시 철수해야 한다고 주문했고, 키신저는 짧게 동의를 표했다. 저우언라이가 한국전쟁 때 참전한 중국군이 1958년에 철수한 사실을 상기시키며 주한미군 철수를 압박했다. 키신저는 주한미군의 점진적 철수 추진을 내비치며, 닉슨 대통령의 재임 기간이 끝나기 전에 대부분의 미군이 철수하는 것이 가능할 수도 있다고 언급했다. 7월 10일 회담에서 저우언라이는 일본군이 대만과 한국에 진주할 가능성에 우려를 표명하고, 북한이 한반도 긴장이 완화되기를 희망하고 있다는 메시지를 전했다.[63]

키신저는 1971년 10월 20일부터 26일까지 다시 중국을 방문하여 닉슨 대통령의 중국방문 시 발표할 미중 공동성명의 초안을 다듬었다. 10월 22일 오후 회담 때 저우언라이가 키신저에게 북한이 미국정부에 전하는 8개항의 메시지를 구두로 전달했다. 키신저는 차가운 반응을 보이며, 평양 메시지에 대한 토론 자체를 거부했다. 이 8개항은 1971년 7월 30일 북한 김일 부수상이 베이징을 방문했을 때 키신저에게 전해달라고 저우언라이에게 부탁했던 것이었다. 북의 8개 메시지 중에서 4개항만 추려보면 아래와 같다.

    (1) 미군과 유엔군 깃발 아래 일체의 외국군대는 반드시 남조선으로부터 철수해야 한다.
    (4) 미국, 일본, 한국 연합군사훈련을 중지하고, 한미 혼성군단을 해산해야 한다.

---

63 홍석률, 2012, 2장.

(6) 언커크를 해산해야 한다.

(8) 유엔에서 조선문제를 논의할 때 북한대표가 참가해야 한다.[64]

저우언라이가 북한을 합법적인 실체로 인정할 수 있냐고 문의하자, 키신저는 당장 취할 수 있는 정책은 아니라며, 중국과 소련이 남한을 인정해야, 미국도 북한을 인정할 수 있을 것이라고 답한다. 저우언라이가 언커크 문제를 언급하자 키신저는 이와 관련 검토 중이라고 답변했다.[65]

닉슨 대통령의 중국방문 발표 이후 국제정세의 변화가 밀어닥쳤다. 외무부는 1971년도 제26차 유엔총회를 앞두고 많은 난관을 예상하고 있었다. 중화인민공화국의 유엔가입이 10월 현실화되었고, 대만은 유엔에서 스스로 탈퇴하는 선택을 취했다. 6월에 김용식 외무장관이 부임하면서 유엔총회에서 한국문제 토의를 회피할 수 있는 방안을 연구하기 시작했다. 총회를 준비하는 외무부는 8월 한국문제 토의를 일괄적으로 차기 또는 그 이후로 연기할 것을 제안하여 이를 가결시키는 방안을 제1안으로 선정했다. 이와 더불어 외무부는 남북한 동시초청을 포함한 대안 또한 고려하고 있었다. 외무부는 유엔총회에서 표결이 벌어질 경우 외군철수안, 언커크 해체안 등 공산진영 결의안이 통과될 가능성은 희박하다고 전망하고 있었다.[66]

1971년 8월 13일 한국과 핵심우방들이 모여 전략회의를 갖고 총회에서 대응방안을 논의했다. 친북 진영은 8월 21일 몽고 단독으로 외국군 철수를 요청

---

64 이종석, 2000, 5장.

65 이종석, 2000, 5장.

66 외무부 보고사항, 1971년 8월 2일, 731.21, 4370, 외교사료관.

하는 결의안과 언커크 해체를 요구하는 결의안 등 두 건을 유엔총회 보충안건으로 제기하였다. 자유진영 안건인 언커크 보고서는 8월 23일 총회의 보충안건으로 자동 접수되었다. 한국의 선도 아래 우방들은 유례없는 남북대화가 전개되고 있음에 유의하여 그 결과를 주시하자면서 총회 토론의 연기를 주장하고 있었다.[67]

9월 20일 김용식 외무장관이 워싱턴에 도착하여 다음날 오전 국무부 청사에서 로저스 국무장관과 만나 한국의 불상정 제안에 동의를 얻었다. 제26차 유엔총회가 1971년 9월 21일 개막되었다. 이틀 후 운영위원회에서 영국이 한국문제 토의 연기를 제안하였고, 영국 제안이 찬성 13표, 반대 9표, 기권 2표로 가결되었다. 9월 25일 본회의에서 외군철수안 불상정안이 찬성 68표, 반대 28표, 기권 22표로, 언커크 해체안 불상정안이 찬성 68표, 반대 25표, 기권 25표로, 언커크 보고 불상정안이 찬성 70표, 반대 21표, 기권 23표로 모두 통과되었다.[68]

1972년 2월 닉슨 대통령이 중국을 방문하였다. 2월 28일 상하이에서 발표된 공동성명에서 중국은 어떤 종류의 패권도 배격한다는 점을 분명히 했고, 미국은 협상을 통해 베트남 문제를 해결하고 미군을 궁극적으로 철수시킬 것이라고 토로했다. 한반도 문제와 관련 중국은 북한의 평화통일 8개항과 언커크 해체 주장에 대한 지지를 피력했다. 미국은 한국정부의 긴장완화와 대화노선

---

67   외무부 보고사항, 1971년 8월 25일, 731.21, 4370, 외교사료관; Airgram from USUN New York to Secretary of State, Korea in the 27th GA: Role of North Korea, October 20, 1972, Pol 32-4 Kor, Subject-Numeric Files, RG 59, NA.

68   김용식, 1987, 220-243쪽.

을 지지한다고 밝혔다.[69] 1972년 3월 저우언라이는 평양을 방문해 김일성과 만나 미중회담에 대해 설명하는 자리를 가졌다. 저우언라이는 김일성에게 중국이 허담의 8개항을 지지한다는 점을 미국에게 분명하게 밝혔다고 전했다. 1972년 6월 21일 키신저가 네 번째 베이징을 방문했을 때 중국은 언커크 해체를 강조했다. 저우언라이는 1972년 내에 언커크가 해체되었으면 하는 바람을 피력했고, 키신저는 11월 미 대통령선거 이후 논의를 재개하자는 입장을 보였다.[70]

한국은 26차 총회와 마찬가지로 27차 총회에서도 토의를 연기한다는 방침을 갖고 있었다. 7월 24일 외무부는 유엔총회 27차 회기에서 한국문제 토의의 연기를 희망한다는 성명을 발표했다. 몇몇 회원국들이 언커크 해체와 유엔군 철수를 주장하는데 대해 한국은 우리 안보태세를 약화시키려는 시도로 보았으며, 한국문제 토의가 오히려 남북대화 분위기를 해칠 것이라는 부정적 견해를 갖고 있었다.[71]

1972년 7월초 미 국무부가 백악관 헨리 키신저에게 보내는 비망록은 한국에 소재한 유엔기구(UN presence in Korea)가 미국에게 얼마나 소중한가를 묻고 있다. 국무부는 언커크 존재에 대해 상징적 의미 외에 별다른 효용가치가 없다

---

69 Joint Communique of the United States of America and the People's Republic of China, February 28, 1972, Taiwan Documents Project, http://www.taiwandocuments.org/communique01.htm (검색일: 2020년 10월 11일).

70 홍석률, 2012, 3장; 우승지, 2020, 5장.

71 Airgram from USUN – New York to Secretary of State, Note from Office of Permanent Observer of the Republic of Korea to the UN, August 4, 1972, Pol 32-4 Kor N-Kor S, Subject-Numeric Files, RG 59, NA.

는 판단을 갖고 있었다. 유엔사와 관련 작전통제권, 정전협정의 한 당사자 역할, 북한과 미국의 소통 채널, 일본기지 사용권한 등을 열거한 후 다음과 같은 평가를 내리고 있다.

> 기본적으로, 한국에 소재한 유엔기구들은 점차 시대착오적이 되고 있으며, 특히 유엔에서, 미국에게 문제를 안기고 있다. 시간이 흐를수록 냉전의 대결로 고안된 이들 장치들에 대한 지지가 취약해질 것이다. 점점 많은 국가들이 이 문제에 관심을 잃어가고 있거나 현 국제정세에 이들 유엔기구들이 적당하지 않다고 믿고 있다. 따라서 미국이 더 많은 시간과 노력의 비용을 지출해야만 이 장치들을 유지할 수 있으며, 그러한 시도가 성공할 가능성 또한 줄어들고 있다.[72]

이어 비망록은 이들 유엔기구들이 한국에게 얼마나 소중한지를 묻고 있다. 이 문건에 의하면 한국인들은 건국 초기부터 한국의 정통성을 유엔의 승인에서 찾고 있으며, 한국정부는 심리적으로 유엔사가 미군의 주둔을 지속시키고, 유엔이 한국의 안보를 보장한다고 믿고 있다. 유엔기구의 철수가 한국인들에게 심리적 불안감을 안겨줄 것이라고 진단한 동 비망록은 미국이 (1) 1972년도 27차 유엔총회 시 한국문제 토의의 연기를 위해 한국정부와 협력하며, (2) 1973년도 28차 유엔총회 이전에 한국 소재 유엔기구의 모든 측면에 걸쳐 한국정부와 토의를 시작한다는 구체적 제안으로 마무리하고 있다.[73]

---

72 Memorandum for Mr. Henry A. Kissinger, the White House, Korean Question at the 27th UN General Assembly, July 3, 1972, Pol 32-4 Kor/UN, Subject-Numeric Files, RG 59, NA.

73 Memorandum for Mr. Henry A. Kissinger, the White House, Korean Question at the 27th UN

주한 미국대사관은 1972년 7월말 전문에서 27차 유엔총회에서 유엔사 문제를 비롯한 한국문제 토의를 연기하고, 28차 유엔총회 이전 한미가 유엔기구 존재 관련 전면 재검토를 할 필요가 있다는데 동의하고 있다. 하비브 대사는 그러나 유엔총회 토의 연기가 가능하다고 판단하는 한 한국정부는 대안을 토의하는데 동의하지 않을 것이라고 진단하고 있다. 28차 유엔총회와 그 이후 한국정부가 한국 소재 유엔기구의 모든 측면에 관한 전면검토에 동의할지 대사관은 확언하기 어렵다는 것이다. 특히 27차 총회에서 연기투표 결과가 우세하면 할수록 한국은 재검토에 거리를 둘 것이라고 보았다. 하비브 대사는 한국정부의 정책방향이 남북대화 진전과 유엔총회 표결 전망에 좌우될 것이라고 분석하고 있다. 그는 비록 한국정부가 유엔기구 관련 한미대화에 소극적으로 나오더라도, 미국만이라도 단독으로 철저하고 구체적인 대안 연구를 진행해야 한다고 조언했다. 하비브 대사는 한편 박정희 대통령이 당부한대로 '두 개의 한국(two Koreas)' 문제와 유엔과 관련된 문제에 대해 미국이 너무 한국보다 앞서가서는 안 된다고 주의를 환기시키고 있다. 미 대사는 한국정부가 유엔문제 정책결정의 시기와 속도를 조절하고, 미국은 뒤에서 넌지시 한국의 정책선회를 부추기는 모양새를 원했다.[74]

존 마이켈리스(John H. Michaelis) 장군 후임으로 유엔군사령관으로 임명된 도널드 베넷 장군(Donald V. Bennett)이 1972년 8월 중순 국무부를 방문하여 알렉시스 존슨 차관(Ural Alexis Johnson), 도널드 레너드(Donald L. Ranard) 한국과장과

General Assembly, July 3, 1972, Pol 32-4 Kor/UN, Subject-Numeric Files, RG 59, NA.

74 Telegram from American Embassy Seoul to Secretary of State, July 31, 1972, Korean Item in 27th UNGA, Pol 32-4 Kor/UN, Subject-Numeric Files, RG 59, NA.

마주앉았다. 베넷 장군은 9월 1일부터 사령관직을 수행할 예정이었다. 이 환담 자리에서 존슨 대사는 미래 어느 시점에는 유엔사 해체를 요구하는 유엔 결의를 충족시켜야 할 것이라고 내다봤다. 그는 작전통제권한 등 여러 군사적 요소들에 대해 확신할 수 없다면서 미국이 주한미군의 재구성을 염두에 두어야 하며, 그럴 경우 유엔군사령관의 조언이 필요할 것이라고 언급했다. 베넷 장군은 그 사안을 염두에 두고 있으며, 임무를 수행하는 과정에서 더 많은 아이디어를 얻게 될 것이라고 답하고 있다. 사령관은 자신의 예비적인 판단에 의하면 유엔사가 해체되어도 미국 입장에서 큰 문제가 발생하지는 않을 것이라고 토를 단다. 베넷 장군은 유엔사 문제를 군사정전위원회와 정전협정과 관련시켜 사고하는 한국인들에게 유엔사의 존재가 커다란 의미를 갖는다면서 그들은 무엇이 유엔사를 대신하게 될지 궁금해 할 것이라고 예견하고 있다.[75]

7.4남북공동성명의 해인 1972년 제27차 유엔총회 안팎에서 유엔사 존치에 대한 찬성과 반대 여론이 치열하게 격돌했다. 7월 17일 알제리 등 공산권 국가들이 유엔 사무총장에게 보낸 서한에서 유엔사 존재에 관한 재검토를 위한 토의를 요청하고 나섰다.[76]

공산진영은 설왕설래 끝에 개회 직전인 9월 16일 28개국이 합세한 알제리안으로 단일화하였다. 단일안은 종래 직선적이었던 표현을 다소 완화시켜 (1) 언커크의 활동중지, (2) 유엔기 사용의 정지, (3) 외국의 군사적 불개입, (4) 한

---

75 Memorandum of Conversation, Courtesy Call of General Bennett, Commander in Chief (designate) of United Nations Command, etc., August 17, 1972, Pol 27-4, Kor/UN, Subject-Numeric Files, RG 59, NA.

76 서주석, 2001, 108-109쪽.

반도평화조약의 체결, (5) 남북한 상호군축의 제안을 담고 있었다. 한국 외무부는 남북대화에 동력을 불어넣기 위해 유엔에서 한국문제 토의를 건너뛰는 불상정 전략을 추진하였다. 미국은 이에 보조를 맞추어 27차 총회에서 한국문제를 토의하는 것에 반대한다고 선언하였고, 영국을 필두로 한 우방은 불상정안을 제출하였다. 공산진영의 상정안과 자유진영의 연기안이 치열한 대결을 벌이는 형국이 벌어졌다. 1972년 9월 20일 운영위원회에서 한국문제 토의를 1년간 연기하자는 영국의 제의가 찬성 16표, 반대 7표, 기권 1표로 가결되었고, 알제리안은 자동폐기되었다. 9월 23일 유엔총회 본회의에서 한국문제 토의를 내년 총회 시까지 연기하자는 운영위원회 권고가 찬성 70표, 반대 35표, 기권 21표로 가결되어 한국문제 불토의가 확정되었다. 한국 외무부의 불상정 전략이 다시 성공을 거둔 것이다.[77]

유엔총회에서 한국문제가 토론의제가 되면서 유엔군사령부의 위상을 둘러싼 논쟁이 불거지게 되었다. 북한과 공산권 국가들 그리고 이에 동조하는 비동맹 세력은 유엔사 존립근거에 회의적 근거를 대면서 미국과 한국을 압박했다. 비난 요점은 주한미군이 유엔군의 외피를 덮어쓰고 주둔을 정당화한다는 것이었다. 일단 미국과 한국은 소나기를 피하고 보자는 심정으로 총회에서 토의 자체를 기피하는 자세를 보였다. 한국외교는 1970년 통한 결의안을 통과시킨 데 이어 1971년과 1972년 연이어 한국문제 토의연기 주장을 관철시켰다. 미국은 유엔사 건은 안보리 결정사항이라는 입장을 견지하는 한편 유엔사 업무 중단까지를 포함한 유엔사 개편에 대한 물밑작업을 추진하고 있었다.

77 이승헌, 1972, 68-77쪽; 제27차 유엔총회 한국문제에 관한 종합보고서, 1973년 1월, 731.2, 5211, 외교사료관.

2. 유엔총회와 외교대결

1973년 봄 한국정부는 유엔총회 불상정 전략을 지속하기를 여전히 희망하고 있었다. 김동조 주미대사는 남북대화 진전을 위해서 유엔에서 한국문제 토의가 바람직하지 않다는 입장을 언론매체에 피력했다.[78] 그러나 시간이 지나면서 상황 변화가 일어나고 외무부는 보다 공세적으로 태세 전환을 하게 된다. 1973년 5월 북한은 세계보건기구에 가입하였고, 7월 옵저버 자격으로 유엔에 대표부를 설치하였다. 한국전쟁 이후 20년 만에 북한이 뉴욕 유엔본부에 참관국으로 홀연히 등장하게 된 것이다. 1973년 가을 28차 유엔총회부터 한국정부는 한국문제 토론 연기를 시도하지 않고 적극 토의에 임하며, 남북대표 동시 초청에 반대하지 않는다는 입장으로 선회하였다. 한국정부는 과감한 승부수로 6.23선언을 발표하여 남북한이 유엔에 동시에 가입하는 제안을 내놓았다.[79]

1973년 2월 11일 허담 외무상이 베이징을 방문한다. 키신저의 다섯 번째 베이징 방문을 일주일 정도 앞선 시점이었다. 허담과 저우언라이는 주한미군 철수, 언커크 해체 문제를 집중적으로 토의했다. 허담은 저우에게 키신저와 회담할 때 북미접촉 가능성을 타진해 달라고 부탁한다. 2월 18일 키신저-저우언라이 회담에서 키신저는 냉담하게 북미접촉을 고려하고 있지 않다고 답변했다. 저우는 곧장 키신저의 부정적 메시지를 허담에게 통고했다.[80]

제2차 남북조절위원회 본회의가 1973년 3월 15일 평양에서 열렸다. 한국

---

78 〈조선일보〉, 1973년 4월 15일.
79 외교통상부, 2009, 3장.
80 홍석률, 2012, 351-353쪽; 우승지, 2020, 5장.

대표단은 주로 실무 차원에서 남북조절위원회 운영세칙과 공동사무국 설치규정을 제정하자는 것과 판문점 경비구역 내 남북조절위원회 건물을 남과 북이 합동으로 건설하자는 제안을 내놓았다. 북한 대표단은 이에 반해 남북 군비축소, 미군을 포함 일체의 외국군대 철거, 남북 간 평화협정 체결 등 군사문제를 제기하고 나섰다. 남한이 대화의 기초를 닦는 제도화에 방점을 찍었다면 북한은 군사문제의 우선 토론을 선호하고 있었다. 한국정부는 북한이 제안한 평화조약 체결에 동의할 의사가 없었다. 서울은 평화조약이 주한미군 철수로 이어질 것을 우려하고 있었기 때문이다.[81]

대한민국 외무부는 남북조절위원회와 남북적십자회담에서 북한 당국이 국제여론 몰이를 하는 등 선전전에 치중하고 있다고 보았다. 당시 외무부의 한 보고서는 북한의 평화협정 제안에 대해 경계심을 드러내면서 다음과 같이 북한의 저의를 분석하고 있다.

나. 평화협정 주장의 저의

(1) 남북대화의 부진한 진전에 대한 책임을 우리에게 전가

(2) 국제적으로 우리 대한민국과 동등한 국제법상의 지위 확보

(3) 유엔군사령부 해체, 미군 철수의 계기를 마련[82]

박정희 정부는 남북 사이 평화협정이 체결되면 평양이 유엔사 해체, 주한미

---

81 우승지, 2020, 8장.

82 〈북한의 소위 "평화협정" 체결 주장에 대한 대책〉, 외무부, 1973년 4월 24일, 726.3, 6054, 외교사료관.

군 철수의 고삐를 바짝 당길 것이라고 보았기 때문에 북의 평화공세가 위장평화이며 함정이라고 파악하고 일체 응하지 않았다.

미국은 1973년 들어 유엔사 문제 연구에 많은 공을 들이고 있었다. 3월 15일 미 국무부 비망록은 유엔사 문제와 관련 안보리 결의에 의해 출범한 유엔사는 미국의 일방적 조치 또는 안보리 심의에 의해서만 해산시킬 수 있다는 해석을 내리고 있다. 아울러 유엔사에 배속된 군대가 소규모이기 때문에 실질적으로 군사적 효용가치는 크지 않다는 점을 지적하고 있다. 동 비망록은 유엔사의 의미와 역할을 (1) 한국군에 대한 작전통제권 행사 – 남한이 북한을 공격하는 것을 방지, (2) 북한 도발 시 남한 방위를 위해 제3국 병력을 집결시키는 구조적 우산 역할, (3) 정전협정 이행의 공식적 역할 수행, (4) 한국 방위를 위해 미군과 제3국 군대가 사전협의 없이 일본기지를 사용할 수 있는 법적 근거를 제공, (5) 유엔의 권위를 업고 있는 유엔사 존재가 북한의 남한에 대한 공격을 심리적으로 억지하는 것으로 정리하고 있다. 이들 기능을 수행할 다른 장치가 마련된다면 미국이 유엔사 해체를 주저할 이유가 별로 없었다. 실제 한반도의 안보는 한미상호방위조약에 근거한 주한미군이 맡고 있었다. 그러나 미국은 유엔사 종료가 미군철수로 이어질 수 있다는 한국인들의 우려를 걱정하면서 한국인들에게 미군 주둔이 유엔사 문제와 연계되어 있지 않다는 점을 주지시켜야 한다고 보았다. 동 비망록은 유엔사 카드를 활용하여 군사분계선을 존중한다는 북한의 약속과 중국/소련의 보장을 받아야 한다고 주문하고 있다.[83]

83 Memorandum for the Deputy Secretary, March 15, 1973, UN Presence in Korea, Pol 32-4 Kor/UN, Subject-Numeric Files, RG 59, NA.

베이징 방문에서 돌아와 두 달쯤 지난 1972년 4월초 닉슨 대통령은 국가안보회의에 한반도정책의 전반적인 재검토를 지시했다. 국무부, 국방부, 중앙정보부, 재무부, 국가안보회의 참모들이 함께 참여한 연구결과는 〈국가안보연구비망록 154호: 미국의 한반도정책〉이라는 제목으로 1973년 4월초에 나왔다. 미국은 남북대화의 속도와 수준에 유념하면서 언커크 유지, 유엔사 고수, 주한미군 동결 아래 북한의 고립화 정책을 지속하는 선택에서부터 언커크 활동의 중지 또는 종결, 유엔사 처리방안 논의, 남북한 유엔 동시가입, 1974회계년 이후 주한미군 감축 아래 4대강국이 두 개의 한국을 수용하고 한반도의 안전을 보장하는 방안까지 여러 각도에서 정책의 재설정을 모색하고 있었다.[84]

1973년 5월 미 국무부의 현실인식은 보다 유연해지고, 과감해지고 있었다. 미국이 중국과 함께 동아시아질서를 재편하고, 남한과 북한이 대화를 진행하고 있는 환경 아래 미국은 한반도 문제에 새로운 해법을 적용할 준비를 하고 있었다. 케네츠 러시 국무부 부장관이 키신저에게 보낸 비망록은 두 건의 보고서를 싣고 있다. 한국정책 재고 주제의 첫 보고서는 1950년대 입안된 미국의 대한정책이 동아시아 정세의 변화로 현실을 잘 반영하지 못하고 있다고 진단하고, 남북한이 서로를 인정하고 공존하는 방향으로 미국의 정책방향이 모아져야 한다고 주장한다. 보고서는 과감한 패키지 제안으로 남북관계의 안정화를 도모할 필요성을 제기하는 한편 유엔사 폐지를 위해서는 남북한 협상과 주변 강대국의 보장이 필요하다는 입장을 보이고 있다.[85]

---

84 홍석률, 2012, 6장.

85 Memorandum to Dr. Henry Kissinger from Mr. Kenneth Rush, Korean Policy Reconsideration: A Two-Korea Policy, May 29, 1973, Pol 32-4 Kor/UN, Subject-Numeric

한국 소재 유엔기구와 관련된 둘째 문건은 유엔총회에서 출범한 언커크가 이미 수명을 다했다고 평가하고, 한국이 조기에 유엔 사무총장에게 위원단 사업의 종료를 선제적으로 제안할 것을 주문한다. 유엔 안보리에서 출범한 유엔군사령부에 대해 한국안보에 필수적이지는 않지만 아직 중요한 역할을 수행한다고 평가하면서, 한국정부가 유엔사 잔류를 고집하고 있기 때문에 서울과 유엔사 폐지를 논의하는 일은 어려운 작업이 될 것이라고 예상하고 있었다. 북한과 그의 동맹국들이 유엔사 해체를 몹시 바라고 있었기 때문에 미국은 협상을 통해서 강대국들이 한반도 현상태를 보장하는 등의 반대급부를 받는 조건으로 유엔사 문제를 해결할 수 있게 되기를 희망했다.[86] 6월 19일 워싱턴에서 키신저 국가안보보좌관이 황첸(Huang Chen) 중국 연락사무소장을 만났다. 이 자리에서 키신저는 1973년 유엔총회에서 언커크를 종결하고, 1974년 유엔총회에서 유엔사 문제를 해결하겠다는 의중을 건넸다.[87]

1973년 박정희 정부의 6.23선언은 70년대 데탕트, 미중화해, 남북화해 등 격변의 국제정세에 맞추어 한국이 보다 능동적이고, 적극적으로 대외정책을 펼치기 위한 것이었다. 북한의 세계보건기구 가입이 외교선언의 방향에 커다란 영향을 미쳤다. 6.23선언 자체가 한국의 대외노선의 수정이었기 때문에 자연스럽게 국제연합, 언커크, 유엔사 문제가 연루되었다. 동 선언의 발표 전 박

Files, RG 59, NA.

86 Memorandum to Dr. Henry Kissinger from Mr. Kenneth Rush, Removing the U.N. Presence from Korea, May 29, 1973, Pol 32-4 Kor/UN, Subject-Numeric Files, RG 59, NA.

87 37. Memorandum of Conversation, Kissinger and Huang Chen, June 19, 1973, FOREIGN RELATIONS OF THE UNITED STATES, 1969 – 1976, VOLUME XVIII, CHINA, 1973 – 1976, https://history.state.gov/historicaldocuments/frus1969-76v18/d37, 검색일: 2021년 3월 7일.

정희 대통령은 김용식 외무장관에게 이 문건과 관련해서 우방들과 사전에 긴밀하게 논의하라고 당부하였다. 한국이 대외정책의 수정을 발표하기 이전 미국은 동 선언이 가져올 정세 변화를 가늠하며 자신의 포석을 고민했다. 김용식 외무장관과 하비브 미국대사는 수시로 만나 6.23선언과 관련 의견을 교환하였다. 1973년 5월 9일 한미 외교관이 의견을 나누는 자리에서 김용식 외무장관은 남북한 평화공존의 필요성을 인정하면서도 두 개의 한국을 공식적으로 인정하는 것에는 주저했고 평화협정 체결에 대해서도 반대한다는 의사를 분명히 했다. 그는 또한 북한의 유엔 기구 참여를 받아들일 준비가 되어 있다면서 언커크 해체에 동의할 수 있으나 유엔사는 유지해야 한다는 입장을 피력했다.[88]

박정희 대통령의 재가를 받은 김용식 외무장관은 1973년 5월 25일 하비브 대사와 회동한 자리에서 신외교정책 기본지침 초안을 전달한다. 신외교정책의 기본 전제는 북한을 국가로서 공식 승인하지 않으며, 북으로부터 군사위협이 상존하는 한 유엔군사령부는 존속되어야 한다는 것이었다. 초안은 보다 구체적으로 아래 항목들을 담고 있었다. 첫째, 공산국가와 외교관계를 확대한다. 단 중국, 소련의 남한 승인 없이 미국, 일본이 북한을 승인해서는 안 된다. 둘째, 북한의 국제기구 참여에 반대하지 않는다. 셋째, 유엔총회에서 한반도문제 토의의 연기를 시도하지 않으며, 북한대표의 초청도 반대하지 않는다. 넷째, 언커크 활동 중단에 동의한다. 다섯째, 국제연합에 남한이 가입하면, 북한이 가입하는 것을 반대하지 않는다.[89]

---

88 신욱희, 2010, 3장; 우승지, 2020, 4장.
89 홍석률, 2012, 328-329쪽.

1973년 5월 30일과 31일 국회 답변에서 김용식 외무장관은 한국정부가 국제정세 분석에 기초를 둔 유연하고 현실적인 유엔정책을 입안할 것이라고 밝혔다. 그는 다수 회원국이 원한다면 정부는 유엔총회에서 한국문제를 토론할 준비가 되어 있다면서, 반면에 다수가 원하지 않는다면 한국은 토론을 저지할 것이라고 다짐했다. 김 외무는 가을에 유엔총회에 한국문제가 상정되더라도 언커크를 해체하고, 주한외군을 철수시키려는 공산권 움직임을 저지할 수 있다고 자신했다.[90]

6월초 김용식 외무장관이 하비브 미국대사를 만나서 신외교노선 발표날짜를 6월 23일로 앞당긴다고 전했다. 김 외무는 남과 북이 동시에 유엔에 가입하게 되면 유엔사 유지가 어려워질 것이라는 점을 이해한다고 말했다. 그는 그러나 북한이 동시가입을 거부하면 유엔사 기구가 계속 유지되어야 한다고 주장했다. 김용식 외무장관은 유엔사 폐지 이후 주한미군의 계속 주둔에 대해 염려하였다. 김 외무는 유엔사가 해체될 경우 한국과 미국이 주한미군의 주둔이 지속된다는 공동성명을 발표할 필요성을 제기하였다.[91]

6월 19일 6.23선언 초안을 놓고 김용식 외무장관과 하비브 미국대사가 논의를 펼쳤다. 미국대사는 우선 선언문 초안에 유엔총회 토론에 대한 한국의 입장, 언커크와 유엔군사령부에 대한 언급이 없다는 점을 지적하고 나섰다. 김용식 장관은 유엔총회 토론에 남북한이 함께 나가는 것에 반대하지 않는다고 밝혔다. 그는 또한 언커크 해체에 동의할 수 있으나 유엔사의 미래에 관해서 한

90 Telegram from American Embassy Seoul to Secretary of State, June 1, 1973, Fonmin Testimony on ROKG UN Policy, Pol 32-4 Kor, Subject-Numeric Files, RG 59, NA.

91 우승지, 2020, 4장.

미 간에 충분한 사전논의가 필요하다고 언급했다. 김 외무는 아직 한미 사이에 기술적인 문제와 관련 충분한 토의가 되지 않은 상황에서 미리 우리 선택지를 노출할 필요가 없다고 주장했다. 그는 말미에 박 대통령의 의중이라며 공산주의 국가들의 동향이 있기 전에 먼저 유엔사 문제를 언급하지 않는 것이 좋겠다고 말했다.[92]

6월 20일 오전 김용식 외무와 하비브 미국대사가 다시 만났다. 김 외무는 전날 저녁 박 대통령과 상의한 결과를 토대로 언커크 문제는 선언문에서 언급하지 않고 대통령이 직접 선언문을 낭독한 후 국무총리 또는 외무장관이 기자회견을 갖고 그 자리에서 대한민국 정부는 언커크 해체에 반대하지 않는다는 입장을 개진하는 것이 좋겠다는 의견을 피력한다. 김 외무는 이 자리에서 미국대사와 유엔사 종료와 관련한 토의를 시작하자고 제안했다. 그는 또한 한국정부가 언커크 종료를 제안하는 역할을 맡겠다는 의사를 피력했다.[93]

6월 19일 미국 국무부는 주한 미국대사관에 전문을 보내 한국의 6.23선언 발표를 앞두고 자신들의 견해를 정리했다. 우선 워싱턴은 언커크의 임무가 완수되었다는 한국의 제안에 동조하면서, 한국정부가 단지 활동의 중단(suspension)을 염두에 두고 있는데 반해 종료(termination)가 더 적절하다는 태도를 보였다. 미국은 유엔사 관련해서도 한국안보를 저해시키지 않는 조치들이 강구된다는 전제 아래 미국과 한국이 유엔사의 종료 가능성을 탐색해 볼 필요

---

92 Telegram from American Embassy Seoul to Secretary of State, US Views on ROK Foreign Policy Changes, June 19, 1973, Pol Kor N-Kor S, Subject-Numeric Files, RG 59, NA.

93 Telegram from American Embassy Seoul to Secretary of State, ROK Foreign Policy Changes, June 20, 1973, Pol 32-4 Kor/UN, Subject-Numeric Files, RG 59, NA.

성을 제기했다. 국무부는 한국안보에 미치는 파장을 고려하여 이 문제는 신중하게 접근해야 하며, 한국의 이해가 필요한 부분임을 지적하고, 공산권 국가들과 지난한 협상을 예상하였다. 유엔사와 관련된 사항들은 정전협정, 군사정전위원회, 중립국감독위원회, 유엔사의 일본기지 사용권한, 한미비상계획, 한미지휘계통 등이었다. 워싱턴은 정전협정의 수정을 통해서 이 문제들을 해결할 수 있다고 보았다. 미국은 정전협정과 군사정전위원회는 지속되어야 하지만 중립국감독위원회는 북한의 방해로 정전을 감시하는 기구로서 효과가 없으므로 해체할 수 있다는 입장을 보였다. 미국은 유엔사가 일본기지를 계속 사용하는 권한(UNC Base Rights in Japan)이 지속되어야 한다는 점과 유엔사 해체 시 전시 한국군 작전통제권을 미국이 계속 유지하는 방안을 강구해야 한다는 점을 강조했다. 한반도 안보 상황이 현저하게 개선될 때까지 현 수준의 주한미군이 계속 주둔한다는 것에 대해 북한, 중국, 소련으로부터 묵인(tacit acquiescence)이 있어야 한다는 점을 적시했다. 아울러 미국은 한국정부가 제안한 남북한 유엔동시가입을 지지한다고 밝혔다.[94]

6월 23일 오전 박정희 대통령은 〈평화통일외교정책에 관한 특별성명〉을 발표하였다. 6.23선언에서 박정희 대통령은 내정불간섭과 상호불가침을 주장하는 한편 호혜평등의 원칙 아래 모든 국가에 문호를 개방하겠다는 의사를 비쳤다. 그는 또한 북한이 한국과 함께 국제연합에 가입하는 것에 반대하지 않으며, 유엔총회 한국문제 토의에 북한대표를 초청하는 것도 반대하지 않는다고 밝혔다.[95] 한국정부는 상호불가침 제안으로 북한의 평화공세에 역공을 펼치는

---

94 Telegram from Secretary of State to American Embassy Seoul, US Views on ROK Foreign Policy Changes, June 19, 1973, Pol Kor N-Kor S, Subject-Numeric Files, RG 59, NA.

한편 문호개방정책으로 평양의 적극적인 서방노선에 대응했다. 문호개방은 경제적으로 동구 공산권에 진출하여 통상을 진흥하려는 목표도 갖고 있었다.

대한민국이 서울에서 6.23선언을 발표한 날 저녁 조선민주주의인민공화국 또한 평양 스타일의 6.23선언을 준비하고 있었다. 김일성은 체코슬로바키아 공산당 및 정부 대표단 환영 군중대회에서 조국통일 5대 강령을 발표했다. 그는 군사 대치의 해소, 다방면 합작과 교류, 정당 및 사회단체 대표들이 참여하는 대민족회의 소집을 강조했다. 김 주석은 아울러 남북연방제를 실시하는 한편 국제연합에는 단일국가 자격으로 당연히 단일의석으로 참가해야 한다고 주장했다. 연방의 명칭으로는 고려연방공화국을 제안하고 있다.[96] 유엔 가입을 놓고 남과 북이 각기 동시가입과 단일가입이라는 상반된 방식으로 맞서는 형국이 벌어졌다.

1973년 7월 19일 오후 청와대에서 박정희 대통령이 윌리엄 로저스 미국 국무장관을 접견했다. 박 대통령은 북한을 유엔에 끌어들여 그들의 무모한 행동을 견제하려 한다며 미국의 협조를 요청했다. 그는 언커크 해체에는 반대하지 않으나, 주한 유엔군 폐지에 대해서는 반대한다는 기본입장을 견지하며 선을 그었다. 박 대통령은 유엔군 존속이 어려워질 경우와 관련해서 유엔군 대신 미군이 계속 주둔한다는 보장이 있어야 하며, 휴전협정의 효력이 지속될 수 있는 대책 마련의 필요를 언급했다. 로저스 장관은 6.23선언에 미국이 지지를 표명한 사실을 환기시키면서, 유엔사 존속을 바라고 있으나 만일의 경우에 대비

---

95 평화통일 외교정책에 관한 특별성명, 1973년 6월 23일, 대통령 기록관, https://pa.go.kr, 검색일: 2021년 2월 25일.

96 우승지, 2020, 8장.

하여 대비책을 검토하자고 요청했다.[97]

1973년 8월 8일과 9일 뉴욕에서 28차 유엔총회를 앞두고 이틀간 회의가 열렸다. 김용식 외무장관을 비롯해서 뉴욕 주재 한국, 일본, 영국, 호주, 미국대표가 참석해 한국문제 관련 정책을 조율하기 위한 자리였다. 참석자들은 북한대표의 유엔 출석을 허용하고, 언커크 해체 결의에 동의하는 것으로 의견을 모았다. 이 회의에서 유엔사에 대한 적대적인 결의안을 무산시킬 전망이 불확실하다는 점이 떠올랐다. 해를 거듭할수록 표결 전망을 가늠하기 어려워지고 있었다. 미 국무부는 한국이 정전협정을 대신할 만족스러운 조치가 마련된다는 조건 아래 유엔사 해체를 받아들일 준비가 되어야 한다고 판단하고 있었다. 한국의 입장은 언커크의 해체를 받아들이나, 유엔사 해체는 반대한다는 것이었다. 한국정부는 남북 유엔동시가입을 희망했으나 참석자들은 북한이 반대하기 때문에 실현 가능성이 없다고 보았다.[98]

8월 하순 백악관은 다가오는 유엔총회에서 진영대결을 최소화하면서 언커크와 유엔사의 차이를 회원국들에 설명하여 언커크 사업을 종료하되, 유엔사 해체 관련 움직임을 좌절시키는 것을 목표로 삼아 국무부에 통보했다. 백악관은 남북한 유엔동시가입은 조용하게 추진토록 한국정부를 설득하는 것이 필요하다고 보았다. 미국은 반대세력이 유엔사/주한미군에 대한 적대적인 결의를 제안하도록 자극할 수도 있다는 점을 우려했다. 백악관의 입장은 가을 유엔

---

97 미국 국무장관 접견 요지, 1973년 7월 19일, 724.32US, 5938, 외교사료관.

98 Memorandum for Mr. Henry A. Kissinger, the White House, Korean Consultations, August 3, 1973, Pol 32-4 Kor/UN, Subject-Numeric Files, RG 59, NA; Information Memorandum from IO – David H. Popper, August 16, 1973, Consultations on the Korean Question in the 28th General Assembly, Pol 32-4 Kor, Subject-Numeric Files, RG 59, NA.

총회에서 유엔사와 주한미군 관련 본격적인 토의가 벌어지지 않도록 노력하며, 유엔사와 주한미군을 반대하는 반대진영의 행동이 다수를 차지하는 것을 방지한다는 것이었다. 유엔사 존립이 위기에 처할 경우 법적, 제도적으로 정전협정과 군사정전위원회를 보호하는 방안을 강구해야 한다고 적시했다.[99]

1973년 8월 31일 미 국무부는 유엔총회 한국문제 관련 미국의 전략을 정리해서 대통령에게 보고했다. 국무부는 1973년 28차 유엔총회에서 유엔사/주한미군 토론이 벌어지는 것을 방지하기 위해 중국, 소련과 솔직한 대화를 갖는 방안을 궁리했다. 중국/소련과 협상 시 미국이 유엔사 문제에 양보하는 대신 강대국에 의한 남북한 교차승인, 정전협정 대체방안 마련, 남북한 유엔동시가입 등을 얻기를 희망했다. 미국은 정전체제의 효과적인 실행을 위한 대안 수단이 마련된다는 조건 아래 유엔사에 대해 양보하는 결의를 제출하는 방안을 궁리하기 시작했다. 국무부는 유엔사/주한미군을 비난하는 제안을 부결시키기위해 (1) 유엔사를 언급하지 않는 우호적인 결의안을 상정하거나, 또는 (2) 유엔사를 언급하는 우호적인 결의안을 상정하는 것을 해결책으로 제시했다. 미국은 유엔사가 사라질 경우 정전협정과 군사정전위원회가 지속적으로 효율적으로 운영되기 위해서 법적, 제도적으로 무엇을 할 것인가 고민하였다. 미국은 주한미군사령관이 유엔군사령관의 역할을 승계하는 방안, 미국과 한국이 공동성명을 발표해서 정전협정이 계속해서 효력을 발휘한다고 선언하고 한국이 정전협정 상 유엔사의 책무를 대신하는 방안, 남과 북이 조절위원회 산하에 분과위원회를 설치해서 정전업무를 인수하는 방안, 정전협정을 대신할 평화협정

99   Memorandum for the Secretary of State, August 24, 1973, Strategy on the Korean Question in the U.N. General Assembly, Pol 32-4 Kor, Subject-Numeric Files, RG 59, NA.

을 체결하는 방안, 안전보장이사회가 한반도의 평화와 안전을 보장하는 결의를 하는 방안, 남북한이 유엔에 함께 가입하는 방안 등을 궁리했다.[100]

1973년 8월 국무부 보고서는 말미에 법률적 고려사항을 부록으로 덧붙이고 있다. 1973년 6월 중순 법률 자문을 작성한 올리버 존슨은 유엔사 해체를 위해 미국정부와 안보리 사이 공식적인 소통이 필요하지는 않지만 바람직할 수는 있다고 보고 있다. 소통 형식은 안보리에 보내는 유엔사의 최종 활동보고서 형식을 띨 수 있다. 존슨은 유엔사 해체가 미국군과 한국군의 관계에 미치는 영향을 놓고 유엔사를 해체하더라도 주한미군의 법적 지위에는 하등의 영향을 미치지 않는다고 분석한다. 주한미군은 유엔군의 일부가 아니며 유엔군총사령관의 지휘를 받지 않기 때문이다. 주한미군의 법적 근거는 한미상호방위조약(1954년)이다. 그러나 한국군은 유엔군총사령관의 작전통제를 받고 있기 때문에 유엔사가 해체된 이후에도 미국군이 한국군의 작전통제를 유지하려면 한국과 새로운 합의가 필요하다는 점이 제기되었다.[101]

올리버 존슨은 이어 유엔사 해체가 정전협정 자체에 미치는 영향을 분석하고 있다. 미군, 한국군, 중국군, 북한군이 계속 정전협정의 구속을 받을지, 군사정전위원회의 유엔군 자리를 누가 대신할지 문제가 떠올랐다. 정전협정의 한쪽 주체가 유엔군총사령관이었기 때문에 유엔사가 사라지면 당사자들에 대한

100　Memorandum for the President from Deputy Secretary of State, August 31, 1973, Strategy on the Korean Question in the UN General Assembly, Pol 32-4 Kor, Subject-Numeric Files, RG 59, NA.

101　Memorandum to EA － Mr. Richard L. Sneider from L/EA － Oliver T. Johnson, June 12, 1973, Possible Dissolution of the United Nations Command － Legal Considerations, Pol 32-4 Kor, Subject-Numeric Files, RG 59, NA.

협정의 구속력이 유효한지 분명하지 않았다. 북한과 중국이 한국/미국의 당사자 지위를 불인정할 수도 있고, 자신들도 더 이상 정전협정에 구애받지 않는다고 주장할 수도 있다. 그렇게 되면 휴전상태와 군사분계선 모두가 불확실해진다. 이런 곤궁을 회피하기 위해 존슨은 북한군/중국군과 유엔사 해체 이전 정전체제 관련 사전양해가 있으면 문제가 해결된다고 보았다. 양측 사이 양해가 없을 경우 미군과 한국군이 일방적으로 정전협정 준수를 선언하는 것도 하나의 방법이다. 군사정전위원회 구성과 관련해서 (1) 공식적으로 정전협정을 개정해서 미국/한국 대표가 군정위에 참가할 수 있도록 하거나, (2) 북한/중국의 비공식적 양해 아래 한국/미국 또는 한국이 독자적으로 군정위 대표를 선발하거나, (3) 군정위를 해체하는 방안이 제기되었다. 끝으로 존슨은 유엔사가 해체되고, 한국과 일본에서 유엔군이 철수하면 주일유엔군지위협정이 종료될 것이기 때문에 그 파장에 대해서도 주목하고 있다. 그는 애치슨-요시다 양해각서의 종료가 미군의 일본주둔에 영향을 미치지 않기 때문에 이것을 중요한 사안으로 여길 필요는 없다고 첨언한다.[102]

1973년 9월 17일부터 10월 6일까지 김용식 외무장관은 미국을 방문하여 유엔외교를 진두지휘했다. 28차 유엔총회 무대에 한국문제가 자동으로 재상정되었고, 10월 1일 정치위원회는 남한대표와 북한대표를 투표권 없이 동시 초청하기로 만장일치로 의결했다. 북한에 동조하는 35개국이 공동으로 제출한 결의안은 언커크 해체, 유엔기 사용 권한 무효화, 유엔사 해체, 외국군 철수

---

102 Memorandum to EA − Mr. Richard L. Sneider from L/EA − Oliver T. Johnson, June 12, 1973, Possible Dissolution of the United Nations Command − Legal Considerations, Pol 32-4 Kor, Subject-Numeric Files, RG 59, NA.

를 주요 내용으로 담고 있었다. 이에 반해 한국과 친밀한 진영의 22개국이 공동제안한 결의안은 남북대화를 환영하고, 언커크 자진해체 결정을 지지하며, 남한과 북한이 유엔 회원국이 되는 것을 고려하기를 희망하고, 한반도 평화 유지와 정전협정 준수 문제는 안보리에서 논의하기를 희망하고 있었다. 서방측 결의안에 유엔 동시가입 제안을 명시한 부분에 대해 일부 우방은 남과 북이 먼저 합의한 후 유엔에 요청하는 것이 순서라고 문제제기를 했고, 동시가입 제안을 삭제하면 찬성표가 늘어날 것으로 예상하기도 했다. 외무부는 토의 연기 가능성과 함께 양측 결의안의 타협안을 시도할 가능성에도 촉각을 곤두세우고 있었다.[103]

사우디아라비아가 낸 수정안은 외세 개입 없이 남북한이 협상해서 민족문제를 해결하고, 남북한이 단일국가로 유엔에 가입할 것을 권고하고 있다. 비동맹 8개국이 낸 수정안은 언커크 해체, 남북대화 지속, 한국문제 논의 중단, 외국군 철수를 주장하고 있었다. 4개의 결의안이 경합하는 형세에서 막후에서 중국이 나서 대결을 회피하고 의장의 합의성명으로 문제를 해결하자고 미국에 제안했다. 외무부 막후교섭 일지에는 10월 31일 박동진 대사가 표심이 확정적으로 유리하지 않은 상황에서 미국에 타협안을 모색하여 줄 것을 요청한 것으로 적혀 있다. 한국과 미국이 우선 뜻을 모은 후에 핵심우방회의에서 합의성명 내용을 다듬었다. 미국과 중국이 다시 모여 의중을 확인하는 과정을 거쳐 네덜란드 대표와 알제리 대표가 동의했다. 한국은 유엔가입 조항을 삭제하는 대신 친북 결의안에서 유엔군 해체와 외국군 철수 조항의 삭제를 요구했다. 중

---

103 정용석, 1973, 71-75쪽; 외교통상부, 2009, 3장; 홍석률, 2012, 7장; 조동준, 2015, 2장; 제28차 유엔 총회 한국 문제, 1973년 9월 17일, 731.21, 6146, 외교사료관.

국은 언커크 해체를 명시하되, 외군철수와 유엔사는 언급하지 않는 절충안을 냈다. 합의성명은 11월 21일 유엔총회 정치위원회를 거쳐 11월 28일 총회 본회의에서 통과되었다. 동 성명은 7.4남북공동성명과 공동성명의 3개 통일원칙에 만족을 표명하고, 남북대화의 지속을 촉구하고, 언커크의 즉각적인 해체를 결정한다는 간단한 내용이었다. 언커크는 8월 하순 서울에서 회의를 갖고 유엔총회에 자진 해체를 건의하기로 의결한 바 있었다.[104]

1973년 11월 5일 국무부는 백악관의 브렌트 스코크로프트에게 다시 비망록을 보냈다. 이것은 8월말 메모랜덤을 수정, 보완하는 의미가 있었다. 국무부는 유엔사 업무 종료 시 정전협정과 군사정전위원회를 법적으로, 제도적으로 보호하는 방안을 고민하고 있었다. 국무부는 유엔사가 해체되어도 정전협정의 효력을 지속시키기 위해 정전협정을 평화협정으로 대체하거나, 관련국들이 별도 협정을 체결하거나, 한국과 미국이 정전협정의 유효성을 일방적으로 선언하는 방안들을 검토하였다. 국무부는 한국정부가 남북한 동시유엔가입이 이루어지면 유엔사 종료에 찬성할 수 있다는 입장을 개진한 부분도 염두에 두고 있었지만, 유엔가입이 정전협정의 효과를 대신할 수 있다고는 판단하지 않았다. 유엔사가 없어지고 나면 군정위의 유엔사 측 구성원을 어떤 방식으로 충원하게 될지 문제가 발생하게 된다. 해법으로는 유엔사 종료 전에 공식적으로 정전협정을 개정해서 군정위에 미국/한국대표가 참석할 수 있도록 하는 방안, 정전협정을 개정해서 군정위 모든 기능을 남북한에 이전하는 방안, 미국과 한

---

104 정용석, 1973, 71-75쪽; 외교통상부, 2009, 3장; 조동준, 2015, 2장; 홍석률, 2020; 제28차 유엔총회 한국 문제, 1973년 9월 17일, 731.21, 6146, 외교사료관; 한국문제에 관한 막후교섭 일지, 1973년 12월, 731.21, 6154, 외교사료관.

국이 예전처럼 군정위에 참여하겠다고 성명을 발표하는 방안이 있었다. 국무부는 남북한이 군정위 기능을 가져가면 미국과 북한의 직접 소통 채널이 사라지는 점을 염려했다.[105]

1973년 11월 16일 키신저 미 국무장관이 중국, 일본 방문에 이어 한국에 들렀다. 외무부는 한국군 현대화, 주한미군 계속주둔, 양국 경제협력 강화에 관심을 갖고 있었다. 당시 외무부가 마련한 회담자료에 의하면 한국정부는 휴전협정의 지속성을 보장하는 유효 조치 이후에 유엔사 해체를 고려할 수 있으며, 유엔에서 한국문제 토의가 하등의 건설적인 의의가 없으므로 이를 지양해야 한다는 입장이었다. 외무부는 남북한 유엔가입을 계속 추진하겠다는 의지와 함께 소련, 중국의 동의 내지 묵인을 얻도록 미국이 노력해야 한다고 보았다. 한국은 소련, 중국과 관계개선을 희망했다. 북한이 주장하는 평화협정 문제와 관련 외무부는 현행 휴전협정의 규정을 주요내용으로 하고 남북한 상호불가침을 선언하는 규정을 포함하는 불가침협정의 형식을 선호하고 있었다.[106]

박정희-키신저 회담에서 키신저 국무장관은 미중회담에서 한국과 사전협의 없이 한국문제를 결정하지 않을 것을 약속했다. 박 대통령은 미중화해의 주역이었던 키신저 박사에게 한국문제에 대한 중국의 입장과 태도에 관심을 갖고 문의했다. 특히 남북한 유엔가입에 대한 중국의 속내를 궁금해했다. 박 대통령은 북한의 평화협정 공세에 한국과 미국이 대응해야 할 필요성을 제기했

105 Memorandum for Major General Brent Scowcroft, the White House, November 5, 1973, Strategy on the Korean Question in the UN General Assembly, Pol 32- Kor/UN, Subject-Numeric Files, RG 59, NA.

106 Kissinger 미국무장관과의 회담자료, 1973년 11월 7일, 724.32US, 5937, 외교사료관.

다. 북한의 평화협정 체결, 주한미군 철수, 남북 군대 감축 제안에 맞서 박 대통령은 남북불가침조약을 제안할 의중을 드러냈다.

북한은 평화협정을 가지고 선전공세를 펴고, 다른 나라들은 북한이 평화를 제안하는 데 남한이 화답하지 않는다고 느낍니다. 우리는 이 문제에 대해 생각해 왔고 이에 대처하기 위해 이제 제안을 할 생각입니다. 우리 제안은 앞으로 미국과 신중하게 협의해야 할 문제이지만 우선 당신에게 대강의 아이디어를 전달합니다. 당신의 반응을 듣고 싶습니다. 우리 입장의 요점은 어느 일방의 공격적 행위를 방지하기 위해 남과 북 사이에 불가침조약을 제안하는 것입니다. 우리는 공동으로 휴전협정의 유효성을 선언해야 합니다. 상대방이 유엔사 해체를 요구하면 유엔사 권위를 한국군에게 양도하자고 답하려고 합니다. 어떻게 생각하십니까?[107]

그는 아직 정책으로 확정되지 않은 구상이라며 남북이 불가침협정을 맺고, 휴전협정의 유효성을 확인한 후, 유엔군사령부의 권한을 한국군이 인계받는 형식으로 유엔군사령부를 해체하는 공식을 내비쳤다. 키신저 장관은 박 대통령 구상에 호의적 반응을 보였다. 그는 한국과 미국이 함께 유엔사 해체의 방법론을 연구하자며 이 문제를 몇 주간 생각해 본 후에 답을 주겠다는 신중함을 보였다.[108]

---

107 246. Memorandum of Conversation, Seoul, November 16, 1973, FOREIGN RELATIONS OF THE UNITED STATES, 1969 – 1976, VOLUME E – 12, DOCUMENTS ON EAST AND SOUTHEAST ASIA, 1973 – 1976. https://history.state.gov/historicaldocuments/frus1969-76ve12/d246, 검색일: 2021년 3월 7일.

108 홍석률, 2012, 7장; 우승지, 2020, 4장.

1974년 미중관계는 뜻밖의 암초를 만나게 된다. 저우언라이가 병환으로 일선에서 물러나고, 닉슨 대통령은 워터게이트 사건으로 8월 초순 퇴임하게 된다. 키신저가 외로이 남아 가던 길을 계속 걸었다. 1974년 1월 18일 연두기자회견에서 박정희 대통령은 무력 침범 금지, 내정 불간섭, 정전협정 준수의 내용을 갖는 '남북한 상호불가침협정' 체결을 제안한다.[109] 키신저 장관에게 언급한 그대로였다. 이어 8월 15일 광복절 경축사에서는 평화통일 3개 기본원칙을 천명한다. 박 대통령은 조국 통일은 반드시 평화적인 방법으로 이루어져야 한다면서 평화 통일을 위한 기본 원칙으로 (1) 한반도에 평화를 정착시키고, (2) 남북 간에 상호 문호를 개방하고 신뢰를 회복하며, (3) 이 바탕 위에서 공정한 선거 관리와 감시 하에 토착 인구 비례에 의한 남북한 자유총선거를 실시하여 통일을 완성한다는 세 항목을 제시했다.[110]

1973년 12월 1일 북한은 제346차 군사정전위원회에서 서해 5도 주변 해역을 자신의 관할이라고 선포하여 한반도 정세에 긴장감을 불러왔다. 1974년 3월 25일 북한 최고인민회의 제5기 3차 회의에서 허담 부총리 겸 외교부장은 북미평화협정을 제안하고 나섰다. 허담의 평화협정은 (1) 북한과 미국이 불가침선언을 내고, (2) 한반도 외부로부터 군수물자 반입을 중지하며, (3) 남조선에 있는 외국군대는 유엔의 모자를 벗고 조기에 철수해야 한다는 내용으로 구성되어 있었다.[111]

---

109 박정희 대통령 1974년 연두 기자회견, 1974년 1월 18일, 대통령기록관, https://pa.go.kr, 검색일: 2021년 3월 7일.
110 박정희 대통령 제29주년 광복절 경축사, 1974년 8월 15일, 대통령기록관, https://pa.go.kr, 검색일: 2021년 3월 7일.
111 홍석률, 2012, 7장.

서해 5도 주변을 이슈화하면서 북한은 정전체제의 불안정성을 부각시켰고, 이어 남북평화협정이 아닌 북미평화협정을 내세웠다. 남과 북 사이에 평화협정을 맺자는 주장과 북과 미 사이에 평화협정을 맺자는 주장 사이의 정치적, 철학적 간극은 컸다. 평양이 베이징을 건너뛰고 서울을 소외시킨 채 워싱턴과 직접 협상 테이블에 앉겠다는 의중을 드러낸 것이다.

1974년 3월 29일자 국가안보결정비망록 251호(National Security Decision Memorandum 251)는 유엔사 해체를 위하여 휴전협정을 개정해서 신설되는 한미연합사령관이 유엔군사령관의 지위와 기능을 대체하는 방식을 상정하고 있었다. 미국은 남북한이 상호 불가침협정을 체결하고, 중국/북한이 주한미군의 한시 주둔을 수용하는 조건으로 주한미군의 궁극적 철수 약속을 공표할 수 있다는 입장을 개진했다. 워싱턴은 우선 남한과 북한이 유엔군사령부 해체에 합의하고, 미국·중국·소련·일본이 남북합의를 승인하는 2중 협상을 구상하고 있었다. 1974년 4월 9일 미국은 유엔사 해체안을 김동조 외무장관에게 전달하며 북한과 협상에 나서줄 것을 당부했다. 그러나 유엔사 해체를 반기지 않는 박정희 정부는 평양과 협상에 적극적으로 나서지 않았다. 1974년 6월 13일 워싱턴 소재 중국 연락사무소를 통해서 미국이 유엔사 해체안을 중국에 전달했다. 미국은 중국이 휴전협정과 이를 실현하기 위한 기구에 머물러 있어야 한다고 주문했다. 1974년 6월말 북한은 미군철수와 평화협정 없이 유엔군 깃발만 내리는 것은 기만책에 불과하다고 규탄성명을 잇달아 발표한다. 중국은 7월 31일 워싱턴 연락사무소를 통해 미국의 유엔사 해체안에 반대한다고 통보했다. 미국이 조건부 해체를 들고 나왔을 때 중국과 북한은 발을 빼는 모양새를 보였다. 특히 북한은 유엔군 해체를 넘어선 주한미군 철수와 평화협정 체결을 강요하며 압박을 견지했다. 미국의 '조건'과 북한의 '강경'이 평행선을 그으며 유엔사 조건부 해체론은 벼랑에 내몰렸다.[112]

그러나 미국은 문제해결의 실마리를 풀기 위해 다시 노력을 경주했다. 베이징에게 퇴짜를 맞은 워싱턴은 새로운 제안을 만들어 우선 서울에 선을 보였다. 한미 간에 조정을 거친 후 중국과 협상에 나설 심사였다. 1974년 8월 21일 미국의 입장이 김동조 외무장관에게 전달되었다. 새 패키지 제안에 남북한 불가침조약은 들어있지 않았다. 미국은 이 문제를 남과 북이 양자협상에서 다루기를 희망했다. 또한 남한의 유엔가입 사항은 북한의 태도를 봤을 때 남북한 동시가입이나 남한만의 단독가입이 모두 성공 가능성이 거의 없다고 보았다.[113]

김 외무장관은 새 제안에 주한미군의 잠정적 주둔에 관한 협정 내용이 빠져있는 부분에 대해 명백하게 반대하지 않았다. 그는 주한미군사령관이 유엔군사령관을 계승한다는 내용에 암묵적으로 포함되어 있다고 보았다. 미국은 패키지 제안에 대해 중국으로부터 10월초에 답변을 듣기를 기대하고 있었다.[114]

8월 22일 김동조 외무장관이 한국은 중국에 전달될 미국의 새로운 패키지 제안에 담긴 내용들에 원칙적으로 동의한다는 입장을 미국대사관에 전했다. 아울러 한국은 중국과 북한이 동 제안을 수락할 경우 추후 미국(진영)과 중국(진영)이 협정 초안을 만들어서 유엔 안보리의 승인을 받는다는 추후 행동 방침에도 동의했다. 김동조 외무장관은 유엔총회가 시작되기 전에 한국문제 관련

---

112 홍석률, 2012, 7장.

113 Telegram from Secretary of State to Embassy Seoul, Korean Question in UNGA, August 20, 1974, Gerald R Ford Library, CTA0000754, 국가기록원.

114 Telegram from Embassy Seoul to Secretary of State, Further Response to PRC on UNC Proposal, August 21, 1974, Gerald R. Ford Library, CTA0000759, 국가기록원.

우리의 대응을 준비할 시간을 벌기 위해 중국/북한에게 미국 제안에 조속히 응답할 것을 촉구할 필요가 있다는 것과 다가오는 유엔총회에서 한국문제가 재론되면 조기에 성의를 가지고 유엔사 문제를 해결하려는 협상에 방해가 되리라는 점을 중국에게 주지시킬 필요가 있다는 점을 제기했다.[115]

그날 김동조 외무장관은 남북한 동시 또는 남한만의 독자 형태를 가리지 않고 유엔가입 문제를 강조하면서 미국의 자문과 도움을 요청했다. 북한은 통일 이후 단일의석 가입을 주장하기 때문에 북한의 우방인 소련과 중국의 반대를 예상하면서 한국전쟁 때처럼 소련이 안보리에서 거부권을 행사하지 않고 기권하거나 결석할 가능성에 관심을 보였다. 총회에서 대한민국 가입을 지지하는 결의를 통과시키면 가능성이 높아질 수 있다고 보았다. 김 외무는 북한이 각종 국제기구에 가입하면서 유엔에는 가입하지 않는 것의 모순을 지적하면서 남한이 먼저 가입하면 곧 북한도 지원할 것이라고 예상하였다. 그는 한국이 유엔 회원국이 되면 내정간섭이라는 이유로 북한의 주한미군 철수 공세에 대응하기 쉬워질 것이라고 판단하고 있었다.[116]

유엔총회를 앞두고 북한과 그에 동조하는 세력은 다시 외교의 기지개를 폈다. 북한은 비동맹 표심에 잔뜩 기대를 걸고 있었고, 소련은 내심 전년도 합의 성명에 불만을 품고 있었다. 북한에 동조하는 세력 중에서 알제리가 주동이 되어 유엔 기치하의 외국군 철수를 주요 내용으로 하는 결의안을 내놨다. 대한민

---

115 Telegram from Embassy Seoul to Secretary of State, Further Response to PRC on UNC Proposal, August 22, 1974, Gerald R. Ford Library, CTA0000759, 국가기록원.

116 Telegram from Embassy Seoul to Secretary of State, ROK Admission to United Nations, August 22, 1974, Gerald R. Ford Library, CTA0000759, 국가기록원.

국 우방들은 볼리비아 명의로 결의안을 제출한다. 우리 결의안의 주요 내용은 28차 총회 때 합의성명을 재확인하고, 한반도 평화와 안전의 유지가 중요하며, 남북대화를 촉구하고, 유엔사 존치 문제는 안전보장이사회에 회부되어야 하며, 휴전협정을 유지할 수 있는 체제를 새로 만들어야 한다는 것이었다. 12월 9일 정치위원회에서 우방 결의안이 찬성 62표, 반대 42표로 채택된 데 반해 친북 결의안은 찬성 48표, 반대 48표의 가부 동수가 나와 극적으로 부결되고 만다. 결국 본회의에서 친한 결의안이 찬성 61표, 반대 43표로 채택되었다. 1974년 12월 17일 유엔총회 결의 제3333호는 1953년 정전협정을 유지할 수 있는 적절한 합의의 탄생을 전제로 유엔군사령부를 해체하는 문제에 대하여 안보리의 주의를 환기시키고 있다.[117]

1975년 1월 14일 연두기자회견에서 박정희 대통령은 정전협정의 효력이 유지될 수 있는 효과적인 방안이 마련된다면 유엔사 해체에 반대하지 않겠다는 의사를 표명한 바 있음을 내외에 상기시켰다. 이와 아울러 박 대통령은 유엔사 해체와 주한미군 철수는 별개의 문제라는 점을 역설하면서, 미군 철수를 목표로 하는 평화협정 대신에 불가침협정을 맺고, 남북한이 동시에 유엔에 가입할 것을 촉구하고 나섰다.[118]

동년 4월 29일 함병춘 주미대사가 하비브 차관보를 방문하여 유엔사 문제를 제기했다. 함 대사는 서울에서 외무부로부터 미 국무부와 유엔사 일방적 종료와 관련 비공식적 탐색을 시도해 볼 것을 요청받은 상태였다. 외무부는 다가

---

117 조동준, 2015, 2장.
118 1975년 박정희 대통령 연두 기자회견, 1975년 1월 14일, 대통령기록관, https://pa.go.kr, 검색일: 2021년 2월 20일.

오는 유엔총회에서 친북 결의안을 봉쇄할 충분한 표심이 부족하다는 판단을 하고 있었다. 함 대사는 미국이 유엔사를 완전히 해체하고 모든 유엔사의 권한을 한국에 이전할 것을 심각하게 고려해 달라고 주문했다. 그는 한국정부가 군사정전위원회 유지를 포함 정전협정 관련 책임을 맡는다는 점을 한국과 미국이 발표하고, 이에 북한이 정전협정 무효 주장을 하면 유엔사 해체 확인과 정전협정 준수를 촉구하는 유엔총회 결의를 추진하자고 제안했다. 함 대사는 한국정부가 유엔총회에서 패배하는 것을 회피하기를 바란다면서 유엔사가 해체되면 북한이 정전협정을 비난하지도 않고, 유엔총회가 주한미군 철수를 촉구하는 결의안을 통과시키지도 않을 것이라는 의중을 드러냈다. 함병춘 대사는 이 제안이 아직 대통령의 재가를 받은 것은 아니며 다른 나라와도 상의하지 않았다고 밝혔다.[119]

1975년 3월 쿠바 하바나에서 열린 비동맹운동 조정위원회에 북한이 회원국 가입 신청서를 냈다. 신청안은 조정위원회에서 승인되고, 북한의 입장을 지지하는 권고 조항도 채택된다. 권고 조항에 유엔 기치하의 외국군 철수와 남북한 유엔 동시가입 반대가 포함되었다. 1975년 8월 비동맹 전체 외상회의가 페루의 리마에서 열렸다. 김동조 외무장관이 비동맹 회원가입을 하자는 의지를 갖고 있어 한국도 주유엔 알제리대사를 통해서 외상회의에 가입 신청서를 낸다. 김 장관이 직접 리마 외상회의에 참석했다. 본회의에서 예상대로 북한 가입에 대해 합의가 이루어진 반면 남한의 신청에는 합의가 이루어지지 않아 결국 의장이 부결을 선언했다. 리마회의 최종문서에 한국조항이 삽입되었다. 동

---

119 Telegram from Secretary of State to Embassy Seoul, United Nations, Command, April 30, 1975, Gerald R. Ford Library, CTA0000766, 국가기록원.

조항은 북한 가입을 환영하고, 북한의 통일 방안을 지지하며, 한반도에서 유엔 기치하의 외국군이 철수해야 하며, 휴전협정은 평화협정으로 대체하고, 남북한 공동성명을 이행해야 한다는 내용으로 구성되어 있다. 비동맹 세력이 커지는 가운데 유엔총회에서 남북 맞대결도 활활 불이 붙었다. 당시 외무부는 월맹과 월남이 유엔에 동시가입을 신청한 분위기를 타고 남북한도 같이 유엔에 가입해야 한다는 주장을 하고 있었다. 유엔가입 건은 안전보장이사회와 총회에서 모두 의제 채택에 실패하였다.[120]

1975년은 베트남전쟁이 종료되고, 남베트남 정부가 붕괴된 해였다. 1974년에 친북한 결의안이 가까스로 부결된 상황에서 1975년에는 더욱 치열한 남북한 외교대결이 기대되고 있었다. 리마 비동맹외상회의에서 승승장구한 평양은 한껏 기세가 올랐다. 외무부는 북한이 비동맹을 등에 업고 유엔 무대에서 큰 공세를 펼칠 것을 예상하고 있었다. 친북진영은 유엔 깃발 아래 모인 외국군대의 철수에 공세의 초점을 정조준하고 있었다. 유엔사 문제 대처가 관건이 되면서 한국과 미국은 휴전협정의 대안이 마련되면 유엔사 해체가 가능하며, 유엔사 문제는 안전보장이사회에서 토의해야 한다는 입장을 정리했다. 핵심우방전략회의는 6월 중순부터 세 개의 문건 준비에 돌입하였다. 6월 27일 핵심우방전략회의에서 안보리 의장 앞 서한, 유엔 사무총장 앞 서한, 한국문제 결의안의 문안 3건이 확정되었다.[121]

1975년 6월 27일 존 스캘리(John Scali) 주유엔 미국대사가 안보리 의장에게

---

120 김동조, 2000, 315-317쪽; 조동준, 2015, 2장.
121 조동준, 2015, 3장; 진창수, 2017, 2장.

서한을 보냈다. 서한에는 미국이 관계국들과 협의하여 정전협정 유지를 위한 적절한 조치가 마련되면 1976년 1월 1일부로 유엔사를 폐지하고 새로운 조직을 출범시킬 수 있다는 내용이 담겨 있었다.[122]

이는 제30차 유엔총회를 앞둔 미국의 선제조치였다. 국방부장관과 유엔군사령관이 6월 27일 오전 장관실에서 면담을 가졌다. 서종철 국방장관은 조건부 유엔사 해체와 관련해서는 주지하고 있었으나 유엔기 사용제한 조치에 대해서는 금시초문인 듯 행동했다. 스틸웰 유엔군사령관은 한미 외교실무자들 사이에 논의가 진행되었음을 그에게 상기시킨다. 7월 하순 외무부는 국방부에 한국군의 유엔기 사용 축소 관련 국방부가 나서서 유엔사와 협의할 것을 요청하고 있다. 8월 12일 외무부는 국무총리에게 미국이 안보리에 서한을 보낼 때 주한미군 유엔기 사용 제한 조치에 관해 주로 언급하고, 한국군의 유엔기 사용 제한 조치에 대해서는 언급을 회피해 줄 것을 요청하겠다고 보고하고 있다. 다음날 외무부는 주한 미국대사관을 통해서 그와 같은 요청을 미국에 전달했다. 1975년 9월 22일 주유엔 미국대사가 안보리 의장에게 '주한미군부대의 유엔기 사용제한 조치에 관한 서한'을 제출했다. 서한은 유엔기 사용 축소 내용을 소개하면서 미국이 현 정전협정의 효력이 유지되는 조건으로 유엔사를 폐지하기 위한 협상을 관계국들과 시작할 용의가 있음을 재차 강조하고 있다.[123]

---

122 "Letter, John Scali to the President of the Security Council," June 27, 1975, History and Public Policy Program Digital Archive, "Establishment of a Unified Independent and Democratic Korea - PO 240 KOREA (1) Part 2 1975-1978," S-0442 (RAG-3/7 PO) - Political and Security matters 1955-1983, S-0442-0356-09, United Nations Archives and Records Management Section (UN ARMS), New York, NY. Obtained for NKIDP by Charles Kraus. https://digitalarchive.wilsoncenter.org/document/117542, 검색일: 2021년 3월 7일.

123 주한 유엔군 사령부에 대한 유엔기(旗) 사용제한 조치, 1975, 729.54, 8353, 외교사료관.

키신저 장관이 9월 22일 유엔총회 연설에 나섰다. 그는 한반도의 휴전협정 유지와 긴장완화를 위해서 남한, 북한, 미국, 중국이 참여하는 4자회담을 제안하고 나섰다. 키신저는 휴전협정 효력을 유지할 수 있는 대안이 마련되면 유엔사를 해체할 용의가 있다고 밝혔다. 키신저 장관의 유엔 제안은 사전에 한국 외무장관과 합의한 내용이었다. 서울에서 미국대사관과 외무부가, 워싱턴에서 국무부와 한국대사관이, 뉴욕에서 대표부 사이 협의가 오갔다. 미국은 중국과 1975년에도 유엔사 해체 문제를 논의하려고 했으나 중국은 이 문제를 논의할 위치에 있지 않다며 역으로 미국에 북한과 직접 접촉해서 토의하라고 제의한다.[124]

1975년 유엔총회에서는 서울과 평양의 표심 대결로 불꽃 튀는 접전이 예상되고 있었다. 6월 27일 볼리비아 포함 19개국이 친한 결의안을 공동제안하였고, 8월 8일 친북 42개국이 모여 결의안 초안을 제출했다. 10월 29일 제1위원회에서 양측 결의안이 모두 채택되었다. 11월 18일 열린 제30차 유엔총회 본회의에서 유엔총회 결의 제3390호(A)와 결의 제3390호(B)가 모두 통과되는 놀라운 일이 발생했다. 서방측이 제의한 결의 제3390호(A)는 찬성 59표, 반대 51표, 기권 29표를 얻었다. 서방측 결의안은 휴전협정의 유지를 위한 대안이 마련된다면 유엔군사령부 해체가 가능하다는 입장을 보였다. 1976년 1월 1일까지 유엔사가 해체되기를 희망한다며 구체적 일정까지 제시하고 있다. 친북 진영이 제출한 결의 제3390호(B)는 유엔군사령부 해체, 한국 주둔 모든 외국 군대 철수, 정전협정을 평화협정으로 대체할 것을 주장하고 있고, 찬성 54표,

---

124 홍석률, 2012, 7장; 조동준, 2015, 3장; 진창수, 2017, 2장.

반대 43표, 기권 42표로 가결되었다.[125]

1970년대 초반 한국외교가 유엔 무대에서 북한에 비해 보다 유리한 고지를 점하고 있었다면 1973년도 들어서면서 평양의 약진이 두드러지기 시작한다. 1973년 북한이 세계보건기구에 가입하면서 유엔총회에서 북한대표 참가를 막는 것이 어려워졌다. 위기를 기회를 만들겠다는 심산으로 정부는 6.23선언을 발표하면서 공세적인 외교를 펼쳤다. 이즈음부터 평양은 점차 서울과 대화의 문을 닫으면서 마음은 워싱턴과 직접 대화하는 방향으로 달리고 있었다. 미국은 1973년부터 유엔사 문제해결에 집중하기 시작했다. 박정희 정부는 심드렁하게 반응하다가 이윽고 6.23선언 전후 한미 간에 유엔사 토의를 수락했다. 서울로서는 언커크 포기보다 유엔사 포기가 훨씬 더 어려운 선택이었다. 되도록 한국은 유엔사가 계속 활동해 주기를 희망하고 있었다. 1974년 여름 미국이 중국에게 유엔사 조건부 해체안을 전달했으나 북한의 강경한 입장으로 양 진영 사이에 타협이 이루어지지 못했다. 이러는 가운데 1975년 유엔총회에서 공산진영 결의안과 자유진영 결의안이 모두 통과되는 사단이 발생했다.

3. 유엔사와 연합사의 병존

유엔사 해체를 전제로 한 양측 결의안이 동시 채택되어 유엔사 해체가 얼핏 가시권에 접어드는 듯했다. 그러나 냉전의 상황에서 자유진영과 공산진영의

---

125 〈로동신문〉, 1976년 1월 3일; 김동조, 2000, 317-318쪽; 조동준, 2015, 3장; 진창수, 2017, 2장.

협의가 성사되지 못하여 결국 유엔사 문제는 미해결인 채 시간만 흐르게 되었다. 북한은 여전히 유엔사 철폐와 평화협정 체결을 촉구하는 선전을 지속하고 있었다. 30차 유엔총회에서 우방 결의안과 친북 결의안이 모두 통과된 것은 한국외교에 충격적인 사건이었다. 이후 서울은 남북문제는 7.4공동성명에 입각하여 남과 북이 직접대화를 통해 해결하고, 유엔에서 벌어지는 한국문제 토의는 중단하기로 방침을 정하였다. 1976년 가을 유엔총회에서 공산진영이 자신들의 안건을 자진 철회한 이후 결의안 제출을 멈추었다. 우리 외무부 또한 토의 중단의 방침 아래 결의안을 상정하지 않아 유엔 무대에서 연례행사로 벌어지던 표심 대결의 열차는 일단 멈춰 섰다.[126]

30차 유엔총회에서 두 개의 모순된 결의안이 통과되자 한국문제 토의에 대한 회의감은 짙어져 갔다. 끝없는 소모전에 염증을 느끼고 박동진 외무장관은 탈유엔 정책을 추진한다. 외무부는 총회에서 한국문제 토의가 오히려 남과 북의 대결을 조장하며 문제해결에 도움이 되지 못한다고 분석하고 있었다. 한국은 남북한의 직접대화를 통해서 한국문제를 평화적으로 해결하는 길을 찾아야 한다며 남북대화 재개를 촉구하고 나섰다.[127]

2월부터 4월 사이 외무부는 미국을 비롯한 우방들과 유엔 대책을 협의했고, 5월 20일 청와대 대책회의에서 박정희 대통령이 결의안 작성과 관련 지침을 시달하였다. 6월 30일 한미 협의를 거쳐 7월 1일 핵심우방전략회의에서 우방 결의안 초안 관련 토의를 벌였다. 7월 22일 키신저 미국 국무장관은 세계무역

---

126   외교통상부, 2009, 3장.
127   주UN(유엔)대표부 활동, 1976.2-8월, Talking Paper, 731.21, 9460, 외교사료관.

위원회(World Affairs Council) 강연에서 남북한 유엔가입, 남북한 교차승인을 제의하면서 유엔사 해체 용의를 밝혔다. 키신저는 정전협정을 대체할 수 있는 보다 영구적인 제도를 만들기 위해 남한, 북한, 미국, 중국이 회담을 열자면서 구체적으로 가을 유엔총회 시 뉴욕에서 4개국이 만날 수 있다고 제안했다. 그는 정전협정의 유효성이 보장되어야 유엔사를 해체할 수 있다는 입장을 재확인했다. 공산진영은 8월 16일 35개국이 서명한 결의안을 제출하였다. 동 결의안은 외국군 철수라는 종전의 표현을 '전쟁위험 제거(removal of the danger of war)'라는 표현으로 바꾸었다.[128]

8월 12일 핵심우방전략회의에서 우방 결의안 문구가 최종 확정되었고, 8월 20일 한국이 우방 19개국이 참여한 결의안을 유엔사무국에 제출하였다. 우리 결의안은 한국문제를 평화적으로 해결하고, 통일을 달성하기 위해서 7.4공동성명에 따라 남북대화를 지속해야 한다는 내용을 담고 있었다. 또한 휴전협정의 조정 또는 대체를 위한 조치가 수반된 유엔군 사령부의 해체는 남북한 간의 화해를 용이하게 할 수도 있으나 당사자 간의 새로운 조치 협의를 위한 노력이 진전을 보고 있지 못하다는 점에 우려를 표했다.[129]

한편 평양은 공동경비구역에서 유엔군의 '도발'을 문제 삼아 거듭 항의에 열중하고 있었다. 북측이 비무장지대에 불안한 정국을 조성하는 가운데 예기치 못하게 커다란 사고가 발생하고 말았다. 1976년 8월 18일 판문점 공동경비구역의 미루나무를 절단하던 유엔군 경비단 장교 2명이 북한 경비병들에 의

---

128 조동준, 2015, 3장.
129 외무부 보고사항, 제31차 유엔총회 우방측 결의안 제출, 1976년 8월 21일, 731.1, 9465, 외교사료관.

해 무참히 살해된 것이다. 미군은 곧 전폭기, 전투기, 항모전대를 한반도 인근에 전개시켰고, 김일성은 인민군 전 부대에 전투태세 돌입 명령을 하달하며 응수했다. 긴박하게 돌아가던 상황은 결국 김일성이 유감을 표명하면서 일단락되었다.[130]

양 진영이 호기롭게 경쟁적으로 결의안을 제출했음에도 불구하고 31차 유엔총회에서 남북한을 사이에 둔 득표 대결은 벌어지지 않았다. 8.18 판문점사건 이후 북한이 루마니아대사를 통해서 미국에게 친북 결의안 철회 의사를 밝히면서, 남측 결의안도 철회하라고 요구하고 나선 것이다. 9월 21일 북한이 공산측 결의안을 철회한다고 발표하자 한국 또한 우방 결의안 철회를 결정한다. 탄자니아 대표가 친북 결의안을 철회한다는 뜻을 정식으로 사무국에 통보하고, 이에 맞추어 일본 대표가 우방 결의안을 철회한다고 통보하여 유엔총회에서 대결은 유예되었다.[131] 판문점 도발로 여론이 불리하게 돌아가자 분위기를 감지한 평양이 제 발이 저렸는지 슬그머니 발을 빼는 모양새였다.

유엔총회 대결의 열기가 식어가는 즈음 한국에서는 유엔사를 둘러싼 새로운 변화가 진행되고 있었다. 1970년대 백악관이 주한미군 감축을 추진하면서 한미동맹 지휘체계에 변화의 필요성이 제기되었다. 한국과 미국은 1971년 한미 제1군단, 1978년 한미 연합사령부, 1980년 한미 연합야전군사령부를 출범시킨 바 있다. 1971년 3월 미 제7사단이 철수하고 그해 7월 1일 한미 제1군단이 창설되었다. 연합 군단장에 미군 중장이, 부군단장에 국군 소장이 취임하였

---

130   홍석률, 2012, 7장.
131   조동준, 2015, 3장.

고, 정보·작전·민사 참모에는 국군 대령이, 인사·군수 참모에는 미군 대령이 임명되었다. 한미 제1군단은 유엔군사령부의 지휘를 받아 군사분계선 서부 지역 방어를 담당하였다. 수도 서울의 길목을 지키는 중요한 역할을 맡은 것이다. 한미 제1군단은 1981년 3월 14일부로 한미연합야전군사령부로 재편되었고, 1993년 7월 1일에는 한미야전사가 해체되고 그 뒤를 이어 제3군사령부가 임무를 인수하였다.[132]

데탕트 시기 서울과 워싱턴은 한미 연합방위체제 개선의 필요성에 공감하고 있었다. 유엔사 문제는 정전체제, 평화와 안보, 한미동맹과 실타래처럼 연결된 사안이었다. 유엔총회를 중심으로 유엔사 문제가 거듭 거론되자 한국과 미국은 '유엔사 이후' 상황에 대비 동맹을 재정비할 준비에 들어갔다. 미국은 애초 유엔사 지위에 변화가 오면 한미 연합지위체계 또한 개편되어야 한다는 계산을 하고 있었다. 카터 정부가 주한미군 철수(감축)를 추진하는 가운데 한미 연합군사령부가 출범하게 된다. 이후 유엔사 존폐문제가 수면 아래로 잠수하면서 연합사와 유엔사가 병존하는 상황이 발생하였다.

카터 대통령은 주한미군 감축정책을 지속적으로 추진하였다. 1977년 5월초 철수 일정이 공표되었다. 워싱턴은 주한미군 철수에 대한 반대급부로 (1) 미국 해군과 공군 유지, (2) 미국 정보, 통신, 병참 병력 유지, (3) 미 2사단 보유 군사장비 한국에 이전, (4) 한국에게 무기판매 우선권 부여, (5) 한국의 자주국방계획 지원, (6) 한미 합동군사훈련 지속, (7) 한미 연합사령부와 같은 구조를 마련한다는 계획을 갖고 있었다. 카터의 철군계획은 계획대로 시행되지

---

132 유병현, 2013, 198-206쪽; 정경영, 2020, 1장.

못하고 중단되었지만 철군계획의 부산물로 얻어진 것이 한미 군사협력 구조의 변경이었다. 1975년 제30차 유엔총회에서 공산권/비동맹국가의 지원으로 유엔군사령부 해체 결의안이 통과되자 미국은 유엔사가 빠진 지휘구조를 고민하게 되었다. 카터 정부는 주한미군 감축안을 시행하면서 한미 연합사령부 구조를 변화시키는 작업을 먼저 진행시켰다. 주한미군 철수의 반대급부로 한미 연합사령부와 같은 구조를 마련하여 작전 효율성을 증대시킨다는 것이었다.[133]

1977년 7월 제10차 한미 안보협의회의(SCM)에서 미국은 미 지상 전투병력의 철수계획에도 불구하고 미국의 대한 안보공약은 확고하다는 점을 강조했다. 미국과 한국은 미군의 철수가 4-5년에 걸쳐 신중하고, 단계적으로 이루어질 것이며, 한국군을 강화하고 현대화하기 위한 조치들과 병행되어 한반도의 군사적 균형에 아무런 부정적 영향도 미치지 않을 것이라고 전망했다. 공동성명서 제8항에서 양국은 미 지상 전투병력 제1진 철수 완료 이전에 한미 연합군사령부를 설치하기로 합의하였다.

8. 서 장관과 브라운 장관은 한·미 양국 간의 전통적인 우호관계 및 양국 간의 오랜 협력의 역사와 아울러 긴밀한 유대관계를 더욱 확대할 것을 소망하면서 미 지상 전투병력 제1진의 철수 완료 전에 한국방위의 작전효율화를 위해 한·미 연합사령부를 설치하기로 합의하였다. 서 장관과 브라운 장관은 이미 한·미 양측 참모진에 의해 시작된 연합사령부의 구성에 관한 계획과 연구는 계속하기로 합의하였다. 양 대표단은

133 김일영, 2005, 402-405쪽.

연합사령부 설치가 한반도의 평화와 안전을 유지하기 위한 한·미 공동공약을 상징하는 것이라는 점에 유의하였다.[134]

9항에서 양국은 휴전협정을 시행하기 위한 효과적인 대안 없이는 유엔사를 계속 유지한다는 데 인식을 같이했다. 1978년 7월 제11차 한미안보협의회의 공동성명서 제10항은 한미연합사가 한국방위의 작전 효율성을 증진시킬 것이라는 점을 강조했고, 제11항은 휴전협정을 시행하기 위한 효과적인 대안이 없는 한 유엔군사령부가 평화유지기구로서 계속 기능을 수행할 것을 재확인하였다.[135]

1978년 10월 17일 한국 외무부장관과 주한미국대사는 "연합군사령부 설치에 관한 교환각서"를 체결했다. 양인은 한미 연합군사령부에 대한 권한위임이 한미 연합군사령관이 유엔군 사령관 및 주한미군 사령관을 겸임하는 동안 효력을 갖는다는 점에 이해를 같이했다. 1978년 11월 7일 한미연합군사령부가 창설되었고, 유엔군사령관이 보유하고 있던 작전통제권은 한미연합사령관에게 이양되었다. 유엔군사령부의 기능은 정전협정 관련 임무로만 축소되었다. 주한미군사령관이 한미연합사령관과 유엔군사령관을 겸임하였다. 유엔사의 경우 미국 합참의 통제를 받았던 데 반해 한미연합사는 한미 국가통수기구 및 군사지휘기구의 협의로 작전통제권을 운영하고 있다.[136]

---

134 공동성명서(제10차 한·미 연례 안보협의회의), 1977년 7월 26일, 국방부, 2003, 40-42쪽.

135 노동영, 2017, 59-60쪽; 공동성명서(제11차 한·미 연례 안보협의회의), 1978년 7월 27일, 국방부, 2003, 47-49쪽.

136 설인효, 2018, 14-16쪽; 정경영, 2020, 1장. 작전통제권이 유엔사에서 연합사로 이양된 것이 아니라 한미연합사 창설에 관한 약정서(Terms of Reference)에 의해서 한시적으로 위임되

한미연합군사령부는 연합방위 체제의 실질적인 운영주체로서 사령관, 부사령관, 지상군구성군사령부, 해군구성군사령부, 공군구성군사령부로 구성되어 있다. 한미연합사의 상부기구로는 양국 합참의장으로 구성되는 한미군사위원회, 양국 국방장관이 참여하는 한미안보협의회의가 있다. 연합사 창설 이전 한국군 및 주한미군에 대한 작전통제는 미국 대통령, 미 합참의장, 미 태평양사령관, 유엔군사령관, 한국군으로 이어지는 지휘계통을 밟았으나 연합사 창설 이후 양국 대통령/국방장관, 양국 합참의장, 한미연합사령관으로 이어지는 지휘계통을 따르고 있다.[137]

었기 때문에 연합사 해체 시 작전통제권은 다시 유엔사로 귀속된다는 해석이 존재한다. 노동영, 2017, 60-61쪽.

137   한용섭, 2004, 74-76쪽; 정경영, 2020, 1장.

V. 1970년대 유엔군사령부 협상의 교훈

1. 교훈

　데탕트 시기 유엔군사령부는 동서 진영 사이에 뜨거운 감자가 되었다. 북한을 필두로 공산진영은 유엔사 철폐를 주장했고, 한국을 비롯한 자유진영은 유엔사를 지키거나 또는 유엔사 소멸 이전에 한반도에서 전쟁을 억제할 수 있는 다른 장치 마련이 선행되어야 한다고 보았다. 서울과 워싱턴은 유엔사 문제를 놓고 그 대응에 온도차를 보였다. 당시 미국은 유엔사 효능이 제한적이라고 보고 한반도의 안정을 유지할 수 있는 대안이 서면 동 기구의 소멸에 동의할 마음의 준비를 하고 있었다. 한국은 유엔기구의 존재에 커다란 의미를 부여하고 있었기 때문에 유엔사 논란에 심리적 동요가 컸고 미국보다 유엔사를 지키려는 의지가 더 강했다. 박정희 정부는 결국 친북한 국제진영의 거센 도전에도 불구하고 유엔사를 지켜냈다.

　공개리에 유엔사 논쟁이 펼쳐진 공간은 유엔총회의 무대였다. 총회에서 남한과 북한은 유엔사 문제를 놓고 격돌했다. 1971년, 1972년은 연속해서 토의가 연기됐고, 1973년에는 남북대화 지속을 촉구하는 의장 합의성명으로 마무리되었다. 1974년 총회는 유엔사 문제 관련 안보리 주의를 환기시키는 결의안을 통과시켰다. 1975년 친한 결의안과 친북 결의안이 모두 총회에서 통과되어 남북대결이 최고조에 달했다. 1976년에는 양 진영이 모두 결의안을 철회하였고 이후 총회에서 서울과 평양이 우호적인 결의안을 통과시키기 위해 경합을 벌이던 일은 일단락되었다. 1975년을 제외하고 한국 외교관들은 대체로 만족스러운 결과를 유도해 냈다.

미중화해의 과정에서 한반도 문제도 테이블에 올랐고 한반도 내 유엔기구 처리도 논의되었다. 미국과 중국의 논의는 한국-미국, 중국-북한, 한국과 북한의 우호세력 사이의 협상으로 이어졌다. 뉴욕 유엔총회의 배후에는 베이징, 평양, 서울 등의 토론이 자리하고 있었다. 워싱턴이 서울을 설득하여 베이징에 타협안을 제출하였으나 평양은 이를 받지 않았다. 평양의 강경한 태도와 미국의 정권교체로 유엔사 협상은 길을 잃었다. 1970년대 후반 주한미군 철수논의와 유엔사 문제가 얽히면서 유엔사와 연합사의 병존으로 귀결되었다.

유엔사 논쟁은 미중화해, 미소 데탕트, 데탕트의 쇠락이라는 국제정세의 부침에 영향을 받았다. 당시 유엔사 존폐 협상의 중요한 한 축은 미국과 중국의 대화였다. 미중화해가 진전되는 동안 유엔사 협상도 지속되었고 그 불씨 또한 살아 있었다. 미중화해의 속도가 저하하자 유엔사 협상 또한 벽에 부딪쳤다. 중국을 끌어들여 세력균형의 한 축으로 활용하려 한 닉슨과 키신저가 활동하던 시기에 유엔사 문제해결의 가능성은 높았다. 그들이 권부에서 내려서면서 협상의 동력도 많이 소진되었다. 미국은 한반도 안정 유지라는 큰 틀에서 유엔사 존속을 꼭 고집하지 않았다. 중국은 북한을 대리하여 미국과 협상했지만 북한이 미국과 직접 협상을 원하자 따로 할 일이 별로 없었다. 미국과 중국 사이 강대국 게임이 한반도 안보의제에 커다란 영향을 끼칠 수 있다는 점은 항상

경계해야 할 대목이다.

한반도 차원에서 남북화해와 남북긴장의 변주 또한 유엔사 협상에 영향을 미쳤다. 남북화해가 진행되는 동안에도 남과 북이 허심탄회하게 유엔사 문제를 논의한 것은 아니었다. 서울과 평양은 외양으로 대화를 하고 있었지만 서로 상대방에 대한 기대는 하지 않고 있었다. 상대 정권의 실수를 노리고 문제점을 부각시키는 일에 보다 주안을 두고 있었다. 남북대화 시절 북한이 정치, 안보 문제에 집중한 반면 남한은 경제, 인도주의 주제에 치중했다. 1970년대 중반 대통령 살해 미수, 남침용 땅굴 발견, 판문점 미군 살해 사건 등이 발생하면서 유엔사 문제를 대화와 협상으로 풀 기회는 점점 더 멀어져 갔다.

북한의 강경노선 또한 영향을 미쳤다. 1970년대 상황을 찬찬히 복기해 보면 평양의 경직된 자세가 오히려 자신들에게 외교적 비용으로 돌아왔음을 알 수 있다. 북한은 미국의 조건부 해체론을 받지 않고 북미 직접대화와 평화조약 체결을 추가적으로 요구했다. 미국이 당시 상황에서 주려고 한 것보다 더 많은 것을 요구한 것이다. 평양에게 유엔사 해체는 과정이었고, 평화조약이 궁극적 목표였다. 평양이 강하게 나오자 우방의 편을 들던 베이징도 워싱턴과 협상에 미지근하게 나왔다. 결국 미국의 조건부 해체론은 없던 일이 되었고, 북한은 큰 보상을 얻으려다 작은 선물마저 받지 못하고 말았다.

한국의 협상태도 또한 주목해야 할 대목이다. 박정희 정부는 유엔사의 군사적, 외교적 의미를 높이 평가하면서 유엔사의 존속을 희망했다. 따라서 미국이 유엔사 폐지를 하나의 방안으로 고려하자 소극적이고, 방어적으로 대응했다. 한국은 되도록 유엔사가 존속되는 길을 선호했고 그 폐지에는 여러 조건을 내 걸었다. 1970년대 초반 한국은 유엔사 해체에 반대했기 때문에 토론을 회피하면서 시간을 벌었다. 이후 한미 간에 대화가 열리자 우리는 유엔사 문제와 주한미군 문제를 분리시키려고 힘썼다. 한국은 여러 조건을 걸며 협상에 임했다. 미국에 대해서는 유엔사 권한을 한국군에 이양하자고 제안했고, 유엔총회 무대에서는 이슈를 다양화하면서 남북한 유엔가입을 제시했다. 서울은 워싱턴에 유엔사를 거두어 가면 작전통제권이 한국군에게로 돌아와야 할 필요성이 발생한다고 알렸다. 국제무대에서 서울은 유엔사 해체와 유엔가입을 거래할 용의가 있었다.

미국이 조건을 맞추어 유엔사 문제를 해결하는데 방점을 둔 것에 비하여 한국은 조건이 맞지 않으므로 유엔사는 존속되어야 한다고 보았다. 서울과 워싱턴이 모두 조건을 내걸었지만 그 조건을 바라보는 시선과 속내는 사뭇 달랐다. 당시 국제상황으로 보아 남북한, 미국, 중국이 모두 만족할 수 있는 타협안 마련은 쉽지 않았다. 한국은 유엔사 문제 해결에 조건을 걸거나 새로운 의제를 발굴, 연계시켜 주고받기 식의 양방향 타결을 모색했다. 공산진영이 집요하게 유엔사 해체를 주장하자 서울은 한국이 단독으로 유엔에 가입하거나 원하면 북한도 함께 들어가자는 역제안으로 맞섰다.

2. 과제

1970년대 데탕트 시기 한반도를 둘러싼 동아시아 정세가 급변하는 상황에서 유엔사 문제를 둘러싸고 관련국들 사이 치열한 외교전이 펼쳐졌다. 1970년대 중반 미국은 정전협정의 정신을 계승한다는 전제 아래 유엔사 해체를 포함하여 정전체제에 수정을 가하는 방안을 연구했다. 박정희 정부는 유엔사의 존재가치를 높게 평가하고 있었고, 협상에 소극적으로 임하면서 여러 조건을 내걸어 결국 유엔사를 지켜냈다. 1970년대 후반 한국과 미국은 유엔사를 존치시킨 채 한미연합사를 신설하였고 한국군에 대한 작전통제권을 유엔사에서 연합사로 이양하는 조치를 취했다.

향후 전시작전통제권 전환은 유엔사의 위상에 직간접으로 영향을 미치게 될 것이다. 전작권 전환과 더불어 미래연합사령부가 출범하면 미래연합사와 유엔사의 관계에 관한 검토가 필요하다.[138] 한국전쟁 당시 이승만 대통령은 유엔군사령관에게 한국군의 지휘권을 이양한 바 있으며, 전후 체결된 한미합의의사록에 따라 유엔사가 한국의 방위를 책임지고 있는 동안 한국군에 대한 작전통제권을 유지하게 되었다. 〈한미연합사령부 창설에 관한 약정서(Terms of Reference)〉에 의거 1978년 11월 7일 한미연합사령부가 창설되면서 작전통제권의 주체가 유엔군사령관에서 한미연합사령관으로 옮아갔다. 이후 유엔사는 정전협정 관리와 유사시 전력제공 임무를 수행하고, 연합사는 한반도 전쟁억제 및 방어 임무를 수행하고 있다.[139]

노태우 정부 들어 한국은 작전통제권의 환수를 추진하여 1992년 10월 1일 한국과 미국의 외교안보 라인 사이에 합의를 보았고, 1994년 12월 1일 한국 합동참모본부가 평시작전통제권을 환수한 바 있다. 평작권 전환 이후에도 전시연합작전계획 수립, 위기관리 및 정전협정 유지, 조기경보를 위한 연합군사

---

138 김병기, 2019, 60-84쪽.
139 동아시아연구원(EAI) 한미동맹 연구모임, 2008, 46-49쪽; 설인효, 2018, 19-20쪽.

정보 관리, 합동훈련 및 연습의 계획 및 실시, 합동교리 발전은 연합권한위임사항(CODA)으로 한미연합사령관에게 위임하였다. 노무현 정부 당시인 2007년 한국과 미국은 2012년 4월 17일에 전작권을 이양하고, 한국군이 주도하고 미국군이 지원하는 병렬형 지휘체계를 구축하기로 합의한 바 있다. 그러나 한반도 안보상황의 악화로 전작권 전환시기가 한차례 연기된 후 2014년 10월 제46차 한미 안보협의회의에서 한미 국방부는 '조건에 기초한 전작권 전환'을 추진하기로 뜻을 모았다. 한국과 미국은 한국 합참의장이 사령관을 겸직하는 미래사령부를 창설하여 한미연합작전을 수행하는 통합형의 연합지휘체계 구축에도 합의하였다.[140]

문재인 정부 들어 한국은 '조건에 기초한 전작권 조기 전환'을 추진하고 있다. 한미 양국은 2017년 6월 정상회담에서 조건에 기초한 전작권 전환을 조속히 추진하기로 합의하였고, 2018년 10월 제50차 한미 안보협의회의에서 '전작권 전환 이후 연합방위지침'에 서명했다. 연합방위지침은 미래연합사령부를 독립적인 상설기구로 운용하고, 한국군 4성 장군을 연합군사령관으로, 미군 4성 장군을 연합군 부사령관으로 임명하며, 유엔군사령부를 지속 유지하고, 한국 합참·연합군사령부·주한미군사령부·유엔군사령부 간 상호관계를 발전시킨다는 것을 주요 내용으로 하고 있다. 한편 2019년 6월 한미 국방장관회담에서 양국은 미래연합군사령관은 합참의장직을 수행하지 않는 한국군 4성 장성이 맡으며, 연합사 본부를 평택 험프리스 기지로 이전하기로 합의했다. 미래연

---

140 이상현, 2006, 243-246쪽; 김종대, 2010; 김정섭, 2020; Hwee Rhak Park, 2010, 327-351, 장광현, 2020, 2부.

합사가 출범하게 되면 주한미군사령관은 유엔군사령관만 겸직하게 된다.[141]

2019년 11월 제51차 한미 안보협의회의에서 전작권 전환과 관련 미국은 한국이 방위역량을 갖출 때까지 보완능력을 계속 제공할 것이라는 미국의 공약을 재확인하였다. 한국은 정전협정과 유엔사의 권한을 지지하고 존중한다는 점을 확인하였다.[142] 2020년 10월 제52차 한미 연례안보협의회에서 한국은 전작권 전환 조건을 조기에 구비해 한국군 주도 연합방위체제를 준비하겠다는 의지를 피력했고, 미국은 전작권 전환에 필요한 조건을 완전히 충족하는 데 시간이 더 필요하다는 신중함을 보였다.[143]

미국은 전작권 전환과 연동하여 유엔군사령부를 재활성화하려는 움직임을 보이고 있다. 한반도 유사 시 유엔사를 실질적인 다국적군 사령부로 전환하기 위해서 다각도로 회원국과 협력의 보폭을 넓혀가고 있다. 유엔사 활성화는 병력제공자로서 유엔사 기능 강화, 다국적 참모진 구성, 유엔군 인원 확충, 한국전 참전국들의 역할 확대, 유엔사를 더 많은 국가가 참여하는 다국적군으로 발전시키는 내용을 포함하고 있다. 최근 주한미군사령부 참모장과 유엔군사령부 참모장을 겸임시키지 않고 분리하였으며, 유엔군 부사령관에 미국 출신이 아닌 캐나다, 호주 장성을 임명한 바 있다.[144]

2018년 4월 27일 판문점에서 남북 정상은 "완전한 비핵화를 통해 핵 없는

---

141 이기범, 2019, 9-10쪽; 김정섭, 2020; 장광현, 2020. 주한미군사령부와 유엔군사령부는 2018년 6월 29일 평택 험프리스 기지로 이전했다. 정경영, 2020, 1장.

142 김현욱, 2019.

143 이상현, 2020.

144 노동영, 2017, 68-71쪽; 김현욱, 2019; 이기범, 2019, 9쪽; 장광현, 2020, 4-5부.

한반도를 실현한다는 공동의 목표를 확인"하는 한편 "정전협정 체결 65주년이 되는 올해에 종전을 선언하고, 정전협정을 평화협정으로 전환"하겠다는 의지를 밝혔다.[145] 현재 정전체제를 유지하는 두 축인 군사정전위원회와 중립국감독위원회는 모두 정상적으로 작동하고 있지 않다. 1991년 3월 군사정전위원회 유엔군사령부 측 수석대표를 한국군 소장이 맡으면서 북한은 군사정전위원회 자체를 인정하지 않고 있다. 북한은 한국군이 휴전협정 체결당사자가 아니며, 유엔군의 일원도 아니라는 이유를 내세워 한국군의 대표성을 인정하지 않았다. 1991년 5월 북한은 군사정전위원회를 대체할 기구로 조선인민군 판문점대표부를 설치한 뒤 북한과 미국이 장성급 회담을 열 것을 주장하고 나섰다. 중국 역시 군정위에 참여하고 있던 자국 인민지원군 대표단을 본국으로 소환하여 군정위의 한 쪽 당사자는 존재하지 않게 되었다. 중국은 1994년 9월 군정위에서 자국 대표단을 불러들일 당시 철수가 아닌 소환이며, 정전협정은 여전히 유효하다는 입장을 발표하였다. 중국 대표단의 철수는 북한 외무성의 강력한 요구에 따른 것으로 알려지고 있다.[146]

북한은 1993년 4월 중립국감독위원회 소속 체코대표단을 철수시켰고, 1995년 2월 폴란드대표단을 철수시키고, 이어 3월 중립국감독위원회 사무실을 폐쇄했다. 1996년 4월 북한은 조선인민군 판문점대표부 명의로 군사분계선과 비무장지대 유지 및 관리 의무를 포기하겠다고 선언하였다. 탈냉전이 붕괴되는 불리한 시점에 북한은 나름 한반도에서 불안정한 상황을 조성하며 기

145 박휘락, 2018, 67쪽.
146 장동철, 2003; 조한범, 2018; 박휘락, 2018, 65쪽.

존의 체제를 허물고, 새로운 질서를 구축하려는 노력을 기울인 것으로 보인다. 북한은 2013년 3월초에는 정전협정을 무효화하며, 조선인민군 판문점대표부의 활동 또한 중지한다고 선언했다.[147]

냉전 붕괴 이후 남과 북이 교류협력을 추진하면서 한미 양국은 2000년 10월 3일 비무장지대를 통과하는 남북 철도 및 도로의 연결과 관련하여 유엔사가 관할권(jurisdiction authority)을 지속적으로 행사하되, 한국군이 관리권(administrative authority)을 행사하는데 합의한 바 있다. 남북 철도와 도로의 연결 공사는 유엔사의 협력 하에 진행되었다. 아울러 남북 간 군사회담 시 정전협정과 관련된 논의는 유엔군사령관을 대신하여 국방부장관이 정전협정에 의거하여 처리하기로 유엔사와 국방부가 합의하였다.[148]

정전체제에서 평화체제로 전환은 한반도 안보 상황의 커다란 변화를 의미한다. 남북한관계의 변화와 더불어 주변국의 전략과 관계 또한 크게 변화할 것이다. 평화체제의 실현은 남북한 간 반목과 대결이 아닌 협력과 교류가 안정적으로 지속되고, 전쟁의 가능성이 현저히 줄어들었다는 믿음이 공고화된 상태를 의미한다. 평화체제 구축을 위해서 정전협정을 대신하는 평화협정의 체결이 주요한 길목이 될 것이다. 평화협정이 체결되면 평화의 회복이 이루어져 유엔사 존재 의의가 상실된다는 주장과 평화협정 이후에도 분쟁예방과 평화체제 관리자로서 유엔사의 역할이 남아있다는 주장이 엇갈리고 있다.[149] 향후 한

---

147 장동철, 2003; 조한범, 2018; 박휘락, 2018, 65쪽. 익명의 심사위원에 의하면 중국은 2020년 7월 중순 현재 중국인민해방군 편제에 군정위 중국군 대표부 직제를 그대로 유지하고 있다고 한다. 이 정보는 한국에 주재하는 중국 국방무무관과 인터뷰에 기초한 것이다.

148 정경영, 2020, 1장.

149 정경영, 2007, 58-62쪽; 동아시아연구원(EAI) 한미동맹 연구모임, 2008, 58-69쪽; 제성

반도 정전체제에서 한반도 평화체제로의 여정에서 유엔사를 둘러싼 우리 사회의 논의 또한 지속될 전망이다.

호, 2010, 7장; 이기범, 2018, 42-45쪽; 이기범, 2019, 8쪽; 송승종, 2019, 235-263쪽; 장광현, 2020.

부 록

Policy Studies (GRIPS); Institute for Advanced Studies on Asia (IASA), The University of Tokyo, https://worldjpn.grips.ac.jp, 검색일: 2021년 3월 18일.
요시다 일본총리와 애치슨 미국 국무장관이 샌프란시스코 평화조약 발효 이후에도 일본이 유엔사의 일본 내 주둔과 활동을 허용한다는 각서를 교환한다.

외교통상부, 2009, 부록.
유엔군사령관이 조선인민군 최고사령관, 중국인민지원군 사령원과 함께 정전협정에 서명했다. 한국은 협정에 직접 서명하지는 않았다.

외교통상부, 2009, 부록.
상호방위조약 4조는 미군의 한국 영토 주둔을 규정하고 있다. 1970년대 유엔사 해체 문제가 불거졌을 때 한국과 미국은 유엔사가 해체되더라도 방위조약에 의거 미군의 주둔에는 영향을 미치지 않는다고 주장했다.

외교통상부, 2009, 부록.
합의의사록 2조는 국군이 유엔사의 작전지휘를 받는다고 규정하고 있다. 아울러 사정변경을 위해서는 한국과 미국의 협의와 합의가 필요하다고 전제하고 있다.

731.14, 3675, 외교사료관.
북한 비망록은 유엔 깃발 아래 남한을 점령하고 있는 미군을 비롯한 모든 외국군대의 철수를 주장하고 있다.

동 각서는 10월 12일 유엔 사무총장에게 제출하였다. 각서는 한국 통일을 위한 유엔의 노력과 활동을 소개한 후, 북한이 유엔의 권위를 부인하고 있는 점을 지적하면서, 평양의 통일방안을 반박하는 내용을 담고 있다.

한국 우방들이 공동제안한 통한 결의안 전문이다. 6항에서 한국에 주둔하고 있는 유엔군의 목적이 지역 평화와 안전을 유지하는 것임을 밝히면서 총회가 규정한 조건이 충족되면 잔여 유엔군 병력이 철수할 수 있음을 선언하고 있다.

알제리를 비롯한 북한 우방들이 유엔총회에 제출한 결의안이다. 북한에는 어떤 외국군도 주둔하고 있지 않음을 상기시키면서, 유엔 깃발 아래 남한을 강점하고 있는 미국과 모든 외국 군대를 6개월 안에 철수하라고 요구하고 있다.

외무부는 25차 유엔총회에서 공산 진영이 제기한 외군 철수안과 언커크 해체안을 부결시키고, 대한민국 단독대표의 계속 초청을 확보한 것에 의미를 부여하고 있다.

가을 유엔총회 한국문제 토의를 앞두고 백악관에 보내는 국무부의 비망록이다.

미중관계 변화에 비추어 한국에 상주하는 유엔기구들의 존재 의미와 가치를 묻고 있다. 1973년에 워싱턴이 서울과 이 문제들에 대한 협의를 시작해야 한다고 권고하고 있다.

Pol 32-4 Kor/UN, Subject-Numeric Files, RG 59, NA.
주한 미대사관은 28차 유엔총회 이전 한국 소재 유엔기구들에 대한 한국-미국 논의가 바람직하나 한국정부가 소극적으로 나올 것으로 예상하고 있다.

Pol 32-4 Kor/UN, Subject-Numeric Files, RG 59, NA.
국무부 비망록은 유엔사의 5개 안보 역할을 열거한 후 유엔사에 거는 한국정부의 기대가 자못 크다고 지적한다. 유엔사 폐지가 미군철수로 이어질 것이라는 한국의 우려 또한 명시하고 있다. 국무부는 유엔사의 상징적 가치가 크기 때문에 유엔사 폐지와 보다 안정된 남북관계 정립과 같은 북한, 소련, 중국의 양보를 연계시켜 협상해야 한다고 주장한다.

Pol 32-4 Kor/UN, Subject-Numeric Files, RG 59, NA.
케네츠 러시 국무부 부장관이 키신저에게 보내는 비망록에 두 건의 보고서가 첨부되어 있다. 한국정책 재고 주제의 첫 보고서는 미중화해 조류에 맞추어 1950년대 형성된 한국정책의 재편이 필요하다는 내용을 담고 있다. 과감한 패키지 제안으로 남북관계의 안정화를 도모하자는 의지가 엿보인다. 유엔사 폐지를 위해서는 남북한 협상과 주변 강대국의 보장이 필요하다는 입장을 피력하고 있다.

Pol 32-4 Kor/UN, Subject-Numeric Files, RG 59, NA.
국무부 보고서는 한국정부가 유엔사 잔류를 고집하고 있음을 지적하면서, 서울과 유엔사 폐지를 논의하는 일은 지난한 작업이 될 것이라고 예상하고 있다. 국무부 는 유엔사 폐지 반대급부로 북한, 중국, 소련이 한반도 안정화를 위한 양보를 해 야 한다는 입장을 견지하고 있었다.

대통령 기록관, https://pa.go.kr, 검색일: 2021년 2월 25일.
6.23선언에서 박정희 대통령은 남북대화 지속 의지를 밝히면서 북한이 대한민국 과 함께 유엔에 가입하는 것에 반대하지 않으며, 그 이전에라도 유엔총회에 북한 대표를 초청하는 것에 반대하지 않는다는 입장을 보였다.

724.32US, 5938, 외교사료관.
청와대에서 박정희 대통령이 로저스 미 국무장관과 회담을 가졌다. 이 자리에서 로저스 장관은 6.23선언에 대해 지지를 표명했으며, 박 대통령은 주한 유엔군 폐 지를 반대한다는 입장을 견지했다.

Pol 32-4 Kor/UN, Subject-Numeric Files, RG 59, NA.
28차 유엔총회를 앞두고 한국, 일본, 영국, 호주, 미국 외교관들이 모여 한국문제 토의 대책을 논의하기로 합의했다. 미국 입장은 남북한 동시 유엔가입을 후원하 고, 언커크 해체에 동의하며, 미국이 선호하는 조건이 마련되지 않는 한 유엔사를 해체하려는 시도들을 저지한다는 것이었다.

Pol 32-4 Kor/UN, Subject-Numeric Files, RG 59, NA.
유엔사 해체는 정전협정, 군사정전위원회 유지와 관련이 있었다. 미 국무부는 정
전체제 유지를 위해서 평화협정 체결, 별도의 협정 마련, 한국/미국의 일방적인
선언 발표 등 여러 가능성을 탐색하고 있다.

A/RES/3333(XXIX), Official Document System of the United Nations, https://
documents.un.org, 검색일: 2021년 3월 1일.
정치위원회에서 친북 결의안이 가부동수로 탈락하여 친한 결의안만이 살아남았
다. 총회 결의 3333호는 정전협정의 효력을 유지할 수 있는 적절한 합의 마련을
전제로 유엔사를 해체하는 문제에 대하여 안보리가 관심을 가져 줄 것을 희망하
고 있다.

대통령기록관, https://pa.go.kr, 검색일: 2021년 2월 20일.
박정희 대통령은 기자회견 자리에서 정전협정의 효력을 유지할 수 있는 효과적인
방안이 마련되면 유엔사 해체에 군이 반대하지 않겠다는 의사를 밝히면서, 남북
한 유엔 동시가입을 북한에 재차 촉구하고 나섰다.

주한 유엔군 사령부에 대한 유엔기(旗) 사용제한 조치, 1975, 729.54, 8353, 외교
사료관.
주유엔 미국대표가 유엔 안보리 의장에게 보내는 서한(1975년 6월 27일자)이다.
이 서한에서 미국정부는 정전협정 유지를 위한 적절한 조치가 동반된다면 유엔군

사령부 폐지 의사에 동의할 수 있다고 밝히고 있다.

주한 유엔군 사령부에 대한 유엔기(旗) 사용제한 조치, 1975, 729.54, 8353, 외교
사료관.
국방장관과 유엔사령관의 면담은 1975년 6월 27일 오전 국방장관실에서 이루어
졌다. 휴전체제 유지를 전제로 유엔사 해체 용의를 밝히는 유엔 안보리 제출 서
한을 놓고 양인이 환담하고 있다. 동 서한은 유엔기 게양을 축소하는 내용을 담
고 있다.

주한 유엔군 사령부에 대한 유엔기(旗) 사용제한 조치, 1975, 729.54, 8353, 외교
사료관.
외무장관이 국방장관에게 보내는 공문이다. 외무부는 유엔기 사용제한이 가을 유
엔총회에서 아국에 유리한 환경을 조성하기 위한 조치임을 적시하면서 한국군의
유엔기 사용과 관련 아직 한미 간에 구체적인 토의가 없으므로 국방부가 나서서
유엔사와 협상해 줄 것을 요청하고 있다.

주한 유엔군 사령부에 대한 유엔기(旗) 사용제한 조치, 1975, 729.54, 8353, 외교
사료관.
외무부 미주국장실에서 미주국장과 주한미대사관 에드워드 허윗트 참사관이 회동
하여 유엔기 사용 제한에 대해 논의하고 있다. 미 참사관이 유엔기 사용 축소의 구
체적인 내용을 설명하면서 한국의 협조를 요청하고 있다.

주한 유엔군 사령부에 대한 유엔기(旗) 사용제한 조치, 1975, 729.54, 8353, 외교
사료관.

유엔기 사용 제한과 관련하여 외무부 문의에 국방부가 답하는 공문이다.

주한 유엔군 사령부에 대한 유엔기(旗) 사용제한 조치, 1975, 729.54, 8353, 외교
사료관.
외무부가 국무총리에게 유엔기 사용 제한에 대해 보고하는 내용이다.

주한 유엔군 사령부에 대한 유엔기(旗) 사용제한 조치, 1975, 729.54, 8353, 외교
사료관.
외무부 미주국장이 주한 미국대사관 참사관과 면담한 내용이다. 외무부는 미국이
유엔 안보리에 서신을 보낼 때 한국군의 유엔기 게양 관련 내용은 생략해 주기를
요청하고 있다.

주한 유엔군 사령부에 대한 유엔기(旗) 사용제한 조치, 1975, 729.54, 8353, 외교
사료관.
미국은 유엔 안보리 의장 앞으로 보낸 9월 22일자 서한을 통해서 유엔기 사용 축
소 내용을 소개하고 있다. 아울러 미국은 현 정전협정의 효력이 유지되는 조건으
로 유엔사를 폐지하기 위한 협상을 관계국들과 시작할 용의가 있음을 재차 밝히
고 있다.

A/RES/3390(XXX), Official Document System of the United Nations, https://
documents.un.org, 검색일: 2021년 3월 1일.
1975년도 30차 유엔총회에서 친한 결의안과 친북 결의안이 모두 통과되었다. 친

한 결의안은 정전협정 대안의 마련과 함께 유엔사 업무가 종료될 수 있도록 관계 국들이 협상에 나설 것을 촉구하고 있다. 친북 결의안은 유엔사 해체와 유엔 깃발 아래 한국에 주둔하고 있는 모든 외국군대의 철수가 필요하다는 점에 주목하고 있다.

[자료 1] 유엔 안전보장이사회 결의 83호, 1950년 6월 27일
외교통상부, 2009, 부록.

안보리 결의안 83호(S/1511호) 1950년 6월 27일

안전보장이사회는,

북한군의 대한민국에 대한 무력 공격이 평화를 파괴하는 행위라고 결정하고,

전쟁 행위의 즉각적인 중지를 요구하고,

북한 당국이 그 군대를 즉시, 북위 38도선까지 철수시킬 것을 요구하고,

북한 당국이 전투 행위를 중지하지도 않았고 그 군대를 북위 38도선까지 철수시키지도 않았다는 것과 국제평화와 안전을 회복시키기 위하여 긴급한 군사적 조치가 요청된다는 유엔 한국위원단의 보고서에 유의하고,

평화와 안전을 확보하기 위하여 즉각적이고 효과적인 조치를 유엔에 요청한 대한민국의 호소를 주목하여,

유엔 회원국들이 대한민국에 대하여 이 지역에서 무력 공격을 격퇴하고 국제평화와 안전을 회복하기 위하여 필요한 지원을 제공할 것을 권고한다.

Resolution 83 Adopted by the Security Council on 27 June 1950(S/1511)

The Security Council,

Having determined that the armed attack upon the Republic of Korea by forces from North Korea constitutes a breach of peace,

Having called for an immediate cessation of hostilities,

Having called upon the authorities in north Korea to withdraw forthwith their armed forces to 38th parallel, and

Having noted from the report of the United Nations Commission on Korea that the authorities in North Korea have neither ceased hostilities nor withdrawn their armed forces to the 38th parallel and that urgent military measures are required to restore international peace and security,

Having noted the appeal from the Republic of Korea to the United

Nations for immediate and effective steps to secure peace and security,
Recommends that the Members of the United Nations furnish such
assistance to the Republic of Korea as may be necessary to repel the
armed attack and to restore international peace and security in the area.

Adopted at 474th Meeting, 27 June 1950

유엔 통합군 사령부 설치에 관한 안보리 결의안 84호(S/1588호)
1950년 7월 7일

안전보장이사회는,

북한군의 대한민국에 대한 무력 공격이 평화를 파괴하는 행위라고 결정하고,
유엔 회원국이 대한민국에 대하여 이 지역에서 무력 공격을 격퇴하고 국제평
화와 안전을 회복하기 위하여 필요한 지원을 제공할 것을 권고하였으므로,

1. 유엔의 각 정부와 국민이 무력 공격에 대한 대한민국의 자위 노력을 지원하
   고 이에 따라 이 지역에 국제평화와 안전을 회복하기 위한 1950년 6월 25
   일과 27일의 안전보장이사회 결의에 대하여 표명한 신속하고 강력한 지지
   를 환영한다.

2. 유엔 회원국들이 대한민국에 대한 유엔의 지원 요청에 호응하였음을 주목
   한다.

3. 전술한 안전보장이사회의 제 결의에 의거하여 병력과 기타 지원을 제공하는
   모든 회원국은 이러한 병력과 기타 지원을 미국 주도하의 통합군 사령부가
   이용할 수 있도록 할 것을 권고한다.

4. 미국에 대하여 이러한 군대의 사령관을 임명할 것을 위임한다.

5. 통합군 사령부에 대하여는 북한군에 대한 작전 중 참전 각국의 국기와 함께
   유엔기를 임의대로 병용할 권한을 부여한다.

6. 미국에 대하여 통합군 사령부 지휘하에 취해지는 활동 과정에 관하여 적절
   한 시기에 안전보장이사회에 보고서를 제출할 것을 요청한다.

Resolution 84 Adopted by the Security Council on
7 July 1950(S/1588)

The Security Council,

Having determined that the armed attack upon the republic of Korea by forces from north Korea constitutes a breach of peace,

Having recommended that Members of the United Nations furnish such assistance to the Republic of Korea as may be necessary to repel the armed attack and to restore international peace and security in the area,

1. Welcomes the prompt and vigorous support which Government and peoples of the United Nations have given to its resolutions 82(1950) of 25 and 27 June 1950 to assist the Republic of Korea in defending itself against armed attack and thus to restore international peace and security in the area;

2. Notes that Members of the United Nations have transmitted to the United Nations offers of assistance for the Republic of Korea;

3. Recommends that all Members providing military forces and other assistance pursuant to the aforesaid Security Council resolutions make such forces and other assistance available to a unified command under the United States;

4. Requests the United States to designate the commander of such forces;

5. Authorizes the unified command at its discretion to use the United Nations flag in the course of operations against North Korean forces concurrently with the flags of the various nations participating;

6. Requests the United States to provide the Security Council with reports as appropriate on the course of action taken under the unified command.

Adopted at 476th Meeting, 7 July 1950

[자료 3] 이승만 대통령이 한국전쟁 당시 맥아더 장군에게 보낸 서한, 1950년 7월 14일
동아시아연구원(EAI) 한미동맹 연구모임, 2008, 부록.

Pusan, Korea, July 14, 1950

Dear General MacArthur:

In view of the common military effort of the United Nations on behalf of the Republic of Korea, in which all military forces, land, sea and air, of all the United Nations fighting in or near Korea have been placed under your operational command, and in which you have been designated Supreme Commander of United Nations Forces, I am happy to assign to you command authority over all land, sea, and air forces of the Republic of Korea during the period of the continuation of the present state of hostilities. Such command to be exercised either by you personally or by such military commander or commanders to whom you may delegate the exercise of this authority within Korea or in adjacent seas.

The Korean Army will be proud to serve under your command, and the Korean people and Government will be equally proud and encouraged to have the overall direction of our combined combat effort in the hands of so famous and distinguished a soldier who also in his person possesses the delegated military authority of all the United Nations who have jointed together to resist this infamous communist assault on the independence and integrity of our beloved land.

With continued highest and warmest feelings of personal regard,

Sincerely yours,

Syngman Rhee

[자료 4] Notes Exchanged between Prime Minister Yoshida and Secretary of State Acheson at the Time of the Signing of the Security Treaty between Japan and the United States of America, September 8, 1951

"The World and Japan" Database Project, National Graduate Institute for Policy Studies (GRIPS); Institute for Advanced Studies on Asia (IASA), The University of Tokyo, https://worldjpn.grips.ac.jp, 검색일: 2021년 3월 18일.

[Title] Notes Exchanged between Prime Minister Yoshida and Secretary of State Acheson at the Time of the Signing of the Security Treaty between Japan and the United States of America.

[Place]

[Date] September 8, 1951

[Source] Joyakushu, 30-6. Japan's Foreign Relations-Basic Documents Vol.1, pp.446-448.

[Notes]

[Full text]

Excellency:

Upon the coming into force of the Treaty of Peace signed today, Japan will assume obligations expressed in Article 2 of the Charter of the United Nations which requires the giving to the United Nations of "every assistance in any action it takes in accordance with the present Charter."

As we know, armed aggression has occurred in Korea, against which the United Nations and its members are taking action. There has been established a unified command of the United Nations under the United States pursuant to Security Council Resolution of July 7, 1950, and the General Assembly, by Resolution of February ?, 1951, has called upon all states and authorities to lend every assistance to the United Nations action and to refrain from giving any assistance to the aggressor. With the approval of SCAP, Japan has been and now is rendering important assistance to the United Nations action in the form of facilities and services made available to the members of the United Nations, the Armed Forces of which are participating in the United Nations action.

Since the future is unsettled and it may unhappily be that the occasion for facilities and services in Japan in support of United Nations action will continue or recur, I would appreciate confirmation, on behalf of your Government, that if and when the forces of a member or members of the United Nations are engaged in any United Nations action in the Far East after the Treaty of Peace comes into force, Japan will permit and facilitate the support in and about Japan, by the member or members, of the forces engaged in such United Nations action; the expenses involved in the use of Japanese facilities and services to be borne as at present or as otherwise mutually agreed between Japan and the United Nations member concerned. In so far as the United States is concerned the use of facilities and services, over and above those provided to the United States pursuant to the Administrative Agreement which will implement the Security Treaty between the United States and Japan, would be at United States expense, as at present.

Accept, Excellency, the assurances of my most distinguished consideration.

DEAN ACHESON
September 8, 1951.
His Excellency
Shigeru Yoshida,

Prime Minister of Japan.

Excellency

I have the honor to acknowledge the receipt of Your Excellency's Note of to-day's date in which Your Excellency has informed me as follows :

(The American note deleted)

I avail myself of this opportunity to renew to Your Excellency the assurance of my highest consideration.

Shigeru Yoshida

Prime Minister and concurrently Minister for Foreign Affairs of Japan

September, 8, 1951.

His Excellency

Dean Acheson,

Secretary of State of the United States of America.

1953년 7월 27일 10시 판문점에서 서명

1953년 7월 27일 22시 발효

전 문

국제연합군 사령관을 일방으로 하고 조선인민군 최고사령관 및 중국인민지원
군 사령원을 다른 일방으로 하는 下記의 서명자들은 쌍방에 막대한 고통과 유
혈을 초래한 한국 충돌을 정지시키기 위하여, 최후적인 평화적 해결이 달성될
때까지 한국에서의 적대 행위와 일체의 무력 행위의 완전한 정지를 보장하는
정전을 확립할 목적으로 하기 조항에 기재된 정전 조건과 규정을 접수하며, 또
그 제약과 통제를 받는데 개별적으로나 공동으로나 또는 상호간에 동의한다.
이 조건과 규정의 의도는 순전히 군사적 성질에 속하는 것이며 이는 오직 한국
에서의 교전 쌍방에만 적용한다.

제1조 군사분계선과 비무장지대

제1항: 한 개의 군사분계선을 확정하고 쌍방이 이 선으로부터 각기 2킬로미터
씩 후퇴함으로써 적대 군대간에 한 개의 비무장지대를 설정한다. 한 개의 비무
장지대를 설정하여 이를 완충지대로 함으로써 적대 행위의 재발을 초래할 수
있는 사건의 발생을 방지한다.
……
제6항: 쌍방은 모두 비무장지대 내에서 또는 비무장지대로부터 또는 비무장지
대로 향하여 어떠한 적대행위도 강행하지 못한다.
제7항: 군사정전위원회의 특정한 허가 없이 어떠한 군인이나 민간인이나 군사
분계선을 통과함을 허가하지 않는다.
……
제10항: 비무장지대 내의 군사분계선 이남의 부분에 있어서의 민사 행정 및 구
제 사업은 국제연합군 사령관이 책임진다. 비무장지대 내의 군사분계선 이북

의 부분에 있어서의 민사 행정 및 구제 사업은 조선인민군 최고사령관과 중국 인민지원군 사령원이 공동으로 책임진다.

……

제2조 停火 및 停戰의 구체적 조치

가. 총 칙

제12항: 적대 雙方 사령관들은 육·해·공군의 모든 부대와 인원을 포함한 그들의 통제하에 있는 모든 무장 역량이 한국에 있어서의 일체의 적대 행위를 완전히 정지할 것을 명령하고 또 이를 보장한다. 본 항의·적대 행위의 완전 정지는 본 정전협정이 조인된 지 12시간 후부터 효력을 발생한다(본 정전협정의 기타 각 항의 규정이 효력을 발생하는 일자와 시간에 대하여서는 본 정전협정 제63항을 보라).

……

제17항: 본 정전협정의 조항과 규정을 준수하며 집행하는 책임은 본 정전협정에 조인한 자와 그의 후임 사령관에게 속한다. 적대 雙方 사령관들은 각각 그들의 지휘하에 있는 군대 내에서 일체의 필요한 조치와 방법을 취함으로써 그 모든 소속 부대 및 인원이 본 정전협정의 전 규정을 철저히 준수하는 것을 보장한다. 적대 雙方 사령관들은 상호 적극 협력하며 군사정전위원회 및 중립국감시위원회와 적극 협력함으로써 본 정전협정 규정의 문구와 정신을 준수하도록 한다.

……

나. 군사정전위원회
1. 구 성
……
제20항: 군사정전위원회는 10명의 고급장교로 구성되며, 그 중의 5명은 국제

연합군 사령관이 이를 임명하며, 그 외의 5명은 조선인민군 최고사령관과 중국인민지원군 사령원이 공동으로 이를 임명한다. 위원 10명 중에서 쌍방의 3명은 將給에 속하여야 하며 각방의 나머지 2명은 소장, 준장, 대령 혹은 그와 동급인 자로 할 수 있다.
......

2. 직책과 권한
제24항: 군사정전위원회의 전반적 임무는 본 정전협정의 실시를 감독하며 본 정전협정의 어떠한 위반 사건이든지 협의하여 처리하는 것이다.
......

다. 중립국 감시위원회
1. 구 성
......
제37항: 중립국 감시위원회는 4명의 고급장교로 구성하되 그 중의 2명은 유엔군 총사령관이 지명한 중립국 즉, 스웨덴 및 스위스가 이를 임명하며, 나머지 2명은 조선인민군 최고사령관과 중국인민지원군 사령원이 공동으로 지명한 중립국 즉, 폴란드 및 체코슬로바키아가 이를 임명한다. 본 정전협정에서 쓴 중립국이라는 용어의 정의는 그 전투부대가 한국에서의 적대 행위에 참가하지 않은 국가를 말하는 것이다. 동 위원회에 임명되는 위원은 임명하는 국가의 무장부대로부터 파견될 수 있다. 每個 위원은 후보위원 1명을 지정하여 그 정위원이 어떠한 이유로 출석할 수 없게 되는 회의에 출석하게 된다. 이러한 후보위원은 그 정위원과 동일한 국적에 속한다. 일방이 지명한 중립국 위원의 출석자 수와 다른 일방이 지명한 출석자 수가 같을 때에는 중립국 감시위원회는 곧 행동을 취할 수 있다.
......
제40항: (ㄱ) 중립국 감시위원회는 처음에는 20개의 중립국 감시소조를 두어

그 협조를 받는다. 소조의 수는 군사정전위원회의 쌍방 수석위원회의 합의를 거쳐 감소할 수 있다. 중립국 감시소조는 오직 중립국 감시위원회에 대해서만 책임을 지며 그에 보고하고 또 그 지도를 받는다.
......

제4조 쌍방 관계 정부들에의 건의

제60항: 한국문제의 평화적 해결을 보장하기 위하여 쌍방 사령관은 쌍방의 관계 각국 정부에 정전협정이 조인되고 효력을 발행한 후 3개월 내에 각기 대표를 파견하여 쌍방의 한 급 높은 정치회의를 소집하고 한국으로부터의 모든 외국 군대의 철수 및 한국문제의 평화적 해결 등 문제들을 협의할 것을 이에 건의한다.

제5조 부 칙

제61항: 본 정전협정에 대한 수정과 증보는 반드시 적대 쌍방 사령관들의 상호 합의를 거쳐야 한다.
제62항: 본 정전협정의 각 조항은 쌍방이 공동으로 접수하는 수정 및 증보 또는 쌍방의 정치적 수준에서의 평화적 해결을 위한 적당한 협정 중의 규정에 의하여 명확히 대체될 때까지는 계속 효력을 가진다.
제63항: 제12항을 제외한 본 정전협정의 일체 규정은 1953년 7월 27일 22시부터 효력을 발생한다.

1953년 7월 27일 10시에 한국 판문점에서 영문, 한국문 및 중국문으로 작성한다. 이 3개 국어의 각 협정 본문은 동등한 효력을 가진다.

국제연합군 사령관: 미국육군 대장 마크 W. 클라크

조선인민군 최고사령관: 조선민주주의인민공화국 원수 金 日 成
중국인민지원군 사령원: 彭 德 懷
참석자
국제연합군 대표단 수석대표: 미국육군 중장 윌리암 K. 해리슨 2세
조선인민군 및 중국인민지원군 대표단 수석대표: 조선인민군 대장 南 日

대한민국과 미합중국 간의 상호방위조약
1953년 10월 1일 워싱턴에서 서명
1954년 11월 18일 발효

본 조약의 당사국은,
모든 국민과 모든 정부가 평화적으로 생활하고자 하는 희망을 재확인하며, 또한 태평양 지역에 있어서의 평화 기구를 공고히 할 것을 희망하고,
당사국 중 어느 1국이 태평양 지역에 있어서 고립되어 있다는 환각을 어떠한 잠재적 침략자가 갖지 않도록 외부로부터의 무력 공격에 대하여 그들 자신을 방위하고자 하는 공동의 건의를 공공연히 또한 공식으로 선언할 것을 희망하고,
또한 태평양 지역에 있어서 더욱 포괄적이고 효과적인 지역적 안전보장 조직이 발달될 때까지 평화와 안전을 유지하고자 집단적 방위를 위한 노력을 공고히 할 것을 희망하여 다음과 같이 동의한다.

제1조: 당사국은 관련될지도 모르는 어떠한 국제적 전쟁이라도 국제평화와 안전과 정의를 위태롭게 하지 않는 방법으로 평화적 수단에 의하여 해결하고 또한 국제관계에 있어서 국제연합의 목적이나 당사국이 국제연합에 대하여 부담한 업무에 배치되는 방법으로 무력에 의한 위협이나 무력의 행사를 삼갈 것을 약속한다.
제2조: 당사국 중 어느 1국의 정치적 독립 또는 안전이 외부로부터의 무력 공격에 의하여 위협을 받고 있다고 어느 당사국이든지 인정할 때에는 언제든지 당사국은 서로 협의한다. 당사국은 단독으로나 공동으로 自助와 상호 원조에 의하여 무력 공격을 저지하기 위한 적절한 수단을 지속 강화시킬 것이며 본 조약을 이행하고 그 목적을 추진할 적절한 조치를 협의와 합의하에 취할 것이다.
제3조: 각 당사국은 타 당사국의 행정 지배하에 있는 영토와 각 당사국이 타 당사국의 행정 지배하에 합법적으로 들어갔다고 인정하는 금후의 영토에 있어서 타 당사국에 대한 태평양 지역에 있어서의 무력 공격을 자국의 평화와 안전을

위태롭게 하는 것이라 인정하고 공통한 위험에 대처하기 위하여 각자의 헌법상의 수속에 따라 행동할 것을 선언한다.

제4조: 상호적 합의에 의하여 미합중국의 육군, 해군과 공군을 대한민국의 영토 내와 그 부근에 배치하는 권리를 대한민국은 이를 許與하고 미합중국은 이를 수락한다.

제5조: 본 조약은 대한민국과 미합중국에 의하여 각자의 헌법상의 수속에 따라 비준되어야 하며 그 비준서가 양국에 의하여 워싱턴에서 교환되었을 때에 효력을 발생한다.

제6조: 본 조약은 무기한으로 유효하다. 어느 당사국이든지 타 당사국에 통고한 후 1년 후에 본 조약을 終止시킬 수 있다.

이상의 증거로서 하기 전권위원은 본 조약에 서명한다.
본 조약은 1953년 10월 1일 워싱턴에서 한국문과 영문 두벌로 작성되었다.

대한민국을 위해서: 卞 榮 泰
미합중국을 위해서: 존 포스터 덜레스

Mutual Defense Treaty between the Republic of Korea and the United States of America
Signed at Washington October 1, 1953
Entered into force November 18, 1954

The Parties to this Treaty,
Reaffirming their desire to live in peace with all governments, and desiring to strengthen the fabric of peace in the Pacific area,
Desiring to declare publicly and formally their common determination to defend themselves against external armed attack so that no potential

aggressor could be under the illusion that either of them stands alone in the Pacific area,

Desiring further to strengthen their efforts for collective defense for the preservation of peace and security pending the development of a more comprehensive and effective system of regional security in the Pacific area,

Have agreed as follows:

Article 1

The Parties undertake to settle any international disputes in which they may be involved by peaceful means in such a manner that international peace and security and justice are not endangered and to refrain in their international relations from the threat or use of force in any manner inconsistent with the purposes of the United Nations, or obligations assumed by any Party toward the United Nations.

Article 2

The Parties will consult together whenever, in the opinion of either of them, the political independence or security of either of the Parties is threatened by external armed attack. Separately and jointly, by self-help and mutual aid, the Parties will maintain and develop appropriate means to deter armed attack and will take suitable measures in consultation and agreement to implement this Treaty and to further its purposes.

Article 3

Each Party recognizes that an armed attack in the Pacific area on either of the Parties in territories now under their respective administrative control, or hereafter recognized by one of the Parties as lawfully brought under the administrative control of the other, would be dangerous to its own peace and safety and declares that it would act to meet the common danger in accordance with its constitutional processes.

Article 4

The Republic of Korea grants, and the United States of America accepts, the right to dispose United States land, air and sea forces in and about the territory of the Republic of Korea as determined by mutual agreement.

Article 5

This Treaty shall be ratified by the United States of America and the Republic of Korea in accordance with their respective constitutional processes and will come into force when instruments of ratification thereof have been exchanged by them at Washington.

Article 6

This Treaty shall remain in force indefinitely. Either party may terminate it one year after notice has been given to the other Party.

IN WITNESS WHEREOF the undersigned plenipotentiaries have signed this Treaty.

DONE in duplicate at Washington, in the Korean and English languages, this first day of October 1953.

FOR THE REPUBLIC OF KOREA: /s/ Y. T. Pyun
FOR THE UNITED STATES OF AMERICA: /s/ John Foster Dulles

한국에 대한 군사 및 경제원조에 관한 대한민국과 미합중국 간의 합의의사록
및 이에 대한 수정

1954년 11월 17일 서울에서 서명
1954년 11월 17일 발효
1955년 8월 12일 워싱턴에서 수정
1955년 8월 12일 수정발효

대한민국과 미합중국의 공동이익은 긴밀한 협조를 계속 유지하는데 있는바 이
는 상호유익함을 입증하였으며 자유세계가 공산침략에 대하여 투쟁하며 자유
로운 생존을 계속하고자 하는 결의를 위하여 중요한 역할을 한 것이다.
따라서, 대한민국은 다음 사항을 이행할 의도를 가지고 있으며 또한 이를 그의
정책으로 삼는다.

1. 한국은 국제연합을 통한 가능한 노력을 포함하는 국토통일을 위한 노력에
   있어서 미국과 협조한다.
2. 국제연합사령부가 대한민국의 방위를 위한 책임을 부담하는 동안 대한민국
   국군을 국제연합사령부의 작전지휘권하에 둔다. 그러나 양국의 상호적 및
   개별적 이익이 변경에 의하여 가장 잘 성취될 것이라고 협의후 합의되는 경
   우에는 이를 변경할 수 있다.
3. 경제적 안정에 배치하지 않고 이용할 수 있는 자원내에서 효과적인 군사계
   획의 유지를 가능케하는 부록 B에 규정된 바의 국군병력기준과 원칙을 수
   락한다.
4. 투자기업의 사유제도를 계속 장려한다.
5. 미국의 법률과 원조계획에 일반적으로 적용되는 관행에 부합하는 미국정부
   의원조자금의 관리를 위한 절차에 협조한다.
6. 부록 A에 제시된 것을 포함하여 경제계획을 유효히 실시함에 필요한 조치

를 취한다.

대한민국이 실현하겠다고 선언한 조건에 기하여 미합중국은 다음 사항을 이행할 의도를 가지고 있으며 또한 이를 그의 정책으로 삼는다.

1. 1955회계년도에 총액 7억불에 달하는 계획적인 경제원조 및 직접적 군사원조로써 대한민국이 정치적, 경제적 및 군사적으로 강화되도록 원조하는 미국의 계획을 계속한다. 이 금액은 1955회계년도의 한국에 대한 원조액으로 기왕에 미국이 상상하였던 액보다 1억불 이상을 초과하는 것이다. 이 총액 중 한국민간구호계획의 이월금과 국제연합 한국재건단에 대한 미국의 거출금을 포함하는 1955회계년도의 계획적인 경제원조금액은 약2억8천만불에 달한다(1955회계년도의 실제 지출은 약2억5천만불로 예상된다).
2. 양국정부의 적당한 군사대표들에 의하여 작성될 절차에 따라 부록 B에 약술한 바와 같이 예비군 제도를 포함한 증강된 대한민국의 군비를 지원한다.
3. 대한민국의 군비를 지원하기 위한 계획을 실시함에 있어서 대한민국의 적당한 군사대표들과 충분히 협의한다.
4. 대한민국에 대한 도발에 의하지 않는 침공이 있을 경우에는 미국의 헌법절차에 의거하여 침략자에 대하여 그 군사력을 사용한다.
5. 필요한 국회의 승인을 조건으로 하여 한국의 재건을 위한 경제계획을 계속 추진한다.

1954년 11월 17일 대한민국 서울에서
대한민국 외무부장관: 변 영 태
대한민국 주재 미합중국대사: 에리스. 오. 브릭스

한미합의의사록부록 A

효과적인 경제계획을 위한 조치

대한민국은 경제계획을 효과적인 것으로 하기 위하여 다음 사항을 포함하는 필요한 조치를 취한다.

1. 환율에 관하여는, 대한민국정부의 공정환율과 대충자금환율을 180대1로 하고, 한국은행을 통하여 불화를 공매함으로써 조달되는 미국군의 환화차출금에 충당하기 위하여 공정환율과 상이한 현실적인 환율로 교환되는 불화교환에 관하여 미국이 제의한 절차에 동의하며, 일반적으로 원조물자도 유사한 환율에 의한 가격으로 한국경제에 도입함으로써 그러한 재원의 사용으로부터 한국경제와 한국예산에 대한 최대한도의 공헌을 얻도록 한다. 미국에 의한 환화차출에 관한 현존협정들의 운영은 전기한 조치가 실제에 있어서 양국정부에게 다 같이 만족하게 실시되는 한 이를 정지한다.
2. 미국이 현물로 공여하지 않은 원조계획을 위한 물자는 어떠한 비공산주의국가에서든지 소요의 품질의 물자를 최저가격으로 구입할 수 있는 곳에서 구매하는데 동의한다(이는 세계적인 경쟁가격에 의한 가능한 최대한의 구매를 한국에서 행함을 목적으로 하는 것임).
3. 한국 자신의 보유외화의 사용을 위한 계획에 관한 적절한 정보를 관계미국대표들에게 제공한다.
4. 한국예산을 균형화하고 계속하여"인푸레"를 억제하기 위한 현실적인 노력을 행한다(양국정부의 목적하는 바는 한국예산을"인푸레"를 억제할 수 있는 방식으로 발전시키는데 있다).

〈1954년 11월 17일자 합의의사록에 대한 수정〉

1954년 11월 17일에 서명된 대한민국정부와 미합중국정부간의 합의의사록 부록 A의 제1항은 1955년 8월 15일자로 다음과 같이 수정된다.

대한민국정부 및 그 기관의 모든 외환거래를 위한 환율로써 1955년8월15일자로 대한민국에 의하여 제정될 미화 1불대 5백환의 공정환율은 한국으로 물자 및 역무를 도입하기 위하여 공여되는 미국의 원조에 대하여 다음 것을 제외하고 적용된다.

(가) 미국원산인 석탄은 1956년 6월 30일에 종료될 회계연도기간중 공정환율의 40%이상에 해당하는 환율로 가격을 정할 수 있다.
(나) 비료는 즉시 공정환율의 50%이상에 해당하는 환율로 가격을 정할 수 있으나 1956년1월1일 이후에는 공정환율로 인상하여야 한다.
(다) 이윤을 목적으로 하지 않는 사업을 위한 투자형의 물품
(라) 구호물자

이윤을 목적으로 하는 사업을 위한 투자형물품에 대하여는 합동경제위원회가 차등환율 또는 보조금의 형식을 통하여 감율을 건의하지 않는 한 공정환율로 가격을 정한다.
공정환율은 미국군에 의한 환화구입에 적용된다.
미합중국정부는 한국의 안정된 경제상태를 발전시키기 위한 대한민국정부의 노력에 대하여 이 목적을 위하여 이용할 수 있는 자원의 범위내에서 협조한다. 이 점에 관하여 양국정부는 신속한 행동에 의하여 원조계획을 조속히 완성으로 이끌어야 한다는 목적에 대하여 특별한 관심을 경주한다.
1954년 11월 17일자의 합의의사록 부록 A에 대한 이 개정의 효력발생일자 이전에 존재하였던 미국에 의한 환화취득에 관한 협정들은 원합의의사록 부록 A의 제1항에서 원래 승인하였던 협정을 포함하여 전기한 조치가 실제에 있어서 양국징부에게 다같이 민족하게 실시되는 한 이를 정지한다.

1955년 8월 12일 미국 워싱턴에서

대한민국정부를 위하여: 양 유 찬
미합중국정부를 위하여: 월터 에스 로버트슨

북한의 대유엔 비망록, 1970

분류번호	731.14
등록번호	3675

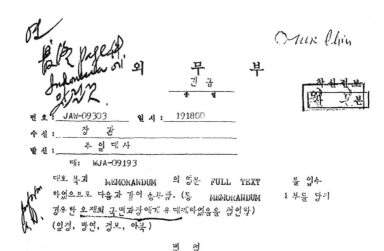

외 무 부

긴 급
총 열

번호: JAW-09303　일시: 191800

수신: 장 관

발신: 주 일 대 사

대: WJA-09193

대호 북괴 MEMORANDUM 의 영문 FULL TEXT 를 입수
하였으므로 다음과 같이 송부함.(등 MEMORANDUM 1부를 당지
경유한 오재희 구면과장에게 유 대제하였음을 첨언함)
(일경, 방연, 정보, 아북)

별 첨

DPRK GOVERNMENT MEMORANDUM ISSUED

PYONGYANG SEPTEMBER SIXTEENTH(KCNA) -- THE GOVERNMENT
OF THE DEMOCRATIC PEOPLES REPUBLIC OF KOREA ISSUED A
MEMORANDUM ON SEPTEMBER SIXTEEN, LAYING BARE THE SCHEME OF
THE U. S. IMPERIALIST AGGRESSORS TO FORCE ILLEGAL DISCUSSION
OF THE +KOREAN QUESTION+ AGAIN ON THE UNI RPT UNITED NATIONS
GENERAL ASSEMBLY AT ITS TWENTYFIFTH SESSION AND THE CRIMES OF
THE U.S. IMPERIALISTS IN USING THE UNITED NATIONS AS THEIR
TOOL OF AGGRESSION IN THE PAST TWENTYFOUR YEARS.

THE MEMORANDUM READS:

MEMORANDUM OF

THE GOVERNMENT OF THE DEMOCRATIC

PEOPLES REPUBLIC OF KOREA

WITH THE TWENTYFIFTH SESSION OF THE UNITED NATIONS
GENERAL ASSEMBLY APPROACHING, THE SOCIALIST COUNTRIES AND

수신시간:

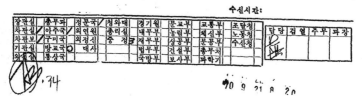

장관실	총무과	정문국	청와대	경기원	문교부	교통부	조달청		담당	심열	주무	과장
차관실	아주국	외원원	총리실	내무부	농림부	체시부	노동청					
차관보	구미국	의정신	중 정B	재무부	상공부	문공부	수산청					
기판실	방교국 ○	대사		법무부	건설부	총무처						
의정실	통상국			국방부	보사부	과학기						

'70 9 21 8 20

(#2#)

THE NEW-BORN INDEPENDENT STATES IN ASIA AND AFRICA
PROPOSED THAT THE FORTHCOMING SESSION OF THE UNITED NATIONS
GENERAL ASSEMBLY DISCUSS THE QUESTION OF THE + WITHDRAWAL
OF THE U.S. ARMY AND ALL OTHER FOREIGN TROOPS OCCUPYING
SOUTH KOREA UNDER THE U.N. FLAG+ AND THE QUESTION OF THE
+ DISSOLUTION OF THE UNITED NATIONS COMMISSION FOR THE
UNIFICATION AND REHABILITATION OF KOREA,+ A U.S.
IMPERIALIST TOOL OF AGGRESSION.

THE GOVERNMENT OF THE DEMOCRATIC PEOPLES REPUBLIC
OF KOREA ISSUED A STATEMENT ON AUGUST TWENTYNINE,
NINETEEN SEVENTY, FULLY SUPPORTING THIS PROPOSAL MADE
BY THE SOCIALIST COUNTRIES AND THE PEACE-LOVING
COUNTRIES OF ASIA AND AFRICA.

TODAY WHEN THE U.S IMPERIALISTS, ABUSING THE VERY
SIGNBOARD OF THE UNITED NATIONS, OCCUPY SOUTH KOREA AND
ARE INTENSIFYING THE MACHINATIONS OF AGGRESSION AND NEW
WAR PROVOCATION WITH EVER INCREASING FRENZY, IT IS QUITE
NATURAL THAT MORE AND MORE COUNTRIES SHOULD DEMAND THE
ABROGATION OF ALL THE ILLEGAL +RESOLUTIONS+ ON THE + KOREAN
QUESTION+ COOKED UP SO FAR IN THE UNITED NATIONS UNDER THE
COERCION OF U;S IMPERIALISM, THE WITHDRAWAL OF THE U.S
IMPERIALIST AGGRESSOR ARMY FROM SOUTH KOREA AND THE
DISSOLUTION OF THE + UNITED NATIONS COMMISSION FOR THE
UNIFICATION AND REHABILITATION OF KOREA+,

IT IS A COMPLETE VIOLATION OF THE U.N CHARTER THAT
THE U.S IMPERIALISTS HAVE RIGGED UP THE SOCALLED +U.N
FORCES+ AND THE + UNITED NATIONS COMMISSION FOR THE
UNIFICATION AND REHABILITATION OF KOREA+ TO COVER
UP THEIR MANOEUVRES OF AGGRESSION AND WAR AGAINST THE
KOREAN PEOPLE.

THE GOVERNMENT OF THE DEMOCRATIC PEOPLES REPUBLIC
OF KOREA, CONSIDERING IT NECESSARY TO DISCLOSE ONCE
AGAIN BEFORE THE WHOLE WORLD THE ILLEGAL NATURE OF THE
OCCUPATION OF SOUTH KOREA BY THE U.S IMPERIALIST AGGRESSOR

ARMY CARRYING THE SIGNBOARD OF THE +U.N FORCES+ AND THE
+ UNITED NATIONS COMMISSION FOR THE UNIFICATION AND
REHABILITATION OF KOREA,+ ISSUES THIS MEMORANDUM.

ONE

THE UNITED NATIONS WAS FOUNDED FOR THE PURPOSE OF
+ MAINTAINING WORLD PEACE AND SECURITY+.

SINCE FOUNDING OF THE UNITED NATIONS THE U.S
IMPERIALISTS HAVE CONSISTENTLY USED IT AS THEIR TOOL OF
AGGRESSION, TRAMPLING UNDERFOOT ITS CHARTER.

FROM THE TIME OF THE SECOND SESSION OF THE UNITED
NATIONS GENERAL ASSEMBLY IN NINETEEN FORTYSEVEN THE U.S
IMPERIALISTS ILLEGALLY PLACED THE + KOREAN QUESTION+ BEFORE
THE UNITED NATIONS AND TRUMPED UP NUMEROUS +RESOLUTIONS+
TO VEIL THEIR AGGRESSIVE ACTS. WITH THIS AS A SHIELD
THE U;S IMPERIALISTS HAVE UP TO THIS DATE HAMPERED THE
UNIFICATION OF KOREA AND DEEPENED THE DIVISION AND
COMMITTED AT WILL MANOEUVRES OF AGGRESSION AND WAR
AGAINST THE KOREAN PEOPLE.

SO THE U.S IMPERIALISTS HAVE ALL ALONG SERIOUSLY
UNDERMINED THE AUTHORITY AND PRESTIGE OF THE UNITED NATIONS.

FIRST OF ALL, THE U.S IMPERIALISTS REDUCED THE
UNITED NATIONS TO A BELLIGERANT PARTY IN THE KOREAN WAR.
STILL TODAY THE U.S IMPERIALISTS UNDER THE U.N FLAG
ARE FEVERISHLY INTENSIFYING THE MANOEUVRES FOR THE
PROVOCATION OF A NEW WAR AGAINST THE DEMOCRATIC
PEOPLES REPUBLIC OF KOREA, EXTREMELY KEYING UP THE
TENSION IN KOREA AND GRAVELY MENACING PEACE IN ASIA AS A
WHOLE. NO FURTHER EXPLANATION IS NEEDED TO PROVE
THAT THESE FACTS RUN DIAMETRICALLY COUNTER TO THE
PRINCIPLES AND PURPOSES OF THE UNITED NATIONS.

ORIGINALLY THE UNITED NATIONS SHOULD NOT HAVE INTERFERED-
IN THE KOREAN QUESTION.

36　　ARTICLE ONE HUNDRED SEVEN OF THE U.N.

CHARTER STIPULATES THAT QUESTIONS FOR POSTWAR SETTLEMENT
TAKEN AS A RESULT OF WORLD WAR TWO MUST NOT RPT NOT BE
MADE AN OBJECT OF DISCUSSION IN THE UNITED NATIONS. IN
TOTAL DISREGARD OF THIS STIPULATION, THE U.S
IMPERIALISTS UNREASONABLY BROUGHT THE KOREAN QUESTION TO
THE UNITED NATIONS FOR DISCUSSION.

AND PARAGRAPH SEVEN, ARTICLE TWO OF THE U.N CHARTER
UNEQUIVOCALLY STIPULATES THAT + NOTHING... SHALL AUTHORIZE
THE UNITED NATIONS TO INTERVENE IN MATTERS WHICH ARE
ESSENTIALLY WITHIN THE DOMESTIC JURISDICTION OF ANY STATE.+
CRUDELY VIOLATING THIS STIPULATION, THE U.S IMPERIALISTS
ILLEGALLY BROUGHT THE QUESTION ENTIRELY BELONGING TO THE
INTERNAL AFFAIRS OF THE KOREAN PEOPLE TO THE UNITED
NATIONS AND FORCED IT TO DISCUSS THE QUESTION.

THE U.S IMPERIALISTS FORCIBLE PLACING OF THE
+ KOREAN QUESTION+ BEFORE THE UNITED NATIONS WAS IN ITSELF
A VIOLATION OF THE U.N CHARTER AND ALL THE + RESOLUTIONS+
CONCOCTED BY THEM ENTIRELY CONTRAVENED, WITHOUT EXCEPTION,
THE PRINCIPLES OF THE UNITED NATIONS.

FROM THE OUTSET WHEN THE U.S IMPERIALISTS FORCED
THE DISCUSSION OF THE + KOREAN QUESTION+ AT THE SECOND
SESSION OF THE U.N GENERAL ASSEMBLY, THEY ARBITRARILY
RAILROADED BY FORCE, NOT RPT NOT INVITING THE REPRESENTATIVE
OF THE KOREAN PEOPLE TO PARTICIPATE IN IT , A +RESOLUTION+
ON DISPATCHING A +U.N TEMPORARY COMMISSION ON KOREA+
TO KOREA AND HOLDING +ELECTIONS UNDER THE SUPERVISION
OF THE UNITED NATIONS+.

WHEN THIS CRIMINAL ACT ENCOUNTERED WITH THE
UNANIMOUS OPPOSITION OF THE ENTIRE KOREAN PEOPLE, THE
U.S IMPERIALISTS HURRIEDLY CALLED THE + U. N INTERIM
COMMITTEE+ AND FABRICATED A + DECISION+ ON HOLDING

계

+SEPARATE ELECTIONS+ ONLY IN SOUTH KOREA UNDER THE
OCCUPATION OF THEIR AGGRESSOR TROOPS TO ESTABLISH
SEPARATE + GOVERNMENT+ AND SOLIDIFY THE TEMPORARY SPLIT
OF KOREA. IT HAS ALREADY BEEN PROVED HISTORICALLY AND
COMPLETELY THAT THE + U.N INTERIM COMMITTEE+ ITSELF WAS
AN ILLEGAL ORGAN RIGGED UP BY THE U.S IMPERIALISTS IN
COMPLETE VIOLATION OF THE U.N CHARTER AND IT HAD NO RPT
NO COMPETENCE WHATSOEVER FROM THE BEGINNING TO ADOPT SUCH
A + DECISION+

　　THE U.S IMPERIALISTS, USING THIS
ILLEGAL + DECISION+ OF THE + U.N INTERIM COMMITTEE+ AS
A PRETEXT, CONDUCTED THE SOCALLED + UN-SUPERVISED ELECTIONS+
IN SOUTH KOREA IN MAY NINETEEN FORTYEIGHT. THEY WERE
NOT RPT NOT ELECTIONS BUT A DECEPTIVE FARCE DRESSED
UP AS + ELECTION+ UNDER THE BRUTAL SUPPRESSION AT THE POINT
OF BAYONETS OF THE US IMPERIALISTS. THROUGH THIS MURDEROUS
MASQUERADE THE US IMPERIALISTS RIGGED UP THE
SEPARATE PUPPET REGIME OF SYNGMAN RHEE AND TRUMPED UP
A UN + RESOLUTION+ +RECOGNISING+ THIS PUPPET REGIME AS
THE + SOLELY LEGITIMATE GOVERNMENT+.

　　ORIGINALLY, THE UNITED NATIONS IS NOT RPT NOT AN
ORGANIZATION EXAMINING WHETHER A CERTAIN + REGIME+
IS LEGITIMATE OR NOT RPT NOT OR+ RECOGNISING+ IT AND THE
SHAMEFUL, DECEPTIVE NATURE OF THE + RESOLUTION+ FABRICATED
BY THE US IMPERIALISTS WAS MORE FULLY EXPOSED TO THE
WHOLE WORLD WHEN THE SYNGMAN RHEE PUPPET REGIME, THE
SOCALLED + SOLELY LEGITIMATE GOVERNMENT+ AND
+ REPRESENTATIVE GOVERNMENT+ + RECOGNISED + BY THE UNITED
NATIONS WAS OVERTHROWN BY THE HEROIC UPRISING OF THE SOUTH
KOREAN PEOPLE.

　　WITH NOTHING CAN THE US IMPERIALISTS COVER UP THIS STARK

HISTORICAL FACT.

THE VICIOUS MOVES THE US IMPERIALISTS PERPETRATED
TO USE THE UNITED NATIONS AS THEIR TOOL OF AGGRESSIVE
WAR AFTER UNLEASHING AN AGGRESSIVE WAR AGAINST THE
DEMOCRATIC PEOPLES REPUBLIC OF KOREA IN JUNE, NINETEEN FITY,
WERE A MORE FLAGRANT VIOLATION OF THE UN CHARTER AND ITS
PURPOSES.

NO SOONER HAD THE US IMPERIALISTS PROVOKED THE AGGRESSIVE
WAR AGAINST THE KOREAN PEOPLE THAN THEY CALLED THE UN SECURITY
COUNCIL MEETING AS THEY PLANNED BEFOREHAND AND, COMPLETELY
REVERSING BLACK AND
WHITE, BRANDED THE DEMOCRATIC PEOPLES REPUBLIC OF KOREA
AS AN + AGGRESSOR+ AND COOKED UP A PREPOSTEROUS
+ RESOLUTION+ DESCRIBING THEIR ARMED INVASION AS A +UN POLICE
ACTION+.

THIS +RESOLUTION+ CONCOCTED BY THE US
IMPERIALISTS, HOWEVER, WAS AN ENTIRELY ILLEGAL ONE
COMPLETELY TRAMPLING UNDERFOOT ALL THE PERTINENT PROVISIONS:
ELEMENTARY STIPULATION ON PROCEDURE LAID DOWN IN THE
UN CHARTER AND DEVOID OF ALL REQUISITES NECESSARY
FOR THE DISCUSSION AND ADOPTION OF A RESOLUTION AT THE
UN SECURITY COUNCIL.

IT WAS ARBITRARILY MANUFACTURED MERELY ON THE BASIS
OF A TELEGRAM WHICH THE SOCALLED + UNITED NATIONS COMMISSION
ON KOREA,+ AN AGGRESSIVE TOOL OF US IMPERIALISM, SENT
FROM SEOUL AFTER COOKING IT UP AT THE DICTATES OF US
IMPERIALISM, WITHOUT CONFIRMED MATERIALS OR INVESTIGATION
WHATSOEVER ON THE OUTBREAK OF THE WAR ON THE THIRTYEIGHTH
PARALLEL. IT WAS FABRICATED IN THE ABSENCE
OF A REPRESENTIATIVE OF THE DEMOCRATIC PEOPLES REPUBLIC

79

-7-

OF KOREA. MOREOVER, IT WAS MANUFACTURED IN TOTAL VIOLATION

EVEN OF THE PRINCIPLE OF UNANIMITY OF THE FIVE PERMANENT

MEMBERS OF THE SECURITY COUNCIL, THE ABSOLUTE CONDITION

FOR THE ADOPTION OF A RESOLUTION AT THE UN SECURITY

COUNCIL. THUS, THE RELEVANT IMPORTANT ARTICLES OF

CHAPTER FIVE, SIX AND SEVEN OF THE UN CHARTER

WERE ALL UNDERMINED AND VIOLATED.

THE US IMPERIALISTS CLAMOURED THAT THEY STARTED THE

ARMED INTERVENTION IN KOREA ON THE BASIS OF THE

+ RESOLUTION+ OF THE UN SECURITY COUNCIL, BUT IN FACT,

EARLIER THAN IT, THEY HAD ALREADY BEEN COMMITTING LARGE-

SCALE ARMED INVASION. THIS ALSO VIVIDLY REVEALED THE

ILLEGAL NATURE OF THE + RESOLUTION+ THEY FABLICATED.

(SEE THE MEMORANDUM OF THE GOVERNMENT OF THE DEMOCRATIC

PEOPLES REPUBLIC OF KOREA DATED JUNE TWENTYTWO, NINETEEN

SEVENTY, AS TO DETAILS OF THE CRIMINAL ACTS OF THE US

40

IMPERIALISTS IN STARTING THE LARGE-SCALE ARMED AGGRESSION

IN KOREA AND ABUSING THE UN FLAG TO VEIL THE REAL

NATURE OF THIS AGGRESSIVE ACTION).

ALL THE FACTS CLEARLY PROVE THAT THE + UN FORCES+

OCCUPYING SOUTH KOREA IS A BOGUS NAME AND IT IS NONE OTHER

THAN THE US IMPERIALIST AGGRESSION ARMY WHICH HAS

NOTHING TO DO WITH THE PRINCIPLE OF THE UN CHARTER

AND ITS MISSION.

THAT THE SOCALLED + UN FORCES+ IS NOTHING BUT A

SPECIOUS SIGNBOARD FOR THE US IMPERIALIST AGGRESSION

ARMY OCCUPYING SOUTH KOREA WAS CLEARLY BONE OUT BY

THE FACT THAT SINCE THE FORMATION OF THE

+UN FORCES+ THE UNITED NATIONS HAS NEVER ACCEPTED

A REPORT ON THE OPERATION OF THIS ARMY, DISCUSSED IT

AND IT HAS NO RPT NO CONTROL WHATSOEVER OVER THIS ARMY.

THE APPOINTMENT AND THE DISBURSEMENT OF THE

41

EXPENSES FOR THE MAINTENANCE OF THE + UN FORCES+ ARE
ENTIRELY DECIDED UPON BY THE US IMPERIALISTS
WITHOUT ANY CONSULTATION WITH THE UNITED NATIONS.

IT IS BY NO RPT NO MEANS FORTUITOUS THAT MACARTHUR
WHO WENT UNDER THE NAME OF THE SOCALLED + UN COMMANDER+
DURING THE KOREAN WAR SAID THAT + MY RELATIONSHIP WITH THE
UNITED NATIONS WAS ONLY QUITE NOMINAL ... IN SHORT, I HAD
NOTHING TO DO WITH THE UN IN WHATEVER FORM+
(FROM MACARTHURS TESTIMONY AT THE US SENATE IN NINETEEN
FIFTYONE).

THAT THE US IMPERIALIST AGGRESSORS ACTING UNDER
THE CLOAK OF THE + UN FORCES+ USE THE UN FLAG AS
A CHEAP TOOL FOR COVERING UP THEIR AGGRESSIVE ACTS QUITE
CONTRARY TO THE AIM OF THE UN, IS FULLY SUBSTANTIATED
BY THE FACT THAT WHEN THEY DROVE THE SOUTH KOREAN PUPPET
TROOPS TO THE BATTLEFIELDS OF THE AGGRESSIVE WAR IN SOUTH VIET

42

NAM THEY DARED TO MAKE THE LATTER CARRY THE UN FLAG IN

THEIR VAN.

STILL TODAY THE US IMPERIALISTS ARE DESPERATELY

TRYING TO LEGALIZE THEIR OCCUPATION OF SOUTH KOREA ON THE

PRETEXT OF THE UN + RESOLUTIONS+ ON THE + KOREAN QUESTION+

THEY HAVE FABRICATED ARBITRARILY IN VIOLATION OF THE UN

CHARTER. BUT, THE FACT ITSELF THAT THE US IMPERIALIST

AGGRESSORS ARE STAYING IN SOUTH KOREA, WAVING THE

UN FLAG UNTIL NOW WHEN SEVENTEEN YEARS HAVE PASSED

SINCE THE REALISATION OF THE ARMISTICE IN KOREA, IS RIDICULOUS

AND IT IS NOTHING BUT AN ACT OF FURTHER DEFAMING THE

AUTHORITY AND PRESTIGE OF THE UN

THE POLICY OF MILITARY FASCIST DICTATORSHIP

PURSUED BY THE US IMPERIALISTS TODAY IN SOUTH KOREA

IS A MODEL OF THE HEINOUS FASCIST RULE OF THE

IMPERIALISTS OVER COLONIES. THE US ● IMPERIALISTS,

SEIZING ALL THE RIGHTS OF CONTROL OVER SOUTH KOREA

4)

AND SUBJECTING THE SOUTH KOREAN PEOPLE TO RACIAL
DISCRIMINATION AND NATIONAL HUMILIATION, HAVE DEPRIVED
THEM EVEN OF THE ELEMENTARY DEMOCRATIC RIGHTS AND
FREEDOMS, HARSHLY SUPPRESSED EVEN THE SLIGHTEST
EXPRESSION OF THE ASPIRATION OF THE SOUTH KOREAN
PEOPLE FOR THE PEACEFUL UNIFICATION OF THE FATHERLAND
AND IMPOSED ALL SORTS OF MISFORTUNES AND SUFFERINGS
UPON THE SOUTH KOREAN PEOPLE.

HISTORICAL FACTS FORCEFULLY POINT TO THE FACT THAT
PRECISELY THE OCCUPATION OF SOUTH KOREA BY US
IMPERIALISM UNDER THE UN FLAG AND ITS POLICY OF
AGGRESSION AGAINST THE KOREAN PEOPLE ARE THE MAIN
OBSTACLE TO THE PEACEFUL UNIFICATION OF KOREA, THE
ROOT CAUSE OF ALL THE MISFORTUNES AND SUFFERINGS OF THE
KOREAN NATION AND THE PERMENENT SOURCE CONSTANTLY
CREATING TENSION AND DANGER OF A NEW WAR IN KOREA.

IN THE LIGHT OF THE PRINCIPLES OF ITS CHARTER AND IN
VIEW OF THE USURPATION OF ITS FLAG IN THE AGGRESSION
OF US IMPERIALISM AGAINST KOREA, THE UNITED NATIONS
MUST REPEAL ALL THE ILLEGAL + RESOLUTIONS+ ON THE + KOREAN
QUESTION+ FORCED UPON THE UN SO FAR BY US IMPERIALISM AND
TAKE A STEP FOR THE WITHDRAWAL OF THE US IMPERIALIST AGGRESSOR
TROOPS FROM SOUTH KOREA.

TWO
ONE OF THE MAIN SHIELDS THE US IMPERIALISTS
ARE RELYING ON IN USING THE UNITED NATIONS AS A TOOL OF
AGGRESSION AGAINST KOREA IS NONE OTHER THAN THE + UN
COMMISSION FOR THE UNIFICATION AND REHABILITATION OF KOREA+.

SINCE ITS FABRICATION THE + UN COMMISSION FOR THE
UNIFICATION AND REHABILITATION OF KOREA+ HAS COMMITTED
ALL SORTS OF SHAMEFULL ACTS--- FRAUDULENCE AND
CONCOCTION, DECEPTION AND SWINDLE-- FOR THE PURPOSE

44

OF VEILING AND EMBELLISHING THE CRIMINAL MANOEUVRES
OF THE US IMPERIALISTS AND THE SOUTH KOREAN PUPPET
CLIQUE, THEIR STOOGES, WHAT A DESPICABLE FRAUDULENCE AND
SWINDLE THE + UN COMMISSION FOR THE UNIFICATION AND
REHABILITATION OF KOREA+ HAS BBEN ENGAGED IN, VILATING
THE PRINCIPLES OF THE UNITED NATIONS AND SOILING ITS
NAME AS A FAITHFUL SERVANT OF US IMPERIALISM IS
DISCLOSED IN ALL NAKEDNESS WHEN THE RECORDS OF THE
NUMEROUS + ANNUAL REPORTS+ IT SUBMITTED TO THE UNITED
NATIONS UP TO THIS DATE ARE COMPARED WITH HISTORICAL
FACTS.

FOR INSTANCE, THE + UN COMMISSION FOR THE
UNIFICATION AND REHABILITATION OF KOREA,+ IN ITS + ANNUAL
REPORTS,+ HAD ALL ALONG PRAISED THE SYNGMAN RHEE PUPPET
REGIME US IMPERIALISM RIGGED UP THROUGH SUPPRESSION WITH
BAYONETS AS A + VERY EXEMPLARY REPRESENTATIVE GOVERNMENT.+
BUT THE WHOLE WORLD KNOWS WHAT A MISERABLE END THIS
PUPPET REGIME MET.

WHAT DOES IT SHOWS THAT THE SYNGMAN RHEE
PUPPET REGIME, THE SOCALLED + REPRESENTATIVE GOVERNMENT,+
WAS OVERTHROWN BY THE ERUPTION OF THE PENT— UP WRATH OF
THE SOUTH KOREAN PEOPLE? IT PLAINLY PROVES THAT ALL
THAT WAS ADVERTISED BY THE + UN COMMISSION FOR THE
UNIFICATION AND REHABILITATION OF KOREA+ IN ITS + ANNUAL
REPORTS+ WAS A SHEER LIE.

THE + UN COMMISSION FOR THE UNIFICATION AND
REHABILITATION OF KOREA+ IS SHAMELESS ENOUGH TO PERSIST
IN ITS FRAUDULENCE AND SWINDLE, NOT RPT NOT WITHDRAWING,
THOUGH ITS DISGRACEFUL NATURE WAS FULLY LAID BARE.

WHEN US IMPERIALISM RIGGED UP THE CHANG MYONG PUPPET
REGIME IN THE SAME WAY AS IT TRUMPED UP THE SYNGMAN RHEE
PUPPET REGIME, THIS BAND OF SWINDLERS AGAIN LOUDLY
SHOUTED THAT PRECISELY THIS + REGIME+ WAS A + REPRESENTATIVE

45

GOVERNMENT+ WHICH WAS SET UP THROUGH + VERY SATISFACTORY,
FREE AND FAIR ELECTIONS+.

BUT, FINDING EVEN THIS NEW PUPPET REGIME
INCAPABLE OF PUTTING DOWN THE REVOLUTIONARY STRUGGLE OF THE
SOUTH KOREAN PEOPLE WHICH WAS MOUNTING DAY BY DAY, THE
US IMPERIALISTS WERE NOT RPT NOT LONG IN REPLACING IT
WITH THE REGIME OF NAKED MILITARY FASCIST DICTATORSHIP
OF THE PAK JUNG HI PUPPET CLIQUE. THE + UNITED NATIONS
COMMISSION FOR THE UNIFICATION AND REHABILITATION OF
KOREA+ LAUDED NOW THE MILITARY FASCIST REGIME AS ONE FOR
THE + DEVELOPMENT OF GENUINE DEMOCRACY+ IN CONFORMITY WITH
THE AIM OF THE UNITED NATIONS, WHEN THE LATTER ELBOWED
ASIDE THE PUPPET REGIME WHICH IT HAD NEVER WEARIED OF
PRAISING IN CHORUS. THIS VIVIDLY SHOWS TO WHAT EXTEOT
THESE IMPOSTORS BRIBED BY DOLLARS HAVE GONE IN THEIR
BRAZENNESS.

IT WAS IN SUCH A MANNER THAT THE + UNITED NATIONS
COMMISSION FOR THE UNIFICATION AND REHABILITATION OF
KOREA+ DESCRIBED ALL THE UNFAIR AND FRAUDULENT ELECTIONS
RIGGED UP BY THE US IMPERIALIST AGGRESSORS AT THE POINT
OF THE BAYONET IN SOUTH KOREA AS + FREE AND FAIR ELECTIONS+
AND PAINTED WHATEVER INSIDIOUS AGGRESSIVE SCHEMES FRAMED
BY THE US IMPERIALISTS, ITS MASTER, AS SUITED TO THE
PURPOSE OF THE UNITED NATIONS. IT DESCRIBES THE US
IMPERIALISTS MANOEUVRES FOR AGGRESSION AND WAR AGAINST
THE DEMOCRATIC PEOPLES REPUBLIC OF KOREA AS FOR
+ DEFENCE+ AND THE US IMPERIALISTS COLONIAL RULE IN
SOUTH KOREA AS + PROTECTION+ AND + AID.+ FEIGNING IGNORANCE
EVEN OF SEVERAL LETTERS OF   FPR OF APOLOGY SUBMITTED TIME AND
AGAIN BY THE UNITED STATES GOVERNMENT TO THE GOVERNMENT
OF THE DEMOCRATIC PEOPLES REPUBLIC OF KOREA FOR ITS
MILITARY PROVOCATIONS AND MANOEUVRES FO AGGRESSION, THE

46

+ UNITED NATIONS COMMISSION FOR THE UNIFICATION AND
REHABILITATION OF KOREA+ IS ONLY RAISING A HUE AND CRY
OVER NON- EXISTENT + THREAT OF AGGRESSION FROM THE NORTH.+
IT ARGUES THAT THE SOUTH KOREAN ECONOMY + GROWS+ AND
+PROSPERS+ WHEN THE NATIONAL ECONOMY IS GOING BANKRUPT AND
THE PEOPLE ARE LANGUISHING IN HUNGER AND POVERTY IN SOUTH
KOREA.

THE US IMPERIALISTS HAVE FORCED UPON THE UNITED
NATIONS EVERY YEAR THE DISCUSSION OF THE + KOREAN QUESTION+
ON THE BASIS OF THE +REPORTS+ OF THE + UNITED NATIONS
COMMISSION FOR THE UNIFICATION AND REHABILITATION OF
KOREA+ FULL OF LIES AND HUMBUG AS SEEN IN THE ABOVE:,
THUS OBSTRUCTING THE SOLUTION OF THE QUESTION OF
KOREAS UNIFICATION AND IMPAIRING THE AUTHORITY AND
PRESTIGE OF THE UNITED NATIONS FOR THE LONG PERIOD OF
MORE THAN TWO DECADES.

THIS YEAR AGAIN, THE + UNITED NATIONS COMMISSION
FOR THE UNIFICATION AND REHABILITATION OF KOREA+
PRESENTED WHAT IT CALLS + REPORT+ TO THE UNITED NATIONS.
IT IS, EVERY INCH, A DECEPTIVE, FALSE DOCUMENT PARROTING
WORD BY WORD, AS USUAL, A HUNDRED AND ONE LIES AND
FABRICATIONS, SLANDERS AND CALUMNIES INVENTED BY THE
US IMPERIALISTS AND THE SOUTH KOREAN PUPPET CLIQUE
FOR CAMOUFLAGING THEIR NEW WAR PROVOCATION MANOEUVRES
AGAINST THE DEMOCRATIC PEOPLES REPUBLIC OF KOREA.

THE UNITED NATIONS MUST GIVE UP THE DISCUSSION OF THE
SOCALLED + KOREA QUESTION+ BASED ON THIS FALSE REPORT FULL
OF SWINDLE AND AFFRONT TO THE UNITED NATIONS ITSELF.

UNWILLING TO BE INVOLVED ANY MORE IN THE FOUL MISSION
OF THE + UNITED NATIONS COMMISSION FOR THE UNIFICATION AND
REHABILITATION OF KOREA+ EVIDENCED BY HISTORY, THE
GOVERNMENT OF PAKISTAN DECLARED THAT IT WAS BREAKING AWAY
FROM ALL THE AFFAIRS OF THE + COMMISSION+ AND HAS
REMAINED TRUE TO THESE WORDS FOR ALREADY SEVERAL

41

YEARS NOW.

THE GOVERNMENT OF THE DEMOCRATIC PEOPLES REPUBLIC
OF KOREA SUPPORTS THIS STEP TAKEN BY THE GOVERNMENT OF
PAKISTAN.

THE CHILEAN GOVERNMENT, TOO, ONCE EXPRESSED ITS
INTENTION NOT RPT NOT TO PARTICIPATE ANY MORE IN THE
DISGRACEFUL WORK OF THE + UNITED NATIONS COMMISSION FOR
THE UNIFICATION AND REHABILITATION OF KOREA+.

THE UNITED NATIONS SHOULD AND MUST DISBAND
AT THE EARLIEST DATE THE + UNITED NATIONS COMMISSION FOR
THE UNIFICATION AND REHABILITATION OF KOREA+ FABRICATED
BY THE US IMPERIALISTS TOTALLY IN CONTRAVENTION OF
ITS CHARTER.

THE + UNITED NATIONS COMMISSION FOR THE UNIFICATION
AND REHABILITATION OF KOREA+ WHICH HAS EARNED FOR
ITSELF A FULL SHARE OF EVIL NOTORIETY IS DESTINED TO FALL
TO PIECES, AND NO RPT NO FORCE ON EARTH CAN CHECK THE
PROCESS OF ITS COLLAPSE.

THE WITHDRAWAL OF THE US IMPERIALIST AGGRESSOR
ARMY OCCUPYING SOUTH KOREA UNDER THE UN FLAG AND THE
DISSOLUTION OF THE + UN COMMISSION FOR THE
UNIFICATION AND REHABILITATION OF KOREA,+ A US
IMPERIALIST TOOL OF AGGRESSION, ARE THE PREREQUISITE FOR
CONVERTING THE ARMISTICE IN KOREA INTO A DURABLE PEACE
AND ENSURING A PEACEFUL SOLUTION TO THE QUESTION OF
KOREAN UNIFICATION.

IN FACT, THERE IS NO RPT NO GROUND OR REASON
WHATSOEVER FOR THE US IMPERIALISTS TO STAY ON IN SOUTH KOREA.

TO BEGIN WITH, THE OCCUPATION OF SOUTH KOREA AND ITS
CONVERSION INTO A COLONY AND MILITARY BASE BY THE US

48

IMPERIALISTS ARE ENTIRELY ILLEGAL.

ALL FOREIGN TROOPS HAVE TO COMPLETELY WITHDRAW FROM KOREA AFTER THE ARMISTICE EVEN UNDER THE KOREAN ARMISTICE AGREEMENT SIGNED BY THE US IMPERIALISTS UNDER THE NAME OF THE UNITED NATIONS. THE CHINESE PEOPLES VOLUNTEERS HAD COMPLETELY WITHDRAWN ON THEIR OWN INITIATIVE FROM THE NORTHERN HALF OF THE REPUBLIC LONG AGO AND TODAY THERE ARE NO RPT NO FOREIGN TROOPS IN THE NORTHERN HALF. BUT THE US IMPERIALISTS ARE KEEPING OVER SIXTY THOUSAND AGGRESSOR TROOPS IN SOUTH KOREA, NOT RPT NOT WITHDRAWING FROM IT, AND REINFORCING MORE AND MORE NEW AGGRESSIVE ARMED FORCES AND CEASELESSLY STEPPING UP MILITARY PROVOCATIONS AGAINST THE KOREAN PEOPLE.

THE US IMPERIALISTS ARE CLAMOURING ABOUT THE SOCALLED + THREAT OF AGGRESSION FROM THE NORTH+ TO JUSTIFY THEIR OCCUPATION OF SOUTH KOREA.

BUT THERE IS AND CAN BE NO RPT NO + COMMUNIST THREAT FROM THE NORTH+ FROM THE BEGINNING. THE GOVERNMENT OF THE DEMOCRATIC PEOPLES REPUBLIC OF KOREA CLARIFIED TIME AND AGAIN THAT IT HAS NO RPT NO INTENTION TO MARCH SOUTH AND HAS NO RPT NO INTENTION TO SOLVE BY FORCE OF ARMS THE QUESTION OF KOREAN UNIFICATION.

THE GOVERNMENT OF THE DEMOCRATIC PEOPLES REPUBLIC OF KOREA HAS CONSISTENTLY PUT FORTH MOST FAIR AND ABOVEBOARD AND REALISTIC PROPOSALS ACCEPTABLE TO ANYONE FOR THE PEACEFUL UNIFICATION OF KOREA AND HAS MADE ALL SINCERE EFFORTS FOR THEIR REALIZATION.

THESE PROPOSALS, HOWEVER, HAVE NOT RPT NOT BEEN REALIZED. THIS IS ENI RPT IS ENTIRELY DUE TO THE DESPERATE, OBSTRUCTIVE MACHINATIONS OF THE US IMPERIALISTS AND THEIR STOOGES, THE SOUTH KOREAN PUPPET CLIQUE.

TODAY THE UNBIASED PUBLIC OPINION OF THE WHOLE WORLD DENOUNCES IN UNISON THE US IMPERIALIST AGGRESSOR ARMYS

4P

OCCUPATION OF SOUTH KOREA AND MORE ACTIVELY SUPPORTS
AS THE DAYS GO BY THE JUST STAND AND STRUVXGLE OG THE
GOVECYNMENT AND PEOPLE OF THE DEMOCRATIC PEOPLES REPUBLIC
OF KOREA FOR THE INDEPENDENT, PEACEFUL UNIFICATION OF THE
FATHERLAND.

THIS IS CLEARLY SHOWN BY THE FACT THAT PEOPLES OF
MORE AND MORE COUNTRIES OF THE WORLD ORGANIZED VARIOUS
FORMS OF STRUGGLE AND EVENTS SUCH AS MASS RALIES AND
DEMONSTRATIONS ON AN EXTENSIVE SCALE AS NEVER BEFORE,
SHARPLY EXPOSING AND DENOUNCING THE US IMPERIALISTS
MANOEUVRES OF AGGRESSION AND NEW WAR PROVOCATION
AND SUPPORTING THE KOREAN PEOPLE DURING THE + MONTH OF
ANTI - US JOINT STRUGGLE FOR THE WITHDRAWAL OF
THE US IMPERIALIST AGGRESSION ARMY FROM SOUTH KOREA+
ALONE, WHICH WAS OBSERVED BETWEEN JUNE AND JULY.

THE US IMPERIALISTS WHO ARE ISOLATED MORE AND MORE
FROM THE POPLE OF THE WHOLE WORLD AND FIND THEMSELVES IN
A PREDICAMENT RECENTLY KICKED UP THE DIN ABOUT THE
SOCALLED + REDUCTION+ OF THE US IMPERIALIST AGGRESSOR ARMY
OCCUPYING SOUTH KOREA AND INSTIGATED THE SOUTH KOREAN PUPPET
CLIQUE TO STAGE THE FARCE OF ASKING THEM NOT RPT NOT
TO WITHDRAW THE US IMPERIALIST AGGRESSOR ARMY FROM
SOUTH KOREA, AS A LING IN THEIR CRAFTY SCHEME TO VEIL THEIR
CRIMINAL NATURE.

ALONG WITH THIS, THEY LET THE PAK JUNG HI PUPPET
CLIQUE LOUDLY TALK ABOUT A SOCALLED + PLAN FOR PEACEFUL
UNIFICATION+.

THROUGH THESE RACKETS US IMPERIALISM TRIES TO COVER
UP THE CRIMINAL NATURE OF ITS ACT IN DOGGEDLY HAMPERING
THE PEACEFUL UNIFICATION OF KOREA AND RUNNING
WILD IN THE MANOEUVRES OF AGGRESSION AND NEW WAR
PROVOCATION AGAINST THE KOREAN PEOPLE, TONE DOWN THE
OPINION OF THE WORLD PEOPLE, US PEOPLE INCLUDED,

DEMANDING THE WITHDRAWAL OF THE US IMPERIALIST
AGGRESSOR TROOPS FROM SOUTH KOREA AND MAKE IT APPEAR AS
IF THE US IMPERIALIST AGGRESSOR TROOPS CONTINUOUSLY STAY
IN SOUTH KOREA AT THE REQUEST OF THE PAK JUNG HI PUPPET
CLIQUE. BUT, THIS FOOLISH, DECEPTIVE TRICK CAN BEFOOL
NO RPT NO ONE.

THE FACT THAT US IMPERIALISM IS RAISING THESE
RACKETS SHOWS BY ITSELF THAT THE PAK JUN HI CLIQUE
ARE THE VERY FAITHFUL STOOGES AND PUPPETS OF US
IMPERIALISM WHO ARE THOROUGHLY ISOLATED FROM THE SOUTH
KOREAN PEOPLE AND CAN NOT RPT NOT EXIST EVEN FOR
A MOMENT WITHOUT THE SUPPORT OF BYONETS OF US
IMPERIALISM.

AND IT LET THE PAK JUNG HI PUPPET CLIQUE,
THE FEROCIOUS MURDERERS WHO, DECLARING THAT + UNIFICATION
BY PREVAILING COMMUNISM+ IS THE + STATE POLICY,+ HAD
ARRESTED, JAILED AND MURDERED PEOPLE AT RANDOM IN SOUTH
KOREA WHEN THEY MERELY UTTERED THE WORD PEACEFUL
UNIFICATION, PRATTLE ABOUT A + PLAN FOR PEACEFUL
UNIFICATION+ AND THE LIKE. THIS CLEARLY PROVES HOW
TIGHTLY US IMPERIALISM AND THE SOUTH KOREAN PUPPET
REGIME ARE CORNERED.

IN FACT, THE US IMPERIALISTS ARE NOW MORE FRENZIEDLY
SPEEDING UP THEIR MANOEUVRES FOR THE PROVOCATION
OF A NEW WAR BEHIND THE SCREEN OF THESE DECEPTIVE RACKETS,
MASSING AN INCREASING NUMBER OF THEIR
AGGRESSOR ARMED RCES IN SOUTH KOREA, ACCELERATING THE
MODERNIZATION OF THE EQUIPMENT OF THE SOUTH KOREAN
PUPPET ARMY AND SCHEMING TO DIRECTLY BRING THE JAPANESE
AGGRESSOR ARMY INTO SOUTH KOREA.

IT IS ONLY TOO CLEAR TO EVERYONE THAT UNDER
SUCH CONDITIONS THE PEACEFUL UNIFICATION OF KOREA IS
UNTHINKABLE AS LONG AS THESE ARE IN SOUTH KOREA THE
US IMPERIALIST AGGRESSOR ARMY AND THE PRESENT SOUTH KOREAN
PUPPET RULERS WHO RUTHLESSLY SUPPRESS AND MUDER PEOPLE WHO
MERELY UTTER THE WORD PEACEFUL UNIFICATION.

THEREFORE, THE US IMPERIALIST AGGRESSOR ARMY
MUST WITHDRAW FROM SOUTH KOREA FIRST OF ALL FOR THE
PEACEFUL UNIFICATION OF KOREA.

THE GOVERNMENT OF THE DEMOCRATIC PEOPLES REPUBLIC
OF KOREA ALWAYS HOLDS THAT AFTER THE WITHDRAWAL OF THE
US IMPERIALIST AGGRESSOR ARMY FROM SOUTH KOREA A PEACE
AGREEMENT PLEDGING NOT RPT NOT TO INVADE EACH OTHER
SHOULD BE CONCLUDED BETWEEN NORTH AND SOUTH KOREA, THE
ARMED FORCES OF THE NORTH AND SOUTH BE REDUCED MARKEDLY
AND A UNIFIED, CENTRAL GOVERNMENT BE ESTABLISHED BY
HOLDING FREE GENERAL ELECTIONS THROUGHOUT THE NORTH AND
SOUTH ON A DEMOCRATIC BASIS.

WHAT SOCIAL SYSTEM SHOULD BE ESTABLISHED IN OUR
COUNTRY AFTER THE UNIFICATION OF KOREA IS A QUESTION WHICH
MUST BE DECIDED UPON IN ACCORDANCE WITH THE GENERAL
WILL OF THE ENTIRE KOREAN PEOPLE.

THE GOVERNMENT OF THE DEMOCRATIC PEOPLES REPUBLIC
OF KOREA PROPOSES THAT IF THE SOUTH KOREAN QUTHORITIES,
FEARFUL OF THE COMMUNIZATION OF THE WHOLE OF SOUTH KOREA,
STILL CONSIDER IT IMPOSSIBLE TO ACCEPT FREE GENERAL
ELECTIONS THROUGHOUT THE NORTH AND SOUTH, A CONFEDERATIoN
OF NORTH AND SOUTH KOREA BE ESTABLISHED AS A TRANSITIONAL
STEP WHILE RETAINING THE EXISTING DIFFERING SOCIAL SYSTEMS
OF THE NORTH AND SOUTH AS THEY ARE. IT ALSO
PROPOSES THAT TRADE AND ECONOMIC COOPERATION AND MUTUAL
INTERCOURSE AND COOPERATION IN THE FIELDS OF SCIENCE,
CULTURE, ARTS AND SPORTS BE REALIZED BETWEEN THE NORTH

AND SOUTH AND THE EXCHANGE OF CORRESPONDENCE AND MUTUAL
VISITS BE CONDUCTED BETWEEN THE NORTH AND SOUTH AND
PROPOSES TO HOLD NEGOTIATIONS BETWEEN THE NORTH AND SOUTH
WITH THE POLITICAL PARTIES AND PUBLIC ORGANIZATIONS AND
PERSONAGES OF ALL PEOLE CHARACTER TO DISCUSS
THESE PROBLEMS.

THIS PEACEFUL UNIFICATION PROGRAMME OF THE
GOVERNMENT OF THE DEMOCRATIC PEOPLES REPUBLIC OF KOREA
ENJOYS THE UNRESERVED WELCOME AND SUPPORT OF THE
ENTIRE PEOPLE OF NORTH AND SOUTH KOREA AND THE
GOVERNMENTS AND PEOPLES OF ALL THE PEACE- LOVING
COUNTRIES OF THE WORLD.

THE GOVERNMENT OF THE DEMOCRATIC PEOPLES REPUBLIC
OF KOREA ONCE AGAIN STRONGLY HOLDS THAT IF THE UNITED
NATIONS TRULY WANTS TO ACT IN ACCORDANCE WITH THE
PRINCIPLES AND PURPOSES LAID DOWN IN ITS CHARTER, IT
SHOULD DIRECT DEEP ATTENTION TO THE ABOVE- MENTIONED
STARK FACTS, REPEAL ALL THE ILLEGAL + RESOLUTIONS+ ON THE
+ KOREAN QUESTION+ FORCED BY THE US IMPERIALISTS IN
THE PAST AND TAKE MEASURES WITHOUT DELAY FOR THE
WITHDRAWAL OF THE US IMPERIALIST AGGRESSOR ARMY AND
ALL OTHER FOREIGN TROOPS CARRYING THE SIGNBOARD OF THE
+ UN FORCES+ FROM SOUTH KOREA AND THE DISSOLUTION
OF THE + UN COMMISSION FOR THE UNIFICATION
AND REHABILITATION OF KOREA.+ AT THE SAME TIME, IT
RESOLUTELY HOLDS THAT WHEN THE QUESTION ON KOREA IS
DISCUSSED IN THE UN GENERAL ASSEMBLY, THE
REPRESENTATIVE OF THE DEMOCRATIC PEOPLES REPUBLIC
OF KOREA SHOULD BE UNCONDITIONALLY INVITED TO PARTICIPATE
IN IT.

53

THE GOVERNMENT OF THE DEMOCRATIC PEOPLES REPUBLIC
OF KOREA EXPRESSES AGAIN THE CONVICTION THAT ITS FAIR
AND ABOVEBOARD MAINTENANCE AND STAND WILL ENJOY THE
FULL SUPPORT AND SYMPATHY OF THE GOVERNMENTS AND PEOPLES
OF ALL COUNTRIES OF THE WORLD WHO VALUE PEACE AND
DEMOCRACY, NATIONAL INDEPENDENCE AND SOCIAL PROGRESS.

PYONGYANG
SEPTEMBER SIXTEEN, NINETEEN SEVENTY

END ITEM

REMIER KIM IL SUNG RECEIVES TELEGRAMS OF
GREETINGS FROM FOREIGN LEADERS

PYONGYANG SEPTEMBER SEVENTEENTH(KCNA)—
PREMIER KIM IL SUNG RECEIVED TELEGRAMS OF GREETINGS FROM
FOREIGN LEADERS ON THE OCCASION OF THE TWENTYSECOND
ANNIVERSARY OF THE FOUNDING OF THE DEMOCRATIC PEOPLES
REPUBLIC OF KOREA.
THE TELEGRAMS OF GREETINGS READ:

PYONGYANG

HIS EXCELLENCY KIM IL SUNG
PREMIER OF THE CABINET
DEMOCRATIC PEOPLES REPUBLIC OF KOREA

54

ON BEHALF OF THE GOVERNMENT AND PEOPLE OF THE
REPUBLIC OF INDONESIA, I HAVE THE PLEASURE TO EXTEND
TO YOUR EXCELLENCY AND YOUR GOVERNMENT HEARTFELT
CONGRATULATIONS ON THE OCCASION OF THE NATIONAL DAY OF
THE DEMOCRATIC PEOPLES REPUBLIC OF KOREA.

SULTAN HAMANGKUBUWONO
ACTING PRESIDENT
REPUBLIC OF INDONESIA
DJAKARTA
SEPTEMBER SEVEN, NINETEEN SEVENTY

Minister of State for Economic, Financial & Industrial Affairs

Indonesia 의 김홍렬 씨. 에 게 알려주렴

X　　X　　X　　X　　X

PYONGYANG

HIS EXCELLENCY MARSHAL KIM IL SUNG
PREMIER OF THE CABINET
DEMOCRATIC PEOPLES REPUBLIC OF KOREA

ON THE OCCASION OF YOUR NATIONAL DAY, I AM PLEASED
TO EXTEND TO YOUR EXCELLENCY, YOUR PARTY AND PEOPLE IN
MY OWN NAME AND ON BEHALF OF KUWAITS PEOPLE OUR WARMEST
CONGRATULATIONS WITH BEST WISHES FOR YOUR PERSONAL
WELLBEING AND PROSPERITY OF YOUR FRIENDLY PEOPLE.

SABAH AL- SALEM AL- SABAH
AMIR OF THE STATE OF KUWAIT
KUWAIT
SEPTEMBER NINE, NINETEEN SEVENTY
END ITEM

L

55

MEMORANDUM *

OF THE REPUBLIC OF KOREA

ON

THE QUESTION OF KOREA

Agenda Item 98, Twenty-fifth Session of

the United Nations General Assembly

7 October 1970

Ministry of Foreign Affairs

Republic of Korea

---

* This Memorandum was circulated as an official document
of the Twenty-fifth session of the General Assembly of
the United Nations (A/C.1/1007, 12 October 1970).

ll

CONTENTS

/...

12

INTRODUCTION

1.   Twenty-two years ago the Republic of Korea came into existence through the efforts of the United Nations. During the past two decades the continued and strenuous efforts of the United Nations to create on the Korean peninsula a unified, independent and democratic country through free elections supervised by the United Nations have been unavailing. The all-important matter of Korean unification is still unsettled; the threat of renewed communist aggression from the north still exists.

2.   In unequivocal acceptance of the competence and authority of the United Nations to take action on the Korean Question the Republic of Korea has expressed its wholehearted desire for the early and peaceful unification of Korea according to the United Nations formula. That formula, whose activation the United Nations consistently advocates, calls for the holding of free elections throughout Korea in proportion to the indigenous population, under the impartial observation of the United Nations. And what has been the response of the north Korean communist régime? Utter rejection and bitter denunciation of the United Nations and the Republic of Korea! This adamant and persistent refusal has frustrated the noble efforts of the United Nations to solve the problem of Korean unification. This refusal has been accompanied by active communist belligerence in the form of intensified armed infiltration into the south. This aggressive activity has posed a threat to the peace and security of the Republic of Korea and the surrounding area.

3.   The purpose of this Memorandum is to give a clear picture of the Korean Question based on the facts and to make known to Member States the views of the Government of the Republic of Korea on an issue of crucial importance to Korea and the rest of the world.

13

CHAPTER I

EFFORTS AND ACTIVITIES OF THE UNITED NATIONS TO UNIFY KOREA

4.   The General Assembly, by an overwhelming majority, has adopted a whole series of resolutions clearly stating that United Nations objectives in Korea are "to achieve by peaceful means a unified, independent and democratic Korea under a representative form of government and to restore international peace and security in the area."

A. What the United Nations has done for the unification of Korea

5.   In 1947, after all efforts to achieve a unified, democratic and independent Korea had failed, the Korean Question was brought before the United Nations. The General Assembly resolved, in November of that year, that free elections would be held throughout Korea to achieve unification   (resolution 112 (II) A and B, 14 November, 1947). Because the communists barred entry to the United Nations Temporary Commission on Korea (UNTCOK) into the north, elections in consonance with the resolution were held on 10 May 1948 in those parts of Korea accessible to the Commission, where more than two-thirds of the whole Korean people resided. The next year, the General Assembly declared the Republic of Korea, inaugurated on 15 August 1948 as a result of these elections, to be the only lawful government in all Korea (resolution 195 (III), 12 December 1948).

6.   The communist answer to these entirely legitimate actions was one of illegal and contemptuous defiance. In north Korea the Soviet Union occupation forces installed a régime described by the United Nations Commission on Korea as a "creature of a military occupant ruled by right of a mere transfer of power" (from the Soviets).

7.   Without warning on Sunday, 25 June 1950, the north Korean communist régime launched unprovoked armed aggression against the peaceful Republic of Korea. Later that same day the Security Council rose to the emergency by adopting a resolution (S/1501) calling for immediate cessation of hostilities and withdrawal of the north Korean communist forces north of the 38th parallel. But the

/...

14

communists ignored the cease-fire and withdrawal order. The Security Council called upon Member States "to furnish such assistance to the Republic of Korea as might be necessary to repel the armed attack and to restore international peace and security in the area" (S/1511). Sixteen Member States contributed military forces to the United Nations Command, which had been established by a Security Council resolution (S/1588) of 7 July 1950. Five other nations (Denmark, Norway, Sweden, Italy and India) furnished medical assistance and many countries made supporting contributions of various kinds.

8. The United Nations established, in October 1950, the Commission for the Unification and Rehabilitation of Korea (UNCURK) (resolution 376 (V), 7 October 1950). UNCURK's mandate was to achieve a unified, democratic and independent Korea through the holding of free elections under the United Nations supervision. Immediately, and through the ensuing years, the communist régime in the north has unremittingly and viciously denounced the United Nations resolutions, and the Commission.

9. Ever since 1947, the United Nations has done everything within the resources at its disposal to achieve an early and peaceful unification of Korea. Its earnest, unremitting efforts have been fruitless, due to the north Korean communists' absolute rejection of the United Nations competence and authority to deal with the Korean Question.

B. Responsibility of the United Nations Commission for Unification and Rehabilitation of Korea (UNCURK)

10. The General Assembly, at its twenty-fourth session, noting with approval the efforts made by the UNCURK to encourage the exercise of restraint and the easing of tension in the area, requested the Commission to pursue its efforts to continue to carry out the tasks which the Assembly had previously assigned it (resolution 2516 (XXIV), 25 November 1969). The Commission is thus the single most important instrument of the world body to implement the latter's resolutions on Korea.

15

11. The Government and people of the Republic of Korea have always extended unstinting co-operation to the UNCURK in the execution of its mandate. Unfortunately, the north Korean communist régime's unrelating defiance of the United Nations resolutions on the unification of Korea had rendered the UNCURK incapable of performing its duty in north Korea. In pursuance of the General Assembly resolution, however, the Commission has continued to observe and report the political and economic situations in Korea.

C. Peace-keeping role: the United
Nations Forces in Korea

12. The main burden of maintaining peace in Korea is the responsibility of the United Nations Forces, under relevant resolutions of the General Assembly and the Security Council. The Council established the Unified Command of the United Nations Forces early in the Korean War by resolution (A/1588) of 7 July 1950, as a collective action to repel the north Korean communists and restore international peace and security in the area, as has been made clear by the statement of the Secretary-General of the United Nations (UN document A/C.1/PV.1522, 7 November 1967). The Unified Command of the United Nations Forces provided the Security Council with reports, from time to time, as appropriate, on the activities taken under the Unified Command.

13. The communists, as well as representatives of certain Member States, have alleged from time to time in distorted pronouncements that the United Nations Forces are "foreign occupiers". The truth is exactly the opposite. The United Nations Forces are in Korea legitimately -- at the request of the Republic of Korea - to repel communist aggression and preserve the peace and security of the area. They represent no colonial power. They do represent this highly esteemed world Organization. They constitute no obstacle to the peaceful unification of Korea, but indeed they constitute a deterrent to communist ambitions and schemes to communize the whole peninsula by military means. The withdrawal of the United Nations Forces would encourage the north Korean communist régime to commit renewed aggression and disrupt the peace and security of Korea and the entire region.

/...

As noted in the most recent resolution of the General Assembly (resolution 2516 (XXIV), 25 November 1969), it is absolutely necessary that the United Nations Forces should remain in Korea to preserve the peace and security of the area until the satisfactory conditions for a lasting settlement formulated by the General Assembly are fulfilled.

D. What the Republic of Korea has done for the unification of Korea

14. The Government of the Republic of Korea has firmly abided by the following principles regarding the unification of Korea: First, unification by peaceful means. Second, achievement of unification through free elections to be held throughout Korea, representation to be in proportion to the indigenous population, under the United Nations observation, in order to guarantee genuinely free and democratic elections reflecting the true will of the Korean people.

15. In an address to the nation commemorating the twenty-fifth Anniversary of National Liberation, 15 August 1970, the President of the Republic of Korea made clear the nation's position on unification: "Any approach toward unification by peaceful means is not feasible without the easing of tensions. Therefore, such approach should be preceded above all by an unequivocal expression of attitude by the north Korean communists assuring the easing of tensions and its implementation. Accordingly, the north Korean communists should desist forthwith from perpetrating all sorts of military provocations including the dispatch of armed agents into the south and make an announcement publicly that they renounce henceforth so-called policies of theirs of communizing the whole of Korea by force and overthrowing the Republic of Korea by means of violent revolution, and prove their sincerity by deeds."

16. The President's commemorative address thus got at the heart of the problem by emphasizing what must come first if Korea is to achieve unification by peaceful means. He stated the prerequisites clearly: an atmosphere relieved of the present tensions existing between south and north, an atmosphere conducive to rationality and reason rather than one bristling with vilification, terror and threat of renewed aggression. And since these provocative

/...

characteristics mark the whole attitude of the communists, with their
unremitting propaganda attacks on the United Nations and the Republic of Korea
and their continuous acts of aggression to communize all of Korea by violence
and force, it is crystal clear that the north Korean communist régime has no
intention of unifying Korea by peaceful means. If they really do, there is no
reason why they cannot prove their sincerity by positive acceptance of the
competence and authority of the United Nations to take action on the unification
of Korea.

17. However, paying no heed at all to this just and reasonable call, and in
total disregard of the sincere request for the easing of tensions, the north
Korean communist régime reactivated its propaganda, repeating the same slogans
and formula including their militant words: "It is unthinkable to achieve
the unification as long as the Government of the Republic of Korea is not
overthrown."

18

韓國問題에 關한 大韓民國政府
覺書　主要內容

外　務　部

37

韓國問題에 關한 大韓民國 政府覺書
主要 內容

1. 第25次 유엔 總会에서 討議될 韓國問題의
   內容을 歷史的 事実에 立脚하여 明白하게
   叙述하고 我國政府의 基本立場을 유엔
   会員國에 알리고저 政府 覺書를 1970. 10. 12
   字 (現地 日時)로 유엔 事務總長 에게
   提出하고 이를 總会文書로 配布토록 要請
   하였다. (外務部 長官 名儀 要請公翰)

2. 覺書는 序論과 5個章 및 結論의 順序로서
   總 75項이며 그 主要 骨子는 다음과 같다.

   가. 韓國 統一을 爲한 유엔의 努力과 活動.

   나. 北傀의 유엔 權威. 權能 否認 態度의
       指摘 및 糾彈.

   다. 北傀의 所謂 "平和 統一 方案" 宣傳의
       虛構性 및 欺瞞性을 指摘 反駁.

-1-

38

라. 代表 招請 問題 — 無條件 同時 招請
　　主張의 不當性 說明.

마. 國際社会에 있어서 크게 向上 된
　　大韓民國의 地位 紹介.

3. 覺書內容을 좀더 具体的으로 說明 하면
　　다음과 같다.

　　가. 韓國問題의 槪觀 〔序論〕(第 1 - 3 項)
　　　　20 余年間의 유엔 努力에도 不拘 하고
　　　　統韓問題는 아직 解決되지 않고 있을
　　　　뿐만 아니라 共産 再侵略의 威脅이
　　　　韓半島에 尙存 하고 있음. 이는 :

　　1). 北傀의 유엔 努力에 対한 頑强 한
　　　　拒否.

　　2). 大韓民國에 対한 武裝共匪 浸透 等의
　　　　戦争 挑発行為의 激化에 基因 하고
　　　　있다.

나. 유엔의 努力과 活動 〔第1部〕 (4項 ─ 13項)

1). 유엔의 統韓原則, 卽 유엔은 平和的인 方法으로 統一 独立 民主的인 代議政府를 樹立 하여 이 地域에 平和와 安全을 回復 하는것을 目的으로 하여 왔음을 指摘 하고,

2). 1947年 유엔 總会가 採択한 決議에 따라 施行된 選挙에 基하여 大韓民國 이 樹立 되었고 유엔에 依하여 韓半島에 있어서의 唯一한 合法政府로 承認 되었음을 說明 하고,

3). 6.25 南侵에 対処하여 유엔이 取한 一連의 集団 安全保障 措置와

4). 언커크 設置 経緯 및 그 任務를 說明 하고, 政府의 同委員団에 対한 協助를 記述하는 同時에 北傀의 유엔에 対한 敵対的 態度를 指摘 하였음.

5). 유엔軍의 設置 根據를 引用 하며 그 任務를 略述 하였음.

-3-

40

다. 大韓民國의 統一을 爲한 措置 〔第1章〕 (14項~17項)

1). 政府의 統韓 原則은 :

가). 平和 統一

나). 全韓 自由民主 選擧에 依한 統一

但. 自由 意思 表示를 保障 하기 爲하여
總選擧는 유엔 監視下에 施行되고
土着 人口 比例에 依한 代議原則에
基 하여야 함.

2). 今年의 8.15 宣言에서 밝혀진 政府 立場을
說明 하며 平和 統一의 先決 条件은
韓半島의 緊張 緩和를 保障하는 北傀의
明確한 態度表示 및 그 實踐 임을 强調하고
同 宣言의 意義를 說明하고 同時에 이에
対한 北傀의 拒否 態度를 糾弾 하였음.

라. 北傀의 유엔 權威. 權能 拒否에 関하여
〔第2章〕 (18項~26項)

1). 北傀 政权 樹立 自体가 유엔 決議를 無視
한 処事 임을 指摘 하고,

2). 1947年 유엔 韓國 臨時 委員団 (UNTCOK),
　　유엔 韓國 委員団 (UNCOK) 및 유엔 韓國
　　統一復興委員団 (UNCURK)의 入北拒否,
　　協調 拒絶 및

3). 6.25 南侵 當時의 一連의 安保理事会決議
　　無視를 列擧 하였음. 또한,

4). 70. 6. 22字 北傀声明 및 9. 16字 北傀
　　備忘錄의 유엔에 對한 好战的 言辭 및
　　"大韓民國 顚覆 云云" 等의 好战的 態度
　　를 引用 하며 共産化 野慾에 何等 變更
　　없음을 指摘 하였음.

마. 北傀의 所謂 "平和統一" 方案에 对하여
　　【第 3 章】(27 項 - 43 項)

【"駐韓外軍 撤收" 主張 (27 項 - 40 項)】

1). 駐韓 유엔軍이 平和的 統一에 对한 障碍가
　　아니고 北傀의 赤化 統一 企図에 对한
　　障碍 임을 論証 함에 있어서,

2). 北傀側의 休战 協定 違反이 7,891 件에
　　達하며,

-5-

3). 北傀 軍備 擴張 狂奔相 및 戰爭準備相
을 具体的으로 暴露하고,

4). 1. 21 事態, 蔚珍, 三陟 地区 武裝共匪
大擧 浸透事件을 爲始하여 最近의
海上 浸透事件 內容을 詳細히 紹介한
同時에,

5). KAL 機 拉北事件, 海軍 放送船 被拉
事件 및 顯忠門 爆破事件 內容을
알리고,

6). 70. 8. 22字 北傀 勞動新聞 社說을
引用 하면서 北傀의 韓半島 赤化統一
兇計를 暴露하고 共産 再侵 企図를 阻止
하기 爲한 保障으로서 駐韓 유엔軍의 繼続
駐屯이 重要함을 强調 하였음.

「"언커크 解体"主張 (41 項－43 項) 」

1). "平和 統一은 外勢의 干与를 排除 하고
韓國人 自身에 依하여 解決할 問題 云云"
하며 "언커크 解体"를 主張 하고 있음에
对 하여

-6-

43

2). 所謂 北傀의 黑白選擧制度의 虛僞性및
強制性을 說明하며.

3). 公正한 監視下에 選擧가 施行되면 共産式
의 造作選擧가 不可能 하다는데 그底意가
있는 것임을 指摘 하였고.

4). 유엔 決議 不法化 主張을 指摘 糾弾 하였음.

바. 招請問題에 있어서 〔第4章〕(44項－48項)

1). 우리 政府의 유엔에 對한 協調및 韓國問題
에 關한 유엔의 權威, 權能 尊重을 다시
다짐하고,

2). 이 問題에 關한 8.15 宣言 內容을 明白히
하였으며,

3). 北傀의 繼續的인 유엔權威, 權能 拒否
態度를 指摘 하면서

4). 北傀의 유엔 韓國問題 討議에의 無條件
參席要求를 許諾 한다면 이는 유엔의 尊嚴과
權威 및 그 存立에 危害로운 것임을 警告 하고

-7-

5) 유엔 에서의 韓國問題 討議에 있어서
   UN의 權威및 權能 受諾이 不可缺의
   條件이 됨을 强調 하였음.

사. 國際社会에 있어서의 大韓民國의 地位에
   關하여 〔第5章〕(49項 ~ 66項)

   1). 유엔의 唯一合法 政府 承認 決議를
       喚起 시키며.

   2). 今年度 訪問外交, 招請外交, 國際機構
       參加 및 國際会議 主催狀況을 說明한
       同時 外交關係 樹立 現況을 例示 하였고

   3). 유엔에 對하여 그동안 政府가 貢献한 主要事例
       를 說明 하였음. 또한,

   4). 古界 經済에서 占하는 韓國의 主要 役割을
       經済成長, 輸出 增大 및 工業製品이 輸出.
       에서 차지하는 率等을 例示 하며 記述 하였음.

--8-

아. __結論 部分에 있어서__ (第 67項 ~ 75項)

1). 8.15 宣言의 內容 即. 北傀의 战爭挑發 行爲와 韓國 및 유엔에 对한 敵对行爲를 中止 하고 緊張을 緩和 하지 않는 限 統一은 実現 되기 어렵다는 뜻을 認定 하고,

2). 我國 政府는 유엔의 韓國에 对한 努力을 継続 支持 할 것임을 再確認 하고

3). "外軍 撤收" 및 "언커크 解体" 主張은 6.25 와 같은 再侵을 敢行 코자 하는 兇計임을 警告 하였음.

4). 따라서 유엔軍의 継続 駐屯과 언커크의 継続的인 任務遂行의 必要性을 强調 함과 아울러,

5). 8.15 宣言이 밝힌바와 같이 統一의 実現을 指向 하여 韓國民이 眞心으로 바라고 있는것은, 北傀가 侵略代身에 緊張 緩和를 行動으로 表示하고, 对유엔 挑战 代身에 유엔 权威, 权能을 受諾하고, 그리고 武裝共匪 浸透등 战爭 挑發 行爲를 即刻 中止 하여야 할것임을 明白 하게 하였음.
끝.

-9-

46

별첨 5

(번역문)

통 한 결 의 안

국제연합
제 25차 총 회
제 1 위원회

한 국 문 제

공동제안국: 호주, 벨즘, 카나다, 코롬비아, 코스타리카, 가봉,
감비아, 희랍, 일본, 룩셈불그, 하란, 뉴질랜드,
니카라구아, 파나마, 비율빈, 루완다, 스와지랜드,
태국, 토고, 영국, 미국.

총회는 1970. 8. 13. 한국 서울에서 서명한 국제연합 한국
통일 부흥위원단의 보고 (A/8026)를 유의하며,

1969. 11. 25.자 총회 결의 2516 (XXIV) 및 동 결의에 열거됨
한국문제에 관한 과거의 제결의를 재확인하며,

한국의 계속됨 분단은 한국인의 소원과 부합되지 않으며, 동지역의
국제평화와 안전의 완전한 회복을 저해하는 긴장 상태의 근원이 되고
있음을 인정하며,

국제연합은, 헌장에 따라, 평화와 안전의 유지를 위한 집단조치를
취하며, 헌장의 원칙과 목적에 의거하여 한국에 있어서의 평화적 해결을

120

추구함에 있어서 주선을 하는 정당하고도 전속적인 권한이 부여되어 있음을 상기하며,

자유로히 표현된 한국인의 의사에 입각하여 한국의 통일을 촉진하기 위한 제조건을 조성하는데 진전이 있기를 열망하며,

한국에 있어서의 근간의 사건들은 이것이 계속된다면, 통일한국을 수립하는데 있어서 전제 요건이 되는 평화로운 조건 조성을 위한 노력을 저해할 수 있다는 누차의 걸친 보고서에 관심을 표명하며,

1. 한국에 있어서의 국제연합의 목적은 평화적인 방법으로 대의정부 형태하의 통일, 독립, 민주 한국을 수립하고 동 지역에 있어서의 국제 평화와 안전을 완전히 회복하는데 있음을 재확인한다.

2. 총회의 관계 결의에 따라 진정한 자유선거를 통하여 이와같은 목적을 달성하기 위하여 제반 준비가 이루어져야 한다는 신념을 표명한다.

3. 동 지역에 있어서의 긴장 상태 완화에 협조하고, 특히 1953년 휴전 협정을 위반하는 행동과 사건이 없도록 할 것을 요구한다.

4. 국제연합 한국통일부흥위원단이 그 임무를 수행하는데 있어서 그 지역에서의 긴장 상태 완화를 조장하며, 자재를 촉구하고 한국의 평화적 통일을 실현하는데 최대한의 지지와 원조 및 협조를 확보하기 위하여 경주한 제반 노력을 승인하고 지지한다.

121

5. 국제연합 한국통일부흥위원단은 한국에 있어서의 국제연합의 목적을 달성하기 위하여 건술한 노력과 기타 노력을 수구하며 총회에 의하여 종전에 부과된 모든 임무를 계속 수행할 것을 요구한다. 또한 동 위원단은 적의 사무총장이나 총회에 제출되는 상시 보고서를 통하여 그 지역에 있어서의 사태와 건술한 노력의 결과에 관하여 총회 회원국에 주지시킬 것을 요구한다.

6. 국제연합의 제결의에 여거하여 한국에 파견된 국제연합군은 이미 대부분이 철수하였으며 현재 한국에 주둔하고 있는 국제연합군의 유일한 목적은 동 지역의 평화와 안건을 유지하는 데 있으며 관계국 정부는 또한 대한민국이 요청하거나 총회가 규정한 항구적 해결을 위한 제조건이 충족될 때에는 언제든지 잔여 주둔 병력을 철수할 용의가 있음을 유의한다.

122

별첨 5

QUESTION OF KOREA

REPORT OF THE UNITED NATIONS COMMISSION FOR THE UNIFICATION AND REHABILITATION OF KOREA

Australia, Belgium, Canada, Colombia, Costa Rica, Gabon,
Gambia, Greece, Japan, Luxembourg, Netherlands, New Zealand,
Nicaragua, Panama, Philippines, Rwanda, Swaziland, Thailand,
Togo, U.K., U.S.A (21 Powers)

The General Assembly,

Having noted the report of the United Nations Commission
for the Unification and Rehabilitation of Korea, signed at
Seoul, Korea on 13 August 1970 (A/8026),

Reaffirming its resolution 2516(XXIV) of 25 November
1969, and previous resolutions on the Korean Question noted
therein,

Recognizing that the continued division of Korea does
not correspond to the wishes of the Korean people and
constitutes a source of tension which prevents the full
restoration of international peace and security in the area,

Recalling that the United Nations, under the Charter,

123

is fully and rightfully empowered to take collective action
to maintain peace and security and to extend its good
offices in seeking a peaceful settlement in Korea in accor-
dance with the principles and purposes of the Charter,

Anxious that progress be made toward creating conditions
which would facilitate the reunification of Korea on the
basis of the freely expressed will of the Korean people,

Concerned by reports of further events in Korea which,
if continued, could hamper efforts to create the peaceful
conditions which are one of the prerequisites of the
establishment of a unified and independent Korea,

1. Reaffirms that the objectives of the United
Nations in Korea are to bring about, by peaceful means,
the establishment of a unified, independent, and democratic
Korea under a representative form of government, and the
full restoration of international peace and security in
the area;

2. Expresses the belief that arrangements should
be made to achieve these objectives through genuinely free
elections held in accordance with the relevant resolutions
of the General Assembly;

124

3. Calls for co-operation in the easing of tensions
in the area and, in particular, for the avoidance of
incidents and activities in violation of the Armistice
Agreement of 1953;

4. Notes with approval the efforts made by the UNCURK,
in pursuit of its mandate, to encourage the exercise of
restraint and the easing of tensions in the area and to
secure maximum support, assistance and co-operation in the
realization of the peaceful reunification of Korea;

5. Requests UNCURK to pursue these and other efforts
to achieve the objectives of the United Nations in Korea,
to continue to carry out the tasks previously assigned to
it by the Assembly, and to keep members of the Assembly
informed on the situation in the area and on the results
of these efforts through regular reports submitted to the
Secretary-General, and to the General Assembly as
appropriate;

6. Notes that the United Nations forces which were
sent to Korea in accordance with United Nations resolutions
have in greater part already been withdrawn; that the
sole objective of the United Nations forces presently in
Korea is to preserve the peace and security of the area,

125

and that the Governments concerned are prepared to withdraw
their remaining forces from Korea whenever such action is
requested by the Republic of Korea or whenever the
conditions for a lasting settlement formulated by the
General Assembly have been fulfilled.

126

별첨 5

제 25차 유엔총회 통한 결의안 해설

1. 통한 결의의 본질과 의의

통한 결의는 유엔의 통한 목표와 원칙을 재확인하며 "언커크"의
계속적 임무 수행과 유엔군의 계속적 주둔을 촉구하는 재래의 규정
이외에, 북괴의 가중한 도발 계속에 감하여, 북괴의 도발과 침투를
구란하고 북괴에 대하여 긴장완화를 촉구하는 동시에 긴장 상태
완화를 위한 "언커크"의 강화된 임무를 재확인하는 한편, "언커크"
의 수시 보고 제도와 한국문제 재량상정 방식을 계속 유지함으로서,
북괴 도발에 대한 국제 여론의 압력을 가중시키고 보다 능동적인
입장에서 공산측 책동을 신축성과 융통성 있는 방법으로 대처할
수 있도록 하고, 나아가서 북괴의 재침 야욕을 봉쇄함.

2. 통한 결의의 골자
(1) 유엔의 통한 원칙 재확인

금차 총회 결의에서도 예년과 같이 (가) 한반도에 평화적인
방법으로 대의정부 형태하의 통일, 독립, 민주한국을 수립하고
(나) 이지역에 있어서의 국제 평화와 안전을 회복하고 (다) 이같은
목표를 달성하기 위하여 총회의 관계 제 결의에 의거한 유엔
감시하의 진정한 자유 총선거를 실시한다는, 유엔의 기정 통한
목표와 원칙을 재 확인하였다. (본문 1,2항)

- 1 -

127

(2) "언커크"의 계속적 임무수행 및 유엔군의 계속 주둔

예년과 같이 "언커크"가 한국에 있어서의 유엔의 복적 달성을 위한 노력과 더부러 기왕에 총회가 부과한 임무를 계속 수행할 것을 요구하고 (본문 5항 전단), 유엔군은 이 지역의 평화와 안전을 수호하기 위하여 대한민국이 요구받더대나 총회가 규정한 항구적 해결을 위한 제반 조건이 완수될 때까지 계속 주둔할 것을 규정하고 있다. (본문 6항)

(3) 북괴의 침략적 군사도발 행위에 대한 관심표명

한국에 있어서의 최근 사태가 한국의 통일을 위한 평화적 조건을 저해할 수 있다는 수차에 걸친 보고서에 관심을 표명 (서문 6항)함으로서 북괴의 빈번한 휴전 협정 위반, 무장 공비 남파등, 격화됨 침략적 군사 도발 행위를 규탄하고 있다.

(4) 북괴에 대한 군사도발 행위 중지와 긴장상태 완화촉구

긴장상태 완화를 위하여 협고하고 특히 1953년 휴전협정을 위반하는 사건이나 행동을 없이 하도록 촉구 (본문 3항)함으로서 북괴가 전술한 군사도발 행위를 중지하고 긴장상태 완화를 위한 유엔의 노력에 협력할 것을 요구하고 있다.

(5) "언커크"의 활동 강화

긴장상태 완화와 평화적 통일 실현을 위한 "언커크"의 노력을 지지하고 (본문 4항) "언커크"로 하여금 총회가 기왕에 부과한

- 2 -

128

임무를 계속 수행할 뿐만 아니라 한국에 있어서의 긴장상태 완화를
위한 노력과 유엔의 기정 목표 달성을 위하여 모든 노력을 경주
하도록 요구함으로써 (본문 5항 전단) 강화됨 "언커크"의 역할을
재확인하였다.

(6) 상시 보고 제출

　　　북괴의 침략적 군사도발과 "언커크"의 증강됨 임무 (본문
6항 본문 3, 4항 및 5항 전단)에 감하여, "언커크"가 한국 사태의
진전상황과 활동 결과에 관하여 상시 회원국에 주지시키도록 함으로
써 (본문 5항 하단) "언커크"의 수시보고 제도를 계속 채택하였다.

(7) 보고서 제출방식에 융통성 부여

　　　1968년에 채택한 한국문제 재량상정 방식을 계속 유지하여,
종래 총회에만 제출할수 있던 "언커크" 보고서를 총회가 아니드라도
사무 총장에게도 제출할 수 있도록 (본문 5항 하단) 함으로써,
유엔 한국 문제 토의와 관련하여 보다 능동적인 입장에서 신축성과
융통성 있는 방법으로 군산축 책동을 봉쇄할 수 있게 하였다.

- 3 -

129

UNITED NATIONS

**GENERAL
ASSEMBLY**

Distr.
LIMITED

A/C.1/L.524
5 November 1970
ENGLISH
ORIGINAL: ENGLISH/FRENCH/
RUSSIAN

Twenty-fifth session
FIRST COMMITTEE
Agenda item 98 (a)

QUESTION OF KOREA

WITHDRAWAL OF UNITED STATES AND ALL OTHER FOREIGN FORCES
OCCUPYING SOUTH KOREA UNDER THE FLAG OF THE UNITED NATIONS

Algeria, Bulgaria, Byelorussian Soviet Socialist Republic, Cuba,
Czechoslovakia, Guinea, Hungary, Mali, Mauritania, Mongolia,
People's Republic of the Congo, Poland, Romania, Somalia,
Southern Yemen, Sudan, Syria, Ukrainian Soviet Socialist
Republic, Union of Soviet Socialist Republics, United Arab
Republic, United Republic of Tanzania, Yemen and Zambia:
draft resolution

The General Assembly,

Bearing in mind that seventeen years have passed since the conclusion of the
Armistice Agreement in Korea, and that the said Agreement provided for the
establishment of a durable peace in Korea and the withdrawal from that country of
all foreign forces,

Considering that in the northern half of Korea there are no foreign forces of
any kind,

Recognizing that continued occupation of South Korea by American and other
foreign forces is devoid of any ground whatsoever and therefore illegal,

Confirming that at the meetings of the Security Council held on
25 and 27 June and 7 July 1950 no unanimous agreement was reached among the
permanent members of the Security Council in the discussion of the Korean question,

Considering that the occupation of South Korea by American and other foreign
forces is an obstacle to the peaceful unification of Korea,

Mindful of the tense situation prevailing in that region,

70-24796

/...

286

(146)

149

Considering that prompt and effective action should be taken to preserve peace and security in the Far East and Asia,

Decides:

That all American and other foreign military personnel deployed in South Korea under the titled of "United Nations Forces" should be withdrawn in their entirety, with their weapons and equipment, within a period of six months following the adoption of this resolution.

287

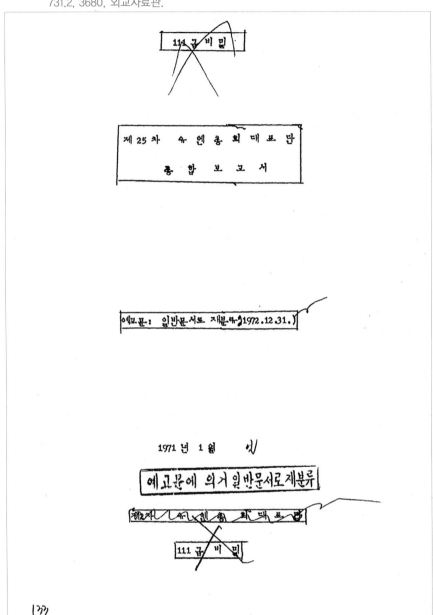

Ⅰ, 머 릿 말

유·엔창설 25주년을 마지하여 유·엔회원국들이 유·엔이 과거 거둬온 발자취를 살펴보고 앞으로 나아갈 방향을 집기위하여 모든 현안문제를 보다 신중히 검토한 금차총회에서 우리는 공산측의 가진 책동을 물리치고 종건과 별다름 없이 회원국의 압도적 다수 지지로써 유·엔의 기존 통합원칙과 목표를 재확인하고 공산측이 제기한 소위 "외군 철수안"과 "언커크 해체안"을 부결시켰으며, 초청문제에 있어서도 대한민국 대표의 단독초청을 계속 확보함으로써 정부의 기본방침을 관철시켰음.

위와같은 한국문제의 심의결과는 한반도의 유일한 합법정부로서의 이러한 대한민국의 정통성을 다시한번 천명한것이며, 평화통일을 위한 유·엔의 계속적인 노력의 중요성을 다수 회원국이 인식하고있음을 실증한동시 북괴가 적화목적을 위하여 자행하는 도발행위를 제어하고 완화시키려는 국제여론을 반영시킨것이라고 하겠음. 또한 한국의 국력향상 특히 경제분야를 포함한 각분야에 걸친 한국의 발전과 신장된 국제적 지위의 토대위에서 이러한 성과가 가능한것이었음.

금차총회에서 대표단은 박대통령 각하의 8.15. 선언을 우리의 통일에 대한 자세를 밝히고 유·엔을 통한 평화통일 노력 계속 지지를 명백히하고 북괴의 계속적인 군사 도발행위와 무장공비 남파 특히 작년 12월 발생한 민간항공기의 납북사건과 빈번한 해상 전투 기타사건들을 규탄하며 한국과

①

극동지역의 평화와 안전을 유지하고 평화 통일 실현을 위하여
유엔군의 계속 주둔 피요성을 특히 강조하였음.

금년 한국문제 토의에 나타난 극분화 현상은 앞으로 한국문제
를 위요한 양진영의 외고활동이 치렬하여저 감에 따라 더욱 뚜렷
하여저 걸것인바, 앞으로 우리는 지유우방과의 유대를 계속 강화
하고 아. 이 중립국가들과의 관계 긴밀화를 위하여 보다 적극 노력
힘으로서 차기 유엔총회에 대비하는 한편 중국대표권문제, 동서독
접근, 중동문제등 한국문제에 직접, 간접으로 영향을 주는 국제정세의
기취를 예의 주목하여야 힐것임.

Ⅶ. 결론 및 건의 서

1. 제 25 차 유·엔총회에서도 공산측이 「유·엔철수안건」과 「언커크해체안건」을 상정하였던 관계상 아측에서 "언커크보고안건"을 제출함에 따라서 또다시 유엔에서 토의를 가지게 된 한국문제는 지속 냉전문제로 간주되어 동서간의 대결안건으로 토의되었음.

또한, 금년 한국문제는 한미간에 미군감축이 논의됨 가운데 한반도의 긴장에 관한 정세판단에 있어 우방의 입장과 우리의 견해가 반드시 일치 하지는 않은채 토의되었고 유·엔내외의 제반상정으로 인하여 우방의 지원이 소극화하여진 여건하, 아국대표단은 독자적으로 자주적인 외교활동을 수행 하여야 하였음.

공산측은 한미간의 "감군논의"를 악용하여 남북한 대표 동시 초청안과 함께 소위 "유·엔군 철수안"에 중점을 두고 온갖 책동을 다하였으나 이를 분쇄 하고 예년과 대동소위한 결과를 얻을수 있었다는 것은 한반도에 긴장이 조성되고 있다는 아측견해가 정당하였다는 것을 입증한것으로 볼수있음.

2. 금년 한국문제 토의에 영향을 미친 유·엔내외의 국제정세로서 특기할 사항은 첫째로, 미국의 "닉슨독트린"이 지적될수 있을것임.

130

264

유엔에 있어서의 미국의 외교활동은 전기 "독트린"에 의거하여 종전과는 다른 면모를 나타냈으며, 특히 구주에서의 안정에 보다 치중하고 아세아에서의 책임을 경감코저하는 미국정책의 일환으로 한국에서의 감군문제로 나타낸것이라고 볼수있음.

중국문제에 있어서도 "두개의 중국"의 유엔참여를 추구할뜻을 밝히므로서 금차 총회에서의 자유중국의 입장을 약화시켰고 중공가입안의 찬성국이 다수를 점하는 요인을 만들었음.

둘째로, 중동문제가 있었는바, 역시 구주의 현상유지에 기조한 안정을 구하며 쏘련은 유엔에서의 아랍제국으로 하여금 그들의 대 이스라엘 감정을 이용하여 이스라엘을 규탄하는 동기를 제기코록 하였던바, 이 결의안은

A.A. Bloc   의 찬성을 얻어 압도적 다수로 채택된 반면 미국의 제안은 표결에서 참패를 면하지 못하였음.

이는 미국의 유엔내 영향력의 감소를 표시하는것이라고 볼수있겠음.

셋째로, 중국문제에 있어서 소위 중공가입안의 찬성국이 다수를 점하게 된것인바, 이는 "카나다" 및 "이태리"의 중공승인 조치와 더불어 건술한바와 같은 미국정책의 후퇴에도 그 원인이 있는것으로 믿어짐.

121

265

넷째로, 공산측 루히 쏘련은 북괴의 대중공 접근에 대한 견제책으로서

유엔에서 북괴를 더욱 강력히 대변하는 한편, 한국에서의 미군감축 논의에

편승하여 "외군철수" 주장에 역점을 두고 이를 가결로 통합으로서 아국의

국제적 지위를 약화시키고저 획책하였던 것임.

따라서 금년에는 공산측이 종전에 매년 제출하면 "통한문제의 유엔로의

종식안"을 제출하지 않았는바, 그 이유는 첫째로, 주한미군 감군 논쟁의

음을 타서 외군철수안을 강력히 추진로저하였다는 점과 둘째로, 금년도

총회에서 공산측이 먼저 한국문제 토의를 요구하여두고 통한문제를 토의하지

말자고 주장하는 것이 일부 중립국의 이해를 얻기가 힘들었던 때문으로

보였음.

또한가지 언급하여야 할 사항으로 우리측은 1968년도 제 23차 총회에서

재량상정제도를 채택하여 그전 7까지는 년베격 자동상정제도에 의하여 우미측이

매년 인커크보고서의 토의를 먼저 요구하므로서 여러 중립국가 내지는 우방

제국으로 부터 비난을 받은바 있었으나, 작년과 금년도 총회에서는 공산측이

먼저 상정토의를 요구하므로서 상당수 회원국 대표로 부터 빈축을 산바

있었는바, 아측의 이 재량상정 방식은 대통령각하의 8.15. 선언과 머불어

금차 총회에서 우미측에게 유미한 요인을 제공하였음.

132

3. 한국문제 토의에 대하여 우·미대표단은 다음과 같은 목표지침을 세웠음.

1) 북괴의 유·엔토의 동시초청을 부결시키고 계속 대한민국 대표의
   단독초청을 관철시킴.

2) 감군문제와 관련하여 "외군철수안"의 찬반표가 격감되지 않도록
   하여 비단 유·엔에서의 공·산측에 대한 승·리를 다시 다짐하는데 끊이지
   않고 한국안전보장에 관한 정부입장, 즉 한반도에 있어서의 긴장은
   계속되고 있으며 그 근원은 북괴의 적화통일정책에 있고 유·엔군의
   계속 주둔은 재침 저지력으로서 긴요함을 국제사회에 더욱 인식시키는데
   치중함.

3) 대통령각하의 8.15 선언에서 밝혀진 "평화적 통일"에 관한 우·미의
   입장을 국제적으로 인식토록 하는데에 목표를 두었음.
   많은 우방국 대표들은 8.15 선언을 그들의 발언에서 인용하면서
   우·미정부의 건설적이며 평화적인 통일정책에 대하여 찬사를 아끼지
   않았음.

4. 한편 유엔내 투표세력의 양상을 이번 토의결과에 입각하여 분석하면,
   한국문제에 관한 회원국의 입장은 대체로 고정화된 경향이 있다 하겠음.

표결내용을 국가별로 본다면 태도를 바꾼나라가 멏멏있으나 태도 호전국과
악화국수가 대체로 상쇄되고 작년도와 비교하여 볼때 지지표가 2 - 3표
감소됨것은 첫째, 보티비아와 세이론의 태도후뢰에 원인이 있는것인바,
이는 접권교체로 좌익정권 수립에 기인하는것으로 우릭는 외교권의 사항으로
보아야 할것임.

5. 한국문제의 유엔로의를 계속하므로서 통일의 조기실현을 기대하기는
어려운것이나 최소한 북괴의 침략도발을 억제하는 방법으로서 그 효과가
있는것이며, 이러한점에서 유엔외교가 안전보장 조치의 일환으로서
고력되어야 할것으로 생각됨.

6. 유엔외교의 의의와 유엔네에서의 우릭의 지지세력의 양상을 고력하여
앓으로의 대 유엔외교의 방향을 한국문제 재량상정제도에 따마서 유엔에서의
요의하고 공산측과의 표결에서 승릭를 기하여야 할것이며, 이로서 북괴를
국제사회에서 견출을 저지하고 그동안에 경제건설을 촉진시켜 나가야 할것임.
또한 한국문제는 유엔에 있어서 중국문제와 함게 냉건안건으로 간주되고
있음은 사실이기는 하나 우릭나라의 국제겁 지위와 한국문제에 대한 유엔
네에서의 인식은 중화민국의 입장과는 본질겁으로 다르며, 지지세력의 겁도
반이한 것이며 중국문제와 한국문제가 역사겁으로나, 법률겁으로나 우릭

184

268

그 성질상 상이하다는 것을 명백하게 하여두는 것이 앞으로도 필요하다고 생각됨. 앞으로도 대 유.엔정책은 국제사회에서의 지지세력을 확보하는 지역외교를 강화함이 긴요하다고 사료되며, 아주지역, 중동지역 및 중남미 제국에 대한 세력증진과 원조제공을 확대하고 북괴의 진출을 봉쇄하기 위한 조치를 적극 취하도록 하는 강력외교를 추진하여야 할것이며, 이를 위하여 다음과 같은 건의를 승인하여 조기 실현도록 조처하여 주시기를 품심함.

135

269

[자료 13] Memorandum for Mr. Henry A. Kissinger, the White House, Korean Question at the 27th UN General Assembly, July 3, 1972

Pol 32–4 Kor/UN, Subject—Numeric Files, RG 59, NA.

(See 72―――49)

RS/R FILES

DEPARTMENT OF STATE

Washington, D.C. 2052 **Attention** _____ E

Keep this study together.

July 3, 1972

S/S-7210633

SECRET

COPIES TO:
U
J
C
EA
IO
RF

MEMORANDUM FOR MR. HENRY A. KISSINGER
THE WHITE HOUSE

Subject: Korean Question at the 27th
UN General Assembly

Your memorandum of June 21 requested that those portions of the study being prepared in response to NSSM 154 respecting the Korean question in the UN be submitted by June 30. A memorandum is attached examining the questions to be debated in the UN and setting forth options available to the United States Government.

The possibility of a debate on Korea in the United Nations this fall comes at a time when the United States has begun to make major adjustments in the terms of its relations with the People's Republic of China and the Soviet Union. In choosing among the options available decisions should take into account the following issues:

-- How valuable is the United Nations presence in Korea to the U.S.?

-- How valuable is the United Nations presence to the Republic of Korea?

-- Is now the appropriate time to consider changes in the United States position?

Value of the United Nations Presence to the United States.

In the past the umbrella of the United Nations presence has been of assistance to the United States

SECRET

EA/K: P. W. Kriebel

MICROFILMED BY S/S

DECLASSIFIED PER NND 4471240
BY ED NARA DATE 7-14-11

SECRET
-2-

in carrying out its policies in Korea with the
approval of the international community. Specifically:
The United Nations Commission for the Unification
and Rehabilitation of Korea (UNCURK) has provided
an agreed US-ROK approach to the question of Korean
unification which has the endorsement of the UN.
However, it has long since completed its contribution
to the rehabilitation of Korea and has never been
able to carry out its mandate on unification since
it has never been accepted by the other side. Its
presence is symbolic and as North-South bilateral
contacts grow even this value diminishes.

The United Nations Command has provided a means
acceptable to the ROK for U.S. operational control
of the ROK armed forces; has been the guarantor for
the UN side of the Armistice Agreement terminating
the Korean conflict; and has provided the only
useable channel of communication between the U.S.
and North Korea. The question of its present
usefulness is more complex but the presence and
treaty basis of U.S. forces in Korea is independent
of the Command. However, the ability to use
Japanese bases in defense of Korea is related to
UNC arrangements. Dismantling the Command would
require a review of the value of these arrangements,
revision of the present bases of U.S. operational
control of ROK forces and adjustments to preserve
the validity of the Armistice Agreement.

Basically, the UN apparatus in Korea is an
increasing anachronism and a problem for the
United States, particularly in the United Nations.
Time can only erode support for the present
arrangements devised during the cold war confrontation;
increasingly the various states are indifferent to
the issue or convinced the UN apparatus is inappropriate
to the current international situation. It will thus
require increasing U.S. expenditure of time and effort
to maintain these arrangements with less and less
probability of success.

Value of the United Nations Presence to the ROK.

The UN presence gives the ROK a special status
with respect to North Korea and supports its claim to

SECRET

DECLASSIFIED PER NND 941712
BY ED   NARA DATE 7-14-11

SECRET
-3-

international protection. The UN presence is
part of the history of UN involvement in Korea since
its liberation from Japanese colonial rule, and
supports in ROK eyes the legitimacy of its
government which was established under UN aegis.
Actually, the legitimacy of the ROKG does not depend
in any way on a preferred situation in the UN which,
in any event can be maintained only by increasing
effort on our part.

UNCURK is seen as a symbol of international
interest in unification of Korea on terms favorable
to the ROK. The United Nations Command is intimately
linked by the ROKG with continued U.S. military
support and a token, however fragile, of UN concern
for its security.

Removal of the UN presence would be considered
a psychological defeat and internally could cause
dissension and unrest if it called into question
U.S. support or impaired the international status
of the ROK.

Is It Time to Dismantle the UN Apparatus?

The Secretary of State has told the ROK Foreign
Minister that we are prepared to work with the ROKG
for postponement of the Korean debate this year,
and the President has assured President Park that
we would cooperate with the ROKG in dealing with the
UN question. To undertake major changes in the
UN presence this year except in the face or pressure
not evident at this time, would dismay the Korean
government. It has entered into what for it is a
danger-fraught dialogue with North Korea. Not only
are the development and outcome of this dialogue
impossible to forecast, but the ROKG is fearful
that confrontation in the peninsula will precipitate
a massive recession of U.S. support and international
interest, leaving it ultimately in an inferior
position with respect to North Korea. The ROKG
believes it has a right to our support, particularly
this year when, at the President's request, it has
reluctantly and at some cost agreed to retain the

SECRET

DECLASSIFIED PER NND 4010740
BY FD NARA DATE 7-14-11

two ROK infantry divisions in Viet-Nam for the
remainder of this year. The ROK total ground force
in Viet-Nam will be slightly larger than our own
by September 1, and the combat portion of that
force will be considerably larger.

Recommendations:

1. For the reasons cited we believe this
year the U.S. should continue to work with the ROKG
for postponement of the Korean debate.

2. In doing so, we should seek ROK agreement
to examine with us all aspects of the UN presence
prior to the 28th General Assembly in 1973.

3. If postponement proves not feasible we
will face the traditional debate. It is not
necessary to make a final decision on the various
elements of the debate at this point but we think
our planning and discussion with the ROKG should be
along the following lines:

a. Invitation Question. The traditional
conditional invitation is unlikely to be
successful and we should be prepared to make
the changes necessary to obtain UN endorsement
accepting the possibility that this may mean
North Korean participation in the debate.

b. UNCURK. The ROKG may insist that we
hold the present line on UNCURK and it is
possible that we could do so for this year.
We should however recognize the vulnerability
of UNCURK and develop contingency plans for
seeking the suspension of UNCURK activity on
the most favorable terms   possible.

c. Question of Foreign Troops. We should
meet this issue head on and make no concession
that might affect the UNC which is the creation
of the Security Council rather than the General
Assembly. This is an issue we will have to
face subsequently.

SECRET

DECLASSIFIED PER NND 749674
BY ED . NARA DATE 7-14-11

SECRET
-5-

    d. **Korean War Aggressor Resolutions.** We should also meet this issue head on on the grounds that the UN is not in the business of rewriting history.

    e. **Two Koreas in the United Nations.** Neither side appears particularly interested in this approach. Obviously we cannot accept entry of North Korea until both Koreas are prepared to apply for membership.

Robert H. Miller
Acting Executive Secretary

Attachment:

    Memorandum

Concurrences:
  EA/K:DLRanard(draft)
  EA:AHummel
  J:UAJohnson

IO:SDePalma
IO/UNP:JArmitage

·SECRET   J-UAJ/per RTC

EA/K:PWKriebel:jcm 6/30/72 x22332

Pol 32-4 Kor/Un

Department of State TELEGRAM

SECRET　124

PAGE 01　SEOUL 04457　3105317

13
ACTION EA-14

INFO　OCT-01　IO-12　INR-06　L-03　SS-14　RSR-01　RSC-01　/052 W
　　　　　　　　　　　　　　　　　　　　　　　　　　　053143
R 3103502 JUL 72
FM AMEMBASSY SEOUL
TO SECSTATE WASHDC 3476

S E C R E T SEOUL 4457

NO DISTRIBUTION OUTSIDE DEPT////////////////////////////////////

FOR RANARD EA/K

SUBJ: KOREAN ITEM IN 27TH UNGA

REF: STATE 137310

1. WE HAVE REVIEWED PAPER ENCLOSED WITH YOUR LETTER OF JULY 17
TO HANDLING OF KOREAN ITEM IN 27TH UNGA AND OFFER FOLLOWING
COMMENTS:

　A. WE AGREE WITH THE CENTRAL RECOMMENDATIONS PARTICULARLY
WITH THE IMPORTANCE IN THIS GENERAL ASSEMBLY OF POSTPONING
DEBATE, OF AVOIDING ANY UN DECISION REGARDING ARRANGEMENTS
FOR UNC, AND OF AVOIDING REVISION OF RESOLUTIONS RELATING TO
PRC AND NK AGRESSION DURING THE KOREAN WAR.

　B. WE WILL CONTINUE TO PRESS ROKG TO DO CONTINGENCY PLANNING
FOR THE CURRENT SESSION AND WE AGREE WITH THE VALUE OF A FULL
REEXAMINATION OF ALL ASPECTS OF THE UN PRESENCE WELL BEFORE
THE 28TH UNGA.

　C. REALISTICALLY, HOWEVER, WE SHOULD RECOGNIZE THAT THE ROKG
DOES NOT YET SEE DEFEAT OF POSTPONEMENT PROPOSAL. UNTIL IT DOES
ROKG IS NOT LIKELY SERIOUSLY TO DISCUSS WITH OTHERS ALTERNATIVE
COURSES OF ACTION FOR FEAR OF DILUTING THEIR RESOLVE, AND PER-
HAPS ITS OWN, TO PUSH FOR POSTPONEMENT.

　(1) FOR 27TH UNGA, THIS EMPHASIZES THE IMPORTANCE OF
VOTING ASSESSMENTS AND OF BEING ABLE TO SHOW THE ROKG THE

SECRET

FORM DS-1652

Department of State TELEGRAM

SECRET

PAGE 02 SEOUL 04457 3105317

VALIDITY OF US ASSESSEMENTS IF THEY DIFFER IN IMPORTANT WAYS
FROM THOSE OF THE ROKG.

(2) AS TO 28TH UNGA AND BEYOND, WE CAN OFFER NO ASSURANCE
AT THIS TIME THAT ROKG WILL BE WILLING TO ENGAGE IN A FULL
REVIEW OF ALL ASPECTS OF THE UN PRESENCE, PARTICULARLY IF THE
POSTPONEMENT VOTE IS FAVORABLE THIS YEAR. THE ONLY THING TO BE
SAID WITH ASSURANCE IS THAT ROKG WILL WANT TO FORMULATE POLICY IN
LIGHT OF DEVELOPMENTS IN THE SOUTH-NORTH CONTACTS AND ITS ASSESS-
MENT OF SENTIMENTS AND VOTE PROSPECTS IN THE UN. THESE CANNOT BE
FULLY ANTICIPATED. ROKG RELUCTANCE TO ENGAGE IN A BILATERAL REVIEW
AT THIS STAGE SHOULD NOT, HOWEVER, BE A BAR TO THOROUGH AND
DETAILED UNILATERAL INTERNAL US STUDY OF THE POSSIBLE ALTER-
NATIVES AND THEIR IMPLICATIONS FOR US AND KOREAN POLICY. THIS
WILL HELP TO IDENTIFY FEASIBLE ALTERNATIVES AND COURSES OF
ACTION IN ADVANCE, AND PLACE US IN ADVANTAGEOUS POSITION AT
SUCH TIME AS CIRCUMSTANCES INDICATE ADJUSTMENT OF CURRENT
POLICIES AND ARRANGEMENTS. TO AVOID STIMULATING ROKG SUSPICION
OF US POLICY AND INTENTIONS, HOWEVER, AND IN ACCORDANCE WITH
RECENT SPECIFIC REQUEST OF PRESIDENT PARK TO ME, WE SHOULD NOT
GET IN FRONT OF ROKG ON TWO KOREAS AND OTHER UN-RELATED ISSUES.
RATHER, WE SHOULD BE PREPARED FROM OUR STUDIES TO NUDGE ADJUST-
MENTS IN DESIRABLE DIRECTIONS AS SOON AS IT APPEARS POSSIBLE
AFTER THE 27TH GA. (ASSUMING WE ARE SUCCESSFUL IN SECURING
POSTPONEMENT). IN DOING SO WE SHOULD TRY TO LET ROKG DETERMINE
TIMING AND PACE ON THE BASIS OF DEVELOPMENTS IN SOUTH-NORTH
CONTACTS AND UN FORUM, BUT BE PREPARED TO PUSH THE PACE IF THE
KOREANS APPEAR UNREALISTIC OR DILATORY. GDS
HABIB

SECRET

FORM DS-1652

DEPARTMENT OF STATE

Washington, D.C. 20520

7305102

SECRET/SENSITIVE

March 15, 1973

MEMORANDUM FOR THE DEPUTY SECRETARY

UN Presence in Korea

I am attaching another copy of the
memorandum on UNCURK which you asked for
at <u>TAB A</u>.

There is also attached some additional
thoughts on the problem of the UN Command
presence in Korea at <u>TAB B</u>.

Marshall Green

Attachments:

TAB A - Paper on UNCURK
TAB B - Paper on the UN Command

SECRET/SENSITIVE

EA/Marshall Green   EXDIS

DECLASSIFIED PER ~ ~ ~
BY _SC_ , NARA DATE _7-15-11_

SECRET/SENSITIVE

March 15, 1973

THE UN COMMAND

BACKGROUND

The UN Command was set up on the basis of an UN
Security Council Resolution of July 7, 1950. The UN
Command, therefore, is a creature of the Security
Council and can only be disbanded by action of the
Council, unless of course we take unilateral steps
toward this end.

CURRENT SIGNIFICANCE AND ROLE

At the present time, there are only a handful of
troops from other countries attached to the UN Command.
The Command, per se, has no present military signifi-
cance, as a result.

The UN Command does play a present security role,
briefly:

1) It provides operational command over the ROK
forces and thereby some leverage if needed in preventing
ROK offensive operations against the North;

2) It provides a planning structure and umbrella
under which third country forces could be brought back
in defense of Korea should the North undertake a new
aggression (The practical utility of this role is
subject to some doubt, however.);

3) The UN Command has a formal function in im-
plementation of the Korean Armistice Agreement, which
at the present time is limited to the occasional and
sterile Military Armistice Commission meetings;

4) The UN Command provides a legal basis for the
right of both US and third country forces to use
Japanese bases in defense of Korea, without any more
than pro forma prior consultation; and,

SECRET/SENSITIVE

BY 8C , NARA DATE 7-15-71

SECRET/SENSITIVE 2.

    5) The presence of the Command in effect makes
an attack on the South by North aggression against
the UN, rather than strictly a local conflict, thereby
serving as at least a psychological deterrent to the
North.

    None of these factors provide unsurmountable
obstacles to the dissolution of the UN Command, pro-
vided other means can be developed to work out the
necessary arrangements. The primary security role in
Korea, in the last analysis, is played by the US Treaty
commitment to Korea, backed by the presence of US mili-
tary forces. However, dissolution of the UN Command
would be an extremely heavy psychological blow to the
ROK, which views its moral and security position vis-a-
vis the North significantly strengthened by the UN
presence in Korea. Dissolution of the Command would be
widely interpreted in the ROK as the first step towards
withdrawal of US forces.

QUID PRO QUO ARRANGEMENT

    Given both the large ROK stake in maintaining the
UN Command and the great importance attached by North
Korea and the PRC to its dissolution, a large price
should be levied for US agreement to dissolve the UN
Command. Several approaches are possible:

    1) The ROK would be given this card to play in
seeking an acceptable bilateral arrangement with the
North. This would give the ROK considerable leverage
in these talks. At the same time, we would assure the
ROK that the US presence would not be affected by with-
drawal of the Command.

    2) The withdrawal of the UN Command should be
used by the South, as well as by ourselves, as leverage
to achieve a more stable "interim" North-South ac-
commodation reducing to an absolute minimum the risk
of renewed hostilities. One specific measure that
might be sought, for example, would be assurances from
the North and guaranteed by the PRC and the USSR of

SECRET/SENSITIVE

DECLASSIFIED PER ~~~~~~~~~~
BY SC , NARA DATE 7-15-71

SECRET/SENSITIVE   3.

the inviolability of the North-South border, combined
with formal recognition by these powers of South Korea.

Ken —
We still have more work
To do on the quid pro quo.
This is conceptual + preliminary

                    Marshall

SECRET/SENSITIVE

[자료 16] Memorandum to Dr. Henry Kissinger from Mr. Kenneth Rush, Korean Policy Reconsideration: A Two-Korea Policy, MAY 29, 1973

Pol 32-4 Kor/UN, Subject-Numeric Files, RG 59, NA.

SECRET/SENSITIVE S/S- 7309848 SADIXE

May 29, 1973

MEMORANDUM

TO: Dr. Henry Kissinger

FROM: Mr. Kenneth Rush

    In accordance with our discussion on Saturday, May 26, I am enclosing a paper with regard to "Removing the U.N. Presence from Korea."

    Meanwhile, we have been conducting a reconsideration of our policy with regard to Korea, and I am enclosing the results of this study, entitled "Korean Policy Reconsideration: A Two-Korea Policy," which you may also be interested in reading.

    Both papers are being very closely held.

NODIS REVIEW

Cat. A Caption removed;
        transferred to O/FADRC
Cat. B Transferred to O/FADRC
        with additional access
        controlled by S/S
Cat. C Caption and custody
        retained by S/S

Reviewed by:

Date:

EA/K:DL Renard:dp

SECRET/SENSITIVE

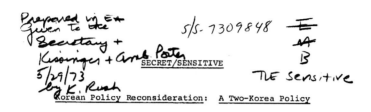

S/S- 7309848

SECRET/SENSITIVE

Korean Policy Reconsideration: A Two-Korea Policy

BACKGROUND: A New Framework for Korean Policy

Korean policy has since 1950 remained largely unchanged
and postulated on cold war assumptions that are increas-
ingly anachronistic. The primary elements of this policy--
aimed at deterring renewed conflict and buttressing the
ROK--have consistently remained a mix of:

1)   A US Treaty commitment to Korea, backed by the
stationing of substantial US forces in Korea.

2)   US support for the modernization of ROK mil-
itary forces and broader international aid to its economy.

3)   A UN role in Korea through UNCURK and the UN
Command, with the ROK holding a privileged position vis-
a-vis Pyongyong in the UN and elsewhere in the interna-
tional community.

4)   Support for the goal of peaceful unification
under conditions favorable to the ROK.

The reduction of cold war tensions and the progress
toward normalization of US-PRC relations have over the
past year eroded this policy and left elements in it
increasingly anachronistic. A general consensus among
the four major powers involved--US, USSR, PRC and Japan--
has evolved favoring accommodation of both sides in
minimizing the risk of North-South conflict. Even the
ROK and North Korea have given recognition to this trend
by opening bilateral talks.

In recent months, the pressure for new arrangements
on Korea looking to a two-Korea "provisional" accommodation
have accelerated, despite the clear lack of progress
in North-South talks. The recent developments giving
new impetus to Korean policy reconsideration are:

1)   A far-reaching Pyongyang bid for diplomatic
recognition and representation in international

SECRET/SENSITIVE

BY __A2__ , NARA   DATE __7-18-11__

organizations, which at least implicity accepts a two-Korea policy.

2) Recognition of North Korea by a number of Scandinavians, Africans, and others.

3) A shift in Australian policy towards some form of relationship with the North, crucial in view of Australia's role in UNCURK.

4) North Korea's entry into WHO by 66-41 majority and into the IPU.

5) Finally, ROK recognition of the need to reconsider its foreign policy in light of new international realities.

Policy Objective: Aid to Korea Accommodation

The goal of US policy towards Korea should be to formalize and consolidate a two-Korea accommodation between the North and the South for an indefinite period, while leaving as an ultimate goal the eventual reunification of Korea.

Criteria for a Settlement

The minimum criteria for a Korean settlement--full or partial--acceptable to us are:

-- a stable relationship between North and South Korea at reduced levels of tension;

-- a stable framework for peaceful competition among the major powers;

-- political stability and opportunity for economic growth in the ROK;

-- adequate military security for the ROK including U.S. military access;

-- protection for U.S. financial and commercial interests in the ROK;

-- a role for North Korea consistent with stability in the area.

DECLASSIFIED PER N/N-D 96500u3
BY A2 , NARA DATE 7-18-11

SECRET/SENSITIVE   3

Policy Guidelines

1) The US should actively encourage through all
means, diplomatic and otherwise, a two-Korea accom-
modation.

The basic question is the degree of U.S. involve-
ment in seeking a two-Korea accommodation. Under the
present circumstances, any posture less than active
encouragement would permit the situation to drift to
our disadvantage. At the present time, even the ROK
seems likely to seek an active American role.

2) A two-Korea accommodation should be sought on
the basis of a package proposal involving major policy
elements, rather than through a piecemeal approach.

There is a present danger that a Korean solution
will emerge from a series of piecemeal actions, largely
uncoordinated, beginning with UNGA decisions on UNCURK
and the UN Command. Partial Western recognition of
North Korea and North Korean entry into Seoul inter-
national organizations has already started down this
path. A piecemeal approach is the most disadvantageous
from the U.S. viewpoint and deprives us of leverage we
could use by judicious concessions on the UN in order
to achieve our goal of a consolidated two-Korea accom-
modation. A carefully conceived package approach, on the
other hand, could offer us maximum negotiating advantage.

3) The critical hardcore elements in current U.S.
policy towards Korea are those relating to the U.S.
commitment, force deployments, and military assistance
programs.

While no single element of U.S. policy need be con-
sidered ultimately non-negotiable, these elements of
policy within the U.S. unilateral control should be con-
sidered as hardcore to be bargained away only at a very
high price of meeting our policy objectives. Depriving
the South of the U.S. presence and support in Korea is
the prize most coveted by Pyongyang, short of control
over the Korean peninsula; by the same token, maintaining
a U.S. presence is essential to buttressing the South
in accepting a two-Korea accommodation and providing an

SECRET/SENSITIVE

DECLASSIFIED PER NND 965042
BY A2 , NARA DATE 7-19-11

SECRET/SENSITIVE   4

essential deterrent to Northern aggression in the absence
of new and equally firm arrangements. Furthermore, the
PRC and USSR, as well as Japan, are likely to favor a
continued U.S. presence as a stabilizing force. Finally,
this step will most reassure the ROK.

Discussion of Hardcore Element

A. Treaty Commitment:

The U.S. Treaty commitment to Korea is at the very
heart of our relationship. Under present circumstances,
there are hardly any conceivable reasons for giving up
that commitment. Only a four-power security arrangement
or a broader multilateral arrangement guaranteeing the
security of South Korea, which are most unlikely in the
short run, could conceivably replace this commitment.
At this stage, no consideration should be given to any
change in the Treaty commitment.

B. U.S. Troop Deployments:

U.S. troop deployments in Korea serve several purposes--
a tripwire to bring into effect the treaty commitment,
an active deterrent to North Korea, particularly through
the air deployments, and a backbone for ROK negotiation
of a two-Korea settlement. Furthermore, Korea provides
a hospitable location to base forward deployed U.S. forces.
While any significant reduction in U.S. forces in Korea,
particularly the ground division which is not militarily
necessary, should not be made during the initial delicate
stages of a two-Korea negotiation, in spite of growing
pressure on our defense budget, we do have flexibility in
this area both in absolute and relative terms. This
flexibility should be strengthened by adopting a long-term
modernization goal permitting a deterrent against aggres-
sion maintained solely by ROK forces. In fact, the key
leverage of the U.S. in any two-Korea negotiation is how
we position our forces in Korea. Reductions can be used
both as a prod to the ROK and a token of progress in
negotiations. Any major reductions, on the other hand,
should be reserved for bargaining for an internationally
accepted deterrent against aggression and possibly mutual
force reduction within the Korean peninsula.

SECRET/SENSITIVE

DECLASSIFIED PER N/N/D 969007
BY A2 , NARA DATE 7-10-11

SECRET/SENSITIVE   5

C. U.S. Military Assistance:

The completion of the modernization program is
recommended with a shift in emphasis from support of
ground forces to support for air defense. A shift in
emphasis is dictated not only by the relative strength of
the two Korean forces but also by the desirability of
assuring at some future date greater flexibility for U.S.
withdrawals. We have, however, less bargaining leverage
in this area given the vagaries of Congressional support
for military assistance and we will have to depend in-
creasingly on Korean budgetary support for O&M and FMS
for purchase of new equipment. However, during the
critical negotiating phase, it will be essential to gain
Congressional support for a substantial grant military
assistance program to Korea.

4) The present UN role in Korea is expendable but
not without a price.

There are four major issues in the UN equation on
Korean policy--possible deferment of the UNGA debate,
North Korean participation in the UNGA debate, the status
of UNCURK, and the continuation of the UN Command.

Any effort to postpone UN or to block North Korean
participation in the debate looks like a "dead duck" and
would expend diplomatic leverage without much hope of
success. They are not recommended.

UNCURK, which is increasingly anacronistic, is also
a virtually hopeless case. Our bargaining leverage in
making a deal to give up UNCURK has, in fact, been even
further reduced by the WHO vote, but it is still worth
holding on to as part of a broader package deal. UNCURK
is furthermore a focal point of communist and Third
World attacks in the UN, and not too highly prized by
the ROK.

The UN Command, on the other hand, has substantively
more value to us and is also more difficult to disestablish
because it is an entity of the Security Council, rather
than the General Assembly. Furthermore, the UN Command
is an integral element in the Armistice arrangements and
its disestablishment would require revision of these
arrangements. One obvious prospective deal would be a
new border arrangement negotiated between the North and
South, and possibly guaranteed by outside powers in
exchange for giving up the UN Command. This is a

SECRET/SENSITIVE

DECLASSIFIED PER NND 969017
BY A2 , NARA DATE 7-18-11

desirable objective in terms of our policy and defensible in the UN, and also the PRC is anxious to see an end to UN, as against U.S. involvement in Korea.

6) **Major new elements in U.S.-Korean policy will require decision and implementation.**

A two-Korea policy will require consideration and decision on a largely new range of U.S. policies towards Korea. In pursuing a package approach from the outset some actions, at least, will require earlier decision, while others can be delayed for further study and later decision.

Actions for Immediate Decision:

A. **Reciprocal Recognition:**

To counterbalance the current tendency of non-Communist nations to recognize the North, a concerted diplomatic effort must be made to gain reciprocal recognition by Communist countries of the South. In the absence of reciprocal recognition, non-Communist countries should be urged to delay further steps towards recognizing the North.

B. **Dual UN Membership:**

On the assumption that some change in the UN role in Korea will be forced upon us, we should seek acceptance of both Koreas as members to the UN simultaneously with the dissolution of UNCURK. UN membership for both will provide at least some support by the UN of a stable two-Korea accommodation and a new role for the UN in deterring aggression. It becomes a logical sequence to the present UN policy providing recognition of the ROK as the sole legitimate Government of Korea. Our support for dual membership, furthermore, may establish some tactical advantage over the North which so far has resisted this approach, and may be acceptable to the ROK. It may be argued that dual membership, as in the German case, should follow a North/South agreement. The situations are hardly analogous, however. In our view there is considerable logic in moving ahead in the UN before such an agreement, given past UN involvement in Korea.

DECLASSIFIED PER N/A/D 96900117
BY A2 , NARA DATE 7-18-11

C. Normalization of U.S.-NK Relations:

While we are probably in a position to withold formal
recognition of North Korea until a later date, there is
a strong case for beginning the process of normalizing
our relations with the North. In particular, informal
secret contacts with the North seem increasingly necessary
to provide us with direct information and perspective
on Pyongyang's policies, as well as a step toward bringing
Pyongyang into a more constructive relationship with the
West. Short of any formal contacts, we could signal our
intention by changing our travel regulations and stimu-
lating unofficial contacts. These steps, particularly
any contacts with the North, will require very close con-
sideration of ROK sensitivities.

Actions Requiring Later Decision:

A. New Armistice and Border Arrangements:

Since the UN Command is integral to U.S. armistice
and border arrangements, its dissolution requires--as
well as provides an opportunity for--direct North/South
arrangements not involving the U.S. or the PRC. In fact,
North Korea has proposed a peace treaty which might in
effect become a vehicle for such arrangements. This
requires careful study.

B. Arms Control Measures:

North Korea has also proposed mutual force reduction
but whether it is serious about this is not at all clear.
Farther down the road, there may be an opportunity both
for mutual force reduction and for some form of agreement
or understanding controlling the introduction of arms
into both Koreas. The feasibility of both approaches
needs much fuller consideration, including such questions as
its enforcability and the relationship between local
arms production in the North and South to the introduction
of arms from third parties.

C. Four-Power Security Arrangements Relating to Korea:

In any "permanent" two-Korea settlement, consideration
should also be given to negotiating a four-power guarantee

DECLASSIFIED PER _NND 969047_
BY _A2_ NARA DATE _7-18-71_

of the arrangements and measures to deter hostilities
in the peninsula. Well up the road, such an arrangement
might conceivably be a quid pro quo for neutralizing
Korea.

　　7) A two-Korea accommodation will require multiple
negotiations.

　　The complexities of the Korean situation and the
involvement of the major Asian powers, as well as the UN,
dictate a series of virtually simultaneous negotiations
at four different levels: (a) North/South direct nego-
tiations involving primarily those arrangements within
the Korean peninsula requiring bilateral agreement; (b)
negotiations between the U.S., the PRC, and the USSR,
and probably Japan, involving those actions to be taken
by the four Asian powers unilaterally and jointly,
including influencing their respective clients; (c)
broader consultations among key Western countries, including
Japan, Australia, and the United Kingdom, covering the
UN particularly; and, (d) negotiations with a much wider
circle on the UN deal. But, the essential first step is
discussions with the ROK.

　　The scenario for the interface of these negotiations
will necessarily be complex, but, in their absence, we
court the risk of an unsatisfactory piecemeal solution
to Korea. The two keys to the negotiating process will be
gaining ROK agreement in the first instance and then the
agreement of the PRC and USSR, who must be depended upon
to bring North Korea into line and not permit Pyongyang to
manipulate Sino-Soviet rivalry to its advantage.

Negotiating Scenario

A Three-Stage Process:

　　Given the major problems to be negotiated and
resolved in achieving our objective of a solid and stable
two-Korea accommodation, it is extremely unlikely that
all elements can be worked out sufficiently quickly to
achieve a complete package in the immediate future. On
the other hand, the pressure of events is such that some
elements cannot wait for negotiation of the total package,

DECLASSIFIED PER N/A-D 9690u17
BY A2, NARA DATE 7-18-11

particularly those relating to the UN and diplomatic
recognition of both countries. A staged negotiating
scenario is therefore recommended along the following
lines:

Stage One: In the first stage of negotiations,
while discussing the broader effort to achieve a stable
two-Korea accommodation, agreement would be sought on
a limited package embracing the dissolution of UNCURK,
entry of the two Koreas into the UN, reciprocal recognition,
and acceleration of bilateral North/South negotiatons.
All elements of unilateral US policy towards South Korea
would remain essentially unchanged, except perhaps for a
token reduction of one infantry brigade. The United States
may at this point also initiate private diplomatic and
non-diplomatic contacts with the North, but would withhold
recognition.

Stage Two: The principal negotiation in stage two
would be between North and South Korea. If new border
and armistice arrangements were included in this package,
the UN Command could be dissolved and withdrawn. Depending
upon the nature of the agreement, further U.S. force
reductions, particularly the remainder of the ground
division and ground based air defense forces replaced
under the modernization plan, might also be undertaken.
U.S. military assistance reductions owuld take place as
ROK forces achieve self-sufficiency. This program pro-
vides at best a minimal area of negotiating leverage on
the North and South because of prevailing Congressional
attitudes. Decisions on both force reduction and assis-
tance would rest ultimately on whether the new North/South
arrangements provided a sufficient deterrent to aggression
and conflict to permit these actions. Following an agree-
ment between the North and the South, the U.S. would
further normalize its relations with the North and move
toward formal recognitdion.

Stage Three: During this stage, new security arrange-
ments would be sought and negotiated, both bilaterally
between the North and South and multilaterally among the
the major Asian powers involved. If these security
arrangements proved satisfactory to assure a stable,
secure two-Korea acommodation minimizing the risk of con-
flict, consideration would be given to a further reduction
in the remaining U.S. role and presence in Korea, including
the air force units.

SECRET/SENSITIVE

Prepared in EA
Given to the
Secretary SECRET/SENSITIVE
Kissinger + Camb Peters *S/S- 7309849*
5/17/73 REMOVING THE U.N. PRESENCE FROM KOREA *TLE Sensitive*
by K. Rush

I. The UN Presence

There are two elements in the UN presence: UNCURK
and the UNC, the latter of which includes the Military
Armistice Commission. The first was established by the
UNGA, the second by the UN Security Council. Of some
seven countries who originally were members of UNCURK,
five still play a nominal, if reluctant, role. So far
as the solution to the Korean problem is concerned, UNCURK
is an anacronism; it is today regarded as expendable by
the ROK. The UNC on the other hand continues to have a
significant, although not essential, role in the security
of the ROK. It is an important symbol to the ROK of the
international interest in Korea's present and future
security. These facts are important to any plan to dis-
solve the UN presence in Korea.

II. Suspension or Dissolution of UNCURK

UNCURK having been created by the UNGA, it is more
than likely that its demise will have to be noted, if only
ceremonially, by the UNGA. This can take place either at
the initiative of the ROK and its friends (all current
members of UNCURK are friendly to the ROK) or by a reso-
lution such as has been sponsored on behalf of North Korea
over the years by the communist, socialist Third-World

DECLASSIFIED PER NND 969042
BY A2 , NARA   DATE 7-18-11

countries. The signal from the recent WHO meeting is
that North Korea can no longer be barred from UN par-
ticipation. With North Korea as an observer in the UN
where she could object to the continuation of UNCURK,
it seems clear that the existence of this UN agency can
no longer be protected.

In this circumstance, it seems equally clear that
Korea and her friends should make the move to suspend
or dissolve UNCURK while there is still time to claim the
initiative and make it appear a sign of willingness on
the part of the ROK to resolve the Korean problem. The
ROK can do this in coordination with the UNCURK members
by communicating to the UN Secretary General the ROK view
that UNCURK has served the purposes for which it was
established, and that in the context of the South-North
talks and the July 4th communique there no longer remains
a need for its continuation. There is reason to believe
the ROK will go along with such a move in that it main-
tains for the ROK the appearance of flexibility. If
necessary, Seoul can be nudged along by the Australians
signalling they have concluded that UNCURK no longer
represents a potential solution to the Korean problem,
and that Australia intends to drop her membership. Such
action would sound the death knell and the ROK could be
expected to accept the inevitable.

DECLASSIFIED PER *AND 969005*
BY *A2* NARA DATE *7-18-11*

III. When to Move on UNCURK

The time to move is now, before the sponsors of the traditionally unfriendly resolution on UNCURK are able to coordinate and agree on the language and tactics of their own proposal. A ROK proposal to the Secretary General within the next few weeks could catch our opponents off balance and give them considerable pause as to their next step. Without UNCURK as an issue, would they submit a resolution focussed on the UNC over which the General Assembly lacks jurisdiction? Possibly, but with the most contentious issue eliminated, what would the debate be over, and what would be the chances of success for the opponents? Moreover, if such a ROK proposal were linked to action terminating the UNC there would be nothing left to talk about, save for the presence of North Korea as an observer at the UN, an issue which in essence was decided in Geneva recently.

IV. Action on the UNC

Engaging the ROK in any plan to dissolve the UNC can be expected to be far more difficult and could require more time to prepare the setting, both internationally as well as within the ROK. It is highly unlikely that the opposition can muster a majority against the

DECLASSIFIED PER NND 969017
BY AL , NARA DATE 7-18-11

UNC in the Security Council, and even if they were able
to do so, the US still has the veto. Such an attack in
the General Assembly can be challenged on grounds that that
body has no jurisdiction over this issue. If we and our
friends made a concerted effort to oppose such a resolution,
we would have a reasonable chance for success (for example,
while the Nordic countries could all be expected to vote to
suspend UNCURK it is highly doubtful they would vote to
abolish the UNC.) And if, in the momentum of our retreat
over UNCURK, our opponents were able to pass a resolution
recommending dissolution of the UNC, their action would
still be without force.

     In emphasizing the importance to them of the UNC, the
ROK quite naturally will point to the above considerations.
Earlier they had indicated they might be prepared to accept
a change in its status, but they have since concluded that
UN forces should continue to be stationed in Korea. Obviously
then they will suspect our motives if we initiate action to
abolish the UNC without at least obtaining concessions from
the other side to enhance stability on the Peninsula.
Assuming, however, that the PRC/USSR is in fact prepared
to take initiatives or provide certain assurances towards
furthering the reduction of tension; and that we are pre-
pared to continue our own commitments, particularly our troop
presence which the ROK considers "absolutely necessary" and

DECLASSIFIED PER _NND 969047_
BY _AL_, NARA · DATE _7-18-11_

the modernization of the Korean Military, the ROKs could
probably be brought around.

V. The Approach to Action on the UNC

UNCURK no longer is an asset, nor does it offer any
negotiating leverage. The UNC, however, still has its
values not the least of which is the fact that its elimi-
nation is greatly desired by the North and her allies
and they may be prepared to bargain for its removal. Al-
though we have alternate means for assuring ROK security
through bilateral arrangements, we should not concede the
dissolution of the UNC without some quid pro quo. In the
longer run this might take the form of a Big Power guarantee
of security on the Korean Peninsula. The Sino-Soviet problem
as well as the North's treaty relationships with the PRC
and the USSR may for the time being make this difficult.

In advance of such guarantees, recognition by the
large powers of the present status-quo could be a desirable
step forward. Recognition by these powers of the importance
of the DMZ as delineating respective national boundaries
of both sides until more permanent measures under a peace
treaty, or until agreement on unification would be another
step in the right direction. Another salutary move would
be large power endorsement of some practical steps toward
actually demilitarizing the DMZ. Most important, however

DECLASSIFIED PER A/A/D 969047
BY A2 , NARA ' DATE 7-18-11

would be the admission to the UN of both Koreas as well
as recognition by the Soviets and the Chinese of South
Korea. The latter, of course, would require recognition
of North Korea by the US, a not unacceptable price for
normalization of relations between both Koreas.

        Dissolution of .the UNC could be accomplished by the
US notifying the Secretary General that it no longer sees
need to continue the mission of the UN Command (the
wording of this communication would be related,to the
pertinent Security Council Resolution.) Simultaneously,
the US would publicly reiterate the importance of the
security of the Korean Peninsula to peace in Asia and
make clear that the US, in accordance with the US-ROK
Defense Treaty 1954 and the desires of the Korean people,
will continue for the' time being to maintain forces on the
Peninsula. (Such a public assurance would probably be a
requirement to any ROK agreement to cooperate in the removal
of the UN Command.) Action in connection with the UNC could
be closely coordinated with that on UNCURK, provided of
course that the USSR/PRC had made the necessary concessions
and that this timing was in our own interest. The ROK would
be given every opportunity to assert that both actions are
part of her own plan to bring stability to the Korean Peninsula.

DECLASSIFIED PER N/VD 969047
BY A2 , NARA DATE 2-18-11

VI. The Negotiating Sequence

The ROK has informed us that it is presently re-assessing its entire policy towards the North and the UN issue. From what we understand the ROK is facing realities and appears ready to come to terms. Her major considera-tions relate to (a) security and the necessity for a con-tinued US force presence as well as continuation of the military modernization program and (b) equal treatment internationally, i.e., no recognition of the North by the US and friends without accompanying recognition of the South by the Soviet/PRC and socialist grouping. These are integral to our negotiating stance, and should give us no problem. Present ROK thinking is that President Park will announce his new policy about July 10, prior to which they want to discuss the entire matter with us thoroughly. Timing is thus an important element in the negotiating se-quence.

-- We should agree to immediate bilateral consulta-tions with the ROK, preferably in the US, at which time we would exchange ideas, and lay out our views ad detailed above.

-- We will have to decide what and when to tell at least those of our friends whose role will be important

DECLASSIFIED PER A/A/I) 469UL12
BY A2 , NARA DATE 7-18-11

to the game plan: Australia (because of her swing
position on UNCURK), Japan (because of her influence
in Asia and her relationship to Korea's security) and
the UK (because of her significant role traditionally
on the UN question.) It is particularly important that
Australia stand in place and make no moves toward aban-
doning UNCURK in advance of our overall negotiation.

    -- Further sound out the PRC and the Soviets to
make clear our price for removal of the UNC.

    -- If the PRC/Soviets are in agreement with our
negotiating requirements, the ROK would move next to inform
the UN Secretary General regarding its views on UNCURK, as
outlined above, and we would do likewise as concerns the UNC.

    Eliminating the UNC will involve a host of moves re-
lating to new arrangements for administering the Armistice
Agreement (e.g. possible successor organizations for the
MAC, the NNSC, etc.) and perhaps even as concerns the UN
SOFA with Japan. These will have to be examined individually,
the process for which can begin immediately, and the solutions
to which are not insuperable.

    Assuming the PRC/USSR agrees to the above, they would
make their approach to the North. We can expect greater diffi-
culties from the North than from the South regarding admission
of two Koreas to the UN, as well as regarding an even-handed
policy of diplomatic recognition of two Koreas. If North Korea

DECLASSIFIED PER A/AD 969017
BY A2 , NARA DATE 7-18-11

is persuaded, however, arrangements could then be set in
train to seat two Koreas in the UN this fall. At about
the same time, we would find opportunity in the Security
Council, in coordination with the PRC and the Soviets, for
some sort of Council endorsement of actions taken to recog-
nize the significance of the DMZ, and to stabilize the military
situation along the border.

If the Soviets/PRC or the North balks at the above terms,
we will have to reexamine the scenario. Admittedly, we could
consider unilateral action on UNCURK, whose dissolution would
be no real loss. We should not dissolve the UNC, however,
without some corresponding concessions from the other side
to further security on the Korean Peninsula.

EA/K:DLRanard:dpw
5/29/73

친애하는 5천만 동포 여러분!

나는 오늘 우리가 그 동안 추진해 온 남북 대화의 경험과 국제 정세의 추이에 비추어, 민족의 숙원인 조국 통일의 여건을 실질적으로 개선하기 위한 우리의 평화 통일 외교 정책을 내외에 천명하고자 합니다.

제2차 세계 대전 후 우리는 해방이 되었으나 우리의 의사에 반하여 국토는 양단되고 민족은 분열되었읍니다.

당초 일본군의 항복을 받기 위한 군사적 경계선이라고 하던 38선이 그 후 철의 장막으로 변하고 남과 북은 정치, 경제, 사회, 문화의 모든 분야에 걸쳐서 완전히 차단되어 버렸읍니다.

그 동안 미,소 공동 위원회가 개최되어 38선의 해소와 통일 민주 정부 수립을 위한 교섭이 있었으나, 미,소간의 근본적 대립으로 실패에 돌아가고 결국 한국 문제는 국제 연합에 제기되었던 것입니다.

1947년 제2차 국제 연합 총회는 남북한을 통한 자유로운 총선거의 실시를 결의하고 이를 위해 임시 한국 위원단을 파견하였읍니다.

그러나, 북한의 거부로 남한에서만 자유 선거가 실시되어 1948년 8월 15일, 대한민국 정부가 수립되고 국제 연합에 의하여 유일한 합법 정부로 승인받게 된 것입니다.

1950년 6월 25일, 북한 공산군의 불의의 침략으로 인한 한국 동란으로 무수한 동포가 생명을 잃고 전국토는 초토화되었으며, 3년간의 전란 끝에 휴전은 성립되었으나 분단은 계속되고 통일은 요원해졌읍니다.

나는 이 분단으로 말미암은 동족의 고통을 덜고 평화 통일의 기반을 조성하기 위하여 1970년 8,15 선언에서 남북한간의 긴장 완화를 촉구하였읍니다. 그 다음 해 8월 12일 우리측은 남북 적십자 회담을 제의하였으며, 작년 7월 4일에는 평화 통일을 위한 남북 공동 성명을 발표한 바 있읍니다.

이리하여 남북 대화는 시작되었읍니다. 그러나, 근 2년이 되는 오늘에 이르기까지 그 성과는 우리 기대와는 거리가 먼 것이라 하지 않을 수 없습니다.

우리는 용이하고 실천 가능한 문제부터 하나씩 해결해 나감으로써 남북간의 장벽을 점차 제거하고, 구체적인 실적을 통해서 상호간의 불신을 신뢰로 대처해 나가는 것이 대화를 생산적으로 운영하는 길이며, 평화 통일을 성취하는 지름길이라고 주장해 왔습니다.

그러나, 북한측은 불신 요소를 남겨 둔 채 대한 민국의 안전 보장을 위태롭게 할 군사 및 정치 문제의 일괄 선결을 주장하고 있습니다.

그러면서도 북한측은 통일을 위한 남북 대화의 진행 중, 밖으로는 사실상 조국의 분단을 고정화시키는 행동을 계속하여 왔습니다.

이러한 남북 관계의 현상으로 보아 우리가 기대하는 바 남북 대화의 결실을 얻기까지에는 앞으로도 많은 난관이 예견되며, 상당히 긴 시일이 소요되리라고 판단됩니다.

뿐만 아니라, 이러한 상태가 그대로 방치된다면 결과적으로 불신의 심화와 긴장의 고조마저도 우려되는 바입니다.

한편, 최근의 국제 정세는 제2차 세계 대년 후의 냉전 시대가 끝나고 현상 유지를 기조로 하는 열강들의 세력 균형으로 평화 공존을 유지하려는 것이 그 주된 조류라 하겠습니다.

또한, 그간 이 지역에 있어서의 일련의 주변 정세의 발전으로 미루어 보아서도 국토 통일이 단시일 내에 성취되기는 어렵다고 보여집니다.

이러한 국제 정세는 우리 민족사에 있어서 하나의 커다란 문제를 제기하고 있읍니다. 즉 조국 통일이라는 민족 지상의 염원과 목표를 국제 정세의 현실 속에서 어떻게 추구할 것인가의 문제입니다.

친애하는 5천만 동포 여러분!

우리는 객관적 현실에 대하여 능동적으로 대처해 나가야 하겠읍니다.

우리는 조국 통일을 국내외의 현실 속에서 실현하는 현명하고도 확고한 방안을 수립하고 이를 강인하게 추구해 나가야 하겠습니다.

그것은 곧 현실을 직시하고 평화를 이 땅에 정착시킴으로써 그 바탕 위에서 우리의 자주 역량으로 통일을 기필코 이룩하자는 것입니다.

그러므로, 나는 이에 다음과 같은 정책을 선언하는 바입니다.

1. 조국의 평화적 통일은 우리 민족의 지상 과업이다. 우리는 이를 성취하기 위한 모든 노력을 계속 경주한다.
2. 한반도의 평화는 반드시 유지되어야 하며, 남북한은 서로 내정에 간섭하지 않으며 침략을 하지 않아야 한다.
3. 우리는 남북 공동 성명의 정신에 입각한 남북 대화의 구체적 성과를 위하여 성실과 인내로써 계속 노력한다.
4. 우리는 긴장 완화와 국제 협조에 도움이 된다면 북한이 우리와 같이 국제 기구에 참여하는 것을 반대하지 않는다.
5. 국제 연합의 다수 회원국의 뜻이라면 통일에 장애가 되지 않는다는 전제 하에 우리는 북한과 함께 국제 연합에 가입하는 것을 반대하지 않는다. 우리는 국제 연합 가입 전이라도 대한 민국 대표가 참석하는 국련 총회에서의 한국 문제 토의에 북한측이 같이 초청되는 것을 반대하지 않는다.
6. 대한 민국은 호혜 평등의 원칙 하에 모든 국가에게 문호를 개방할 것이며, 우리와 이념과 체제를 달리하는 국가들도 우리에게 문호를 개방할 것을 촉진한다.
7. 대한 민국의 대외 정책은 평화 선린에 그 기본을 두고 있으며, 우방들과의 기존 유대 관계는 이를 더욱 공고히 해 나갈 것임을 재천명한다.

나는 이상에서 밝힌 정책 중 대북한 관계 사항은 통일이 성취될 때까지 과도적 기간 중의 잠정 조치로서, 이는 결코 우리가 북한을 국가로 인정하는 것이 아님을 분명히 하여 둡니다.

친애하는 남북 동포 여러분!

나는 우리 조국이 처해 있는 오늘의 내외 정세를 냉엄히 평가할 때 이 길만이 긴장완화의 국제 조류 속에서 민족의 위신과 긍지를 유지하면서 조국의 평화통일을 자주적으로 성취하는 지름길이라고 확신합니다.
슬기롭고 용감한 민족 앞에는 결코 실망이나 좌절은 있을 수 없습니다.
우리 모두 희망찬 용기와 슬기로 한반도의 평화, 겨레의 번영, 그리고 조국 통일을 위해 힘차게 매진합시다.

미국 국무장관 접견 요지
────────────────

일시 - 1973년 7월 19일 (목) 13:45-15:00

장소 - 청와대 본관

참석 -

　　　 대통령 각하

배포 : 국무총리
　　　✓외무부장관　　　　　　　로저스 미국 국무장관
　　　국방부장관　　　　　　　　(WILLIAM P. ROGERS)
　　　중앙정보부장　　　　　　조상호 의전수석비서관
　　　의교특별보좌관

1010

73-13-2

223

122

각하 - 이미 외무부 장관과 우리의 공동관심사에 관하여 진지한 토의가
     있었을 것으로 알지만 이 기회에 올 가을에 있을 유엔 총회에
     대한 우리의 대책 그리고 우리의 앞으로의 안보문제에 관해서
     이야기 하고자 한다.

장관 - 본인도 그것을 바라고 있었읍니다.

각하 - (유엔 대책) 첫째, 유엔 대책문제에 있어서 우리는 가능하다면
     북한을 유엔에 끌어 넣고자 한다. 물론 이를 추진하는데 있어서는
     미국 정부측과 긴밀한 협조가 있어야 할 것이다. 우리는 북한을
     유엔에 끌고 가는 것이 그들이 무모한 행동을 하는 것을 견제할
     수 있는 방법이라고 생각한다. 이를 결정짓는 요소는 앞으로 소련과
     중공이 어떠한 태도로 나오느냐에 달려 있다고 본다. 그점에 있어서
     우리는 현재 중공이나 소련과 아무런 통신이 없으니 미국이 그들과
     접촉하여 그들의 의사를 타진해 주기 바라며, 그 결과를 검토하여
     추진해야 하겠다.
     (언커크 해체문제) 또 하나의 문제는 언커크의 해체문제인데
     우리는 이미 유엔의 결의에 따르겠다는 뜻을 밝힌 바 있다.
     즉, 유엔에서 언커크의 해체를 결의한다면 우리는 이에 반대하지
     않을 것이라는 점을 밝혔다. 언커크 해체는 언커크가 자진해서
     해체하는 방안과 유엔의 결의에 의해서 해체되는 방안이 있겠는데
     그중 어느 방안이 좋을 것인지는 미국측과 긴밀히 협조하여 그
     방안이 강구되어야 하겠다.
     (주한 유엔군의 존재문제) 다음은 주한 유엔군의 존재문제인데,
     우리는 유엔군의 폐지를 반대한다는 기본입장을 분명히 한 바
     있다. 그러나 공산측은 유엔군의 해체안을 들고 나올 것으로 본다.
     그러한 경우 자유진영이 이를 막아낼 수 있을는지 모르겠으며,

73-13-36 1011
                          224

129   - 1 -

만일 유연군의 존속이 어렵게 될 경우 우리는 이에 대한 대안을
마련해야 할 것으로 생각한다. 만일 유연군이 계속 존재할 수
없을 경우 유연군 대신 미군이 계속 주둔한다는 보장이 있다면
우리가 양보할 수 있을 것으로 생각하며, 더욱 검토되어야 할
문제라고 생각한다. 이 문제에 대해서는 하비브 대사와도 협의가
있었던 것으로 알고 있으며, 유연군의 깃발을 계속 유지한다는
것이 우리들의 입장을 더 유리하게 할 것이라는 점에서 서로 의견을
같이 하고 있는 것으로 안다. 설사 유연군이 해체된다고 하더라도
그에 앞서 전제조건이 충족되어야 할 것이다. 전제조건 중에서도
가장 중요한 것은 휴전협정의 효력이 계속 존속될 수 있는 대책이
마련되어야 할 것이라는 것이다. 이와같은 대책이 없이 유연군을
철수하게 되면 여러가지 어려운 문제를 낳게 할 것이다.
최근 입수된 정보에 의하면 북한의 김일성은 한.미, 그리고 한.일
간의 관계에 있어서 이간을 목적으로 갖은 책동을 하고 있으며,
특히 미국과의 관계에 있어서는 주한 미군의 철수를 계속 주장하고
그의 실현을 목표로 하고 있다고 한다. 이러한 정보는 관계관들의
종합된 의견과도 부합되고 있다. 따라서 북한은 올 가을에 있을
유엔에서 주한 미군의 철수를 제안할 것이 예상되며, 이에 대한
우리의 대책이 요구된다.
(서방진영에 의한 일방적인 북한 승인) 우리 정부의 또 하나의
관심사는 6.23 성명 후, 서방진영의 국가들이 일방적으로 북한을
승인하려는 경향이 있는데, 그 예로서 일본이라든가 기타 우리
나라와 어떤 국교를 맺고 있는 나라들이 두 개의 한국이라는
관념에서 북한을 일방적으로 승인하려는 움직임이 있다는 점이다.

1012

73-13-37 205

130

- 2 -

이에 관해서 장관이 미국의 해외공관에 지시하여 공산측이
한국에 대하여 그들의 문호를 개방할 때까지는 그와 같은
성급한 조치를 취하지 않도록 하는데 각별한 협조가 있기를
바란다. 그중에서도 가장 큰 관심사는 일본인데 장관도 아다
시피 일본에는 사회당, 공산당등 상당한 야당이 있어 이들 야당은
일본이 북한과 국교를 맺는 것을 주장하고 정부에 압력을 가하고
있다고 한다. 물론 일본의 자민당은 우리의 입장에 협조적이며,
다나까 정권도 현재로써 이와 같은 야당의 주장을 따르리라는
가능성은 없다고 본다. 그러나 야당과 언론은 일본이 북한과
빨리 접근할 것을 요구하고 있는데 이는 견제해야 할 필요가
있다고 본다. 물론 우리도 이를 견제하는데 노력하겠지만 미국측
에서도 이와 같은 움직임에 "부레이크"를 가하도록 협조해 주기
바란다. 우리는 일본에 대해서 쏘련이나 중공이 만일 대한민국을
승인한다면 일본이 북한을 승인해도 좋다고 이야기 하고 있으며
다만 그 보다 앞서서 일본이 북한을 승인하는 것에 반대하고
있는 것이다.
(국군 현대화 5개년 계획) 다음은 한국군 현대화 5개년 계획에
관해서 미국 행정부가 대통령을 비롯하여 장관도 이의 실천을
위하여 적극적인 노력을 해준데 대해서 감사한다. 이 계획은
원래 계획대로 추진되기를 우리는 바라고 있다. 그 5개년 계획이
1~2년 연기되더라도 실천되기를 바라고 있으며 만일 국회의 압력
으로 그것도 어렵게 된다면 장기 차관등의 형식으로 빠른 시일내에
국군현대화 계획이 달성되기를 바란다. 그렇게 하는 것이 북한의
도발행위를 미연에 방지할 수 있는 길이 될 것이다. 북한 공산주의
자들은 우리가 약하다고 판단하면 오산을 하여 무모한 짓을 저지르게

73-13-78 1013

131

될 것이다. 따라서 우리의 방위력을 증강하여 북한으로 하여금
오산에 의한 무모한 짓은 결코 할 수 없다는 것을 인식시켜야
할 것이며, 그렇지 않는 한, 한반도 에서의 위험성은 계속 존재하게
될 것이다. 우리 정부는 미국의 국회 압력, 그리고 국내 여론등
으로 한국군 현대화 5개년 계획이 끝날 무렵에는 무상원조도 없게
될 것이라는 것을 예상하고 우리 스스로가 방위산업을 개발중에
있으며, 항공기, 군함과 같은 것을 제외한 대포, 전차등은 앞으로
수 년내에 국내생산이 가능하게 될 것이다. 또한 앞으로 미국으로
부터 군원이 완전히 없을 때, 우리가 필요로 하는 항공기 그리고
미사일과 같은 장비나 무기는 차관을 통해서 또는 정부 보유불로서
구입해야 할 것도 구상하고 있는 것이다. 이와 같이 앞으로의 일을
예상하면서 우리가 준비하고 대비하고 있다는 것을 장관에게 참고로
이야기 한다. 우리의 국방은 우리 스스로가 해야 할 문제이며,
수 년내로 자립하려면 우리의 경제성장이 병행되어야 하겠다.
따라서 앞서 상무장관에게도 부탁하였지만, 한국의 경제성장에
커다란 타격을 주는 일이 없도록 각별한 미국의 배려가 있기를
바란다. 그렇게 된다면 한국 에서 닉슨 대통령이 주창한 "닉슨
독트린"의 성공사례를 볼 수 있게 될 것이다.

장관 - 각하께서 더 말씀 하시기 전에 순서에 따라 본인의 의견을 말씀
드리고자 합니다.

각하 - 좋다.

장관 - (6. 23 성명에 대해서) 우선 지난 6. 23에 발표된 외교정책 성명에
대해서 미국은 전폭적인 지지를 표명하였으며, 세계 어러나라도
이를 지지 또는 환영하였읍니다. 이 성명을 계기로 우리는 북한을

1014

132

- 4 -

계속 금지에 몰아 넣어야 하겠읍니다. 그것은 그 성명이
건설적인 것이기 때문에 가능한 것입니다. 따라서 북한이
유엔군, 언커크의 해체를 주장하는 것을 기다릴 것 없이 우리는
남.북한의 동시 유엔 가입을 주장, 추진하므로서 공세의 입장을
취해야 할 것입니다. 그때도 북한이 그와 같은 주장을 한다면
그것은 유엔에 가입하는 것을 지연시키려는 책동이란 비난을
면치 못할 것입니다. 전 세계는 연립정부의 존재가 어려운
일이라는 것을 주지하고 있는게 사실입니다. 따라서 그와 같은
북한의 주장은 유엔 가입을 지연시키려는 처사에 불과하다는
비난을 받도록 하게 할 것입니다.

(유엔군 사령부 해체문제) 유엔군 사령부 해체문제는 휴전협정의
이행을 위해서 중요한 문제입니다. 유엔군이 해체되면 휴전협정의
위반은 누가 어떻게 감시하게 될 것인지 또한 이에 관련된 문제들이
신중히 검토되어야 할 것입니다. 그간에 있어서 남.북간의 대화와
남.북적십자 회담을 진행시키면서 앞서 말씀드린 요령으로 대책을
추진해 나간다면 본인 생각으로는 반드시 우리에게 승산이 있으리
라고 생각합니다.

(언커크 해체문제) 언커크 해체문제에 있어서 그 자체가 해체를
건의하도록 하는 방안이 좋을 것 같습니다만, 종합적인 유엔 대책을
다룰 때 다시 검토되어야 하리라고 생각합니다.

(소련, 중공의 태도 타진) 소련, 중공에 대한 각하의 말씀에
대해서는 관심을 갖고 추진 협조하려 합니다. 앞으로 대 유엔
정책 수립에 있어서 한.미간에 더욱 긴밀한 협조가 있어야
하겠읍니다. 앞서 말씀드린 이유로 유엔군의 해체문제는 있을 수

B

없는 일이라고 생각합니다만, 각하의 말씀대로 만일을 위한
대비책도 강구해 두는 것이 좋겠습니다. 이 문제에 대해서는
오늘 아침 베넷트 장군과도 이야기 하였읍니다. 최악의 경우는
한.미 상호방위조약에 입각하여 미군은 계속 주둔할 수 있게 될
것입니다. 물론 유엔의 깃발을 계속 유지하는 것이 우리에게는
유리하고 편리하겠읍니다만, 그렇지 못할 경우도 생각하여 정전
위원회의 운영문제등 관련된 문제에 대한 대비책에 관해서 앞으로
수 주일내에 검토가 이루어져야 할 것으로 생각합니다. 현재
한국 에는 42,000명의 미군이 주둔하고 있읍니다. 다음 회계
년도인 1974년 7월까지는 한국으로부터 미군이 철수하거나 감축할
계획은 없읍니다. 만일 철수나 감축이 불가피할 경우 에는 상당한
시일에 앞서 사전협의를 하므로서 오해가 없도록 할 것입니다.
그것도 안보문제가 그 대된 연후 에 있을 문제입니다.
(국군 현대화 계획) 국군 현대화 5개년 계획에 관해서 각하께서
치하의 말씀까지 해 주셨읍니다만, 사실 우리는 최선의 노력을 다
했읍니다. 그러나 계획대로 5년내에 완결되기는 어려울 것 같으며,
약 2년 지연될 것 같습니다. 그래서 공군력의 조속한 증강문제도
논의되고 있는데 이는 군사 지도자들이 해결할 문제입니다.
(미국의 정세 평가) 한반도의 정세에 대한 미국의 평가는 과거에
있었던 군사적 위협은 감소되고 있다고 보고 있읍니다. 그 이유
로써는 중공과 쏘련이 미국과의 관계가 개선되기를 바라고 있으며,
중공과 쏘련은 서로 분쟁중 에 있고 그들이 낙후된 경제를 끌어
올리고 새로운 기술을 도입하는데 미국 에 의존해야 할 처지에 놓여
있기 때문입니다. 따라서 우리의 판단으로써는 중공이나 쏘련이
한반도 에 있어서 정치적인 선전을 위한 행동은 할런지 모르나 하는,

'34

군사적 충돌을 초래하게 할 행동은 하지 않으리라고 봅니다.
(서방진영에 의한 북한 승인) 서방진영의 북한 승인문제에
대해서 미국은 한국의 입장을 돕는 방향으로 협조하겠읍니다.
물론 우리가 설득은 하겠읍니다만, 서방 나라들중에는 그와
같은 경향으로 나올 가능성도 있을 것입니다. 일본 외상과의
회담에서 일본 정부는 북한에 차관을 제공하도록 실업계의 압력을
받고 있는 입장이라는 이야기를 하고 있었읍니다. "스나이더"
부차관보를 오늘 다시 동경에 보내어 일본 외무성의 "도오고",
"호오간"씨와 만나 일본이 북한과의 관계에 있어서 성급한 행동을
지양하고 가능한 한 그러한 관계를 맺는 것을 지연시키는데 협조해
줄 것을 요청하도록 하겠읍니다. 서방측에 의한 북한 승인을 지연
시키는 문제도 협조하겠읍니다. 그런데 한국을 승인한 나라가
북한을 승인함으로서 북한이 유엔 가입을 반대하는 입장을 더욱 난처
하게 만들지 않을까 생각됩니다. 공산측이 대한민국을 승인하지
않는데 서방측도 성급히 북한을 승인하지 않도록 설득하는데
우리의 최선을 다 하겠읍니다.

각하 - 서방진영이 북한을 승인하는 것을 우리가 근본적으로 반대하는 것은
　　　아니다. 다만 상호 호혜균등의 원칙하에서 공산측에서는 아무런
　　　상응조치가 없는데 서방진영만이 일방적으로 북한을 승인하는
　　　것을 반대하고 있는 것이다.

장관 - 각하께서 말씀하시는 뜻을 충분히 이해하겠읍니다.

각하 - 우리도 그렇게 해서 공산진영에 끌고 들어가고자 한다.

장관 - 잘 이해하겠읍니다. 다만 우리의 설득에도 불구하고 서방국가들
　　　중에는 소련은 대한민국을 승인하지 않고 있으며, 미국은 북한을
　　　승인하지 않고 있으니 자기들은 독자적인 입장에서 개별적인 행동으로

135

77-17-42 1017. O

- 7 -

북한을 승인하겠다고 나올 가능성도 있읍니다. 결국 우리가
설득은 하겠읍니다만, 반드시 우리 입장에 협조할 것이라는
보장은 없읍니다. 최선의 협조를 다 하겠읍니다.

130

-8-

73-13-43 1018 231

DEPARTMENT OF STATE   S/S 7314245

Washington, D.C. 20520

CONFIDENTIAL   August 3, 1973

MEMORANDUM FOR MR. HENRY A. KISSINGER
COPIES TO: THE WHITE HOUSE
EA
IO
RF   Subject: Korean Consultations

We have now agreed with the ROK, Japan, UK, and
Australia, to meet in New York on August 8 for dis-
cussions on the Korean question in the 28th UNGA.
The purpose of these discussions will be to review
the broad strategy in pursuance of the June 23 Korean
initiative for a two-Korea accomodation and to dis-
cuss some of the immediate tactical issues to be
faced at the 28th UNGA. We do not anticipate nor are
we prepared to make commitments on specific tactics
at these meetings, but they should clear the air for
subsequent decisions on our part.

In more specific terms, the meetings are likely
to cover: 1) the broad ROK approach to a two-Korea
accommodation, 2) the question of seating North Korea
at the UN debate, 3) admission of two Koreas to the
UN, 4) the future of UNCURK, and 5) the future of
the UN Command.

During these meetings, the US representatives
plan to act within the framework of NSDM 227 and
Secretary Rogers' recent discussions with the Korean
Government in Seoul and with the Japanese in Tokyo
and Washington. During his meetings, including the
August 1 meeting with Prime Minister Tanaka, Secretary
Rogers outlined a three-point program:

   1) we will support the ROK initiative for
       admission of two Koreas, utilizing this
       initiative to counteract North Korean
       efforts to push for an "Algerian resolu-
       tion" and seek admission for a Korean
       confederation, rather than two Koreas,
       in the UN;

CONFIDENTIAL
GDS

Drafted:EA:RLSneider:avm   Clearances: EA/K - Mr. Ranard
8/2/73, ext. 23586   IO - Mr. Popper
                                         S/S -

DECLASSIFIED PER ~~~~~~ ~~~~~~~
BY _Al_ , NARA DATE 7-19-11

<u>CONFIDENTIAL</u>   2.

2) accept the dissolution of UNCURK, but delay
any UNCURK recommendation until the latter
part of August; and,

3) resist efforts to dissolve the UN Command
except in the unlikely event that we can
achieve terms acceptable to us.

We also anticipate exchanging information as
scanty as it now is, on the likely voting prospects
at the forthcoming UNGA.

Thomas R. Pickering
Executive Secretary

<u>CONFIDENTIAL</u>

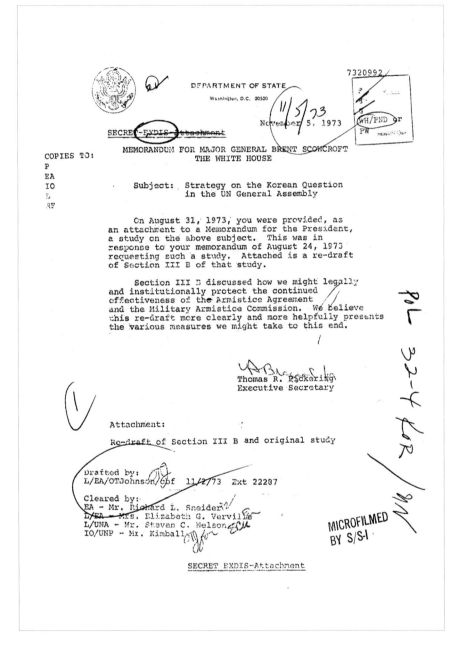

DEPARTMENT OF STATE
Washington, D.C. 20520

7320992

November 5, 1973

WH/PND or PW

SECRET-EXDIS-Attachment

COPIES TO:
P
EA
IO
L
RF

MEMORANDUM FOR MAJOR GENERAL BRENT SCOWCROFT
THE WHITE HOUSE

Subject: Strategy on the Korean Question
in the UN General Assembly

On August 31, 1973, you were provided, as
an attachment to a Memorandum for the President,
a study on the above subject. This was in
response to your memorandum of August 24, 1973
requesting such a study. Attached is a re-draft
of Section III B of that study.

Section III B discussed how we might legally
and institutionally protect the continued
effectiveness of the Armistice Agreement
and the Military Armistice Commission. We believe
this re-draft more clearly and more helpfully presents
the various measures we might take to this end.

Thomas R. Pickering
Executive Secretary

Attachment:

Re-draft of Section III B and original study

Drafted by:
L/EA/OTJohnson/cbf 11/2/73 Ext 22287

Cleared by:
EA - Mr. Richard L. Sneider
L/EA - Mrs. Elizabeth G. Verville
L/UNA - Mr. Steven C. Nelson
IO/UNP - Mr. Kimball

MICROFILMED
BY S/S-I

SECRET EXDIS-Attachment

DECLASSIFIED PER ~~K/A/2/3~~ ~~12-0-0-17~~
BY _A2_, NARA   DATE _7-10-11_

SECRET/~~EXDIS~~

SECTION B OF PART III OF THE MEMORANDUM
FOR THE PRESIDENT DATED AUGUST 31, 1973
ON THE SUBJECT OF STRATEGY ON THE KOREAN
QUESTION IN THE UN GENERAL ASSEMBLY

**B.   Measures Which Could be Coordinated With
Termination of the United Nations Command to
Protect the Continued Effectiveness of the
Armistice and the Military Armistice Commission**

Termination of the United Nations Command (UNC)
would raise two questions regarding the Armistice
Agreement:

(1) Inasmuch as the Commander-in-Chief of the
United Nations Command (CINCUNC) is the only
signatory of the Armistice Agreement for the
non-Communist side, would the termination
of the United Nations Command adversely affect
the continued validity of the Armistice
Agreement? and

(2) How would members of the Military Armistice
Commission (MAC) from what was formerly the
UNC side be selected?

The first of these questions is particularly important
since a Chinese or North Korean claim that the
Armistice Agreement was no longer in effect might be
used to damage the existing international consensus
regarding the status of the Military Demarcation Line
and of the Demilitarized Zone. (A staff study prepared
in the Department of State on the legal implications
of the dissolution of the United Nations Command is
attached as Annex A.)

Measures are available which would deal with
these questions more or less satisfactorily. The
measures outlined below are listed in descending order
of their desirability as   means of protecting the
continued effectiveness of the Armistice Agreement and
the MAC.

Successful implementation of most of these
measures would require the explicit or tacit agreement
of North Korea and the PRC. Inasmuch as we have
insufficient information at this time to judge whether
such agreement would be likely, the probability of
successful implementation of any of the following
measures is neither discussed nor taken into account
in ordering them. However, it should be kept in mind

SECRET/EXDIS

DECLASSIFIED PER ~~~~~ ~~~~~
BY __A?__ , NARA DATE __7-18-11__

that the United Nations Command cannot be terminated
over our objection in the Security Council and,
therefore, to the extent the PRC and DPRK really want
the United Nations Command dissolved, we have leverage
for the purpose of obtaining their agreement to
alternative arrangements.

It should also be kept in mind that any of these
measures become significantly more desirable if
accompanied by a Security Council resolution endorsing
the continued validity of the Armistice Agreement.
Such a resolution would substantially eliminate any
remaining legal uncertainty as to the validity of the
Armistice and would provide a basis for a continuing
United Nations interest in and responsibility for the
security of the Korean peninsula.

There are arrangements in addition to the Armistice
Agreement which have become associated with the UN
Command structure: operational control of the ROK
armed forces and US and third country use of bases in
Japan for defense of the ROK. These are bilateral
agreements with the ROK and Government of Japan and
we are convinced these can be handled satisfactorily
without reference to any third party. An analysis of
these issues has been prepared and can be provided if
wanted.

1. MEASURES PROVIDING FOR THE CONTINUED
EFFECTIVENESS OF THE ARMISTICE AGREEMENT

(a) Replacement of the Armistice with a
political settlement (peace treaty). Such an agreement
is specifically envisioned in paragraph 62 of the
Armistice Agreement and would supercede the Armistice
Agreement. Thus, its desirability is not measured
by its ability to maintain the effectiveness of the
Armistice but by the extent to which it serves our
interest in establishing a solid basis for North-South
accommodation. Depending on its terms a peace treaty
could serve this interest well.

(b) Explicit agreement among the four
concerned states that all are bound by the Armistice
Agreement even in the absence of the United Nations
Command. This would be the most effective means of
protecting the Armistice Agreement per se. All four of
the concerned states would be on the public record as
"revalidating" the terms of the Armistice Agreement.
Their agreement could be manifested in at least two ways:

DECLASSIFIED PER A/RDS 7641642
BY A2 , NARA DATE 7-18-11

SECRET/EXDIS   3

(1) Written four party (ROK, US, DPRK, and PRC) declaration to the effect that the parties would continue to abide by the terms of the Armistice Agreement. This would be, in effect, a new agreement which itself obligates the parties to respect the Armistice Agreement;

(2) Statements could be issued by each of the concerned states to the effect that each regards the Armistice as remaining in effect. Depending on the wording of these statements, this could also constitute a new agreement.

(c) Private assurances from the PRC and the DPRK that they would not use the termination of the UNC as the basis for challenging the continued effectiveness of the Armistice Agreement. Receipt of these assurances might be followed by United States and ROK public statements as described in (d) below. It should be kept in mind that while private assurances may be of some practical utility, they could not eliminate legal uncertainties.

(d) The United States and the ROK issue statements to the effect that they do not regard the termination of the United Nations Command as having any prejudicial effect on the armistice and, therefore, they consider themselves and the PRC and DPRK still bound by that agreement. Such a statement could be based on the argument that the commanders of the US and ROK forces in Korea are "successors in command" to CINCUNC within the meaning of Article 2 paragraph 17 of the Armistice Agreement. This argument is supported by Article 5 paragraph 62 which provides that the Armistice shall remain in effect until expressly superceded. On the other hand, the DPRK and PRC could contend with some justification that paragraph 17 refers only to successive commanders of the military commands represented by the signatories of the Armistice and does not contemplate the non-existence of one of those commands (e.g.,,the United Nations Command).

DECLASSIFIED PER ____ ____
BY _A2_ , NARA DATE _7-18-11_

SECRET/EXDIS   4

        (e) Simultaneously admit both Koreas to the
United Nations. Admission of both Koreas to the
United Nations would not serve to relieve any legal
uncertainty regarding the continued effectiveness of
the Armistice following UNC termination. Rather,
it would impose on both Koreas the obligations, contained
in Article 2 paragraphs 3 and 4 of the United Nations
Charter, to resolve their disputes peacefully and
to refrain in their international relations from the
threat or use of force against the territorial
integrity or political independence of any state,
or in any other manner inconsistent with the purposes
of the United Nations. Obviously, these general
obligations would not be a fully satisfactory substitute
for the specific obligations of the Armistice. However,
we should keep in mind that inspite of this the ROKG
has stated to us that it would be willing to go along
with UNC termination accompanied by simultaneous
admission.

        2. MEASURES PROVIDING FOR THE SELECTION OF
MEMBERS OF THE MILITARY ARMISTICE COMMISSION FROM THE
FORMER UNC SIDE (any of the following measures may be
combined with any of those listed under number "1"
above.)

        (a) Prior to UNC termination formally amend
the Armistice Agreement to provide for US and ROK
representation on the MAC. Paragraph 61 of the
Armistice Agreement provides for amendments "mutually
agreed to by the Commanders of the opposing sides."
Such an amendment could provide for a successor (eg.
COMUSKOREA or the commanding general of the ROK Army)
to CINCUNC's authority, under paragraph 20 of the
Armistice Agreement, to appoint members of the MAC.

        (b) Amend Armistice Agreement to transfer all
MAC functions to North and South Korea, for example to
a subcommittee of the North/South coordinating committee.
While this arrangement would be a logical substitute
for the MAC, it would have the disadvantages of removing
a direct channel of communication between the United
States and North Korea and of removing the United States
from a position where it can directly affect the
operation of the MAC.

        (c) The United States and the ROK issue a
statement expressing their intention to continue to
participate in the MAC as before. This alternative is
obviously open to challenge by the PRC and DPRK.

                    SECRET/EXDIS

DECLASSIFIED PER A/KUIJ 7250010
BY _A2_ , NARA DATE _7-19-11_

CONCLUSION

Outlined above are several measures any of which, if successfully implemented, _might_ make it appropriate for us to acquiesce in a resolution terminating the UNC. We should keep in mind that an expression of willingness on the part of the PRC and DPRK to enter into arrangements adequate to preserve the validity of the Armistice would make it extremely difficult for us to continue to oppose UNC termination.

[자료 22] 29차 유엔총회 결의 3333: 한국문제, 1974년 12월 17일

A/RES/3333(XXIX), Official Document System of the United Nations, https://documents.un.org, 검색일: 2021년 3월 1일.

3333 (XXIX). Question of Korea

The General Assembly,

Desiring that progress be made towards the attainment of the goal of peaceful reunification of Korea on the basis of the freely expressed will of the Korean people,

Recalling its satisfaction with the issuance of the joint communiqué at Seoul and Pyongyang on 4 July 1972 and the declared intention of the both South and the North Korea to continue the dialogue between them,

Aware, however, that tension in Korea has not been totally eliminated and that the Armistice Agreement of 27 July 1953 remains indispensable to the maintenance of peace and security in the area,

Recognizing that, in accordance with the purpose and principles of the Charter of the United Nations regarding the maintenance of international peace and security, the United Nations has a continuing responsibility to ensure the attainment of this goal on the Korean peninsula,

1. *Reaffirms* the wishes of its members, as expressed in the consensus on 28 November 1973, and urges both the South and the North of Korea to continue their dialogue to expedite the peaceful reunification of Korea;

2. *Expresses* the hope that the Security Council, bearing in mind the need to ensure continued adherence to the Armistice Agreement and the full maintenance of peace and security in the area, will in due course give consideration, in consultation with the parties directly concerned, to those aspects of the Korean question which fall within its responsibilities, including the dissolution of the United Nations Command in conjunction with appropriate arrangement to maintain the Armistice

Agreement which is calculated to preserve peace and security in the Korean peninsula, pending negotiations and conciliation between the two Korean Governments leading to a lasting peace between them.

2322nd plenary meeting
17 December 1974

[자료 23] 1975년 박정희 대통령 연두 기자회견, 1975년 1월 14일
대통령기록관, https://pa.go.kr, 검색일: 2021년 2월 20일.

질문 북괴는 우리가 제의한 남북 상호 불가침 협정 체결을 거부하면서 유우엔 군의 해체를 주장해 오고 있습니다. 이에 대한 정부의 정책을 말씀해 주 셨으면 감사하겠습니다.

답변 작년 연초 기자 회견 때 바로 이 자리에서 내가 제의한 것이 『남북 상호 불가침 협정』 체결이었습니다.

북한측에서 진심으로 평화를 원한다면 이것을 받아들여야 할 것 아니냐 하고 제의를 했는데, 그 뒤에 북한측에서는 계속 거절해 왔습니다.

이북에서는 또 우리가 『남북 상호 불가침 협정』 제의를 하기 전에 그들이 말하 는 소위 『남북 평화 협정 안』이라는 것을 들고 나와서 여러 면 정치 선전용으 로써 먹었다는 것도 우리는 알고 있습니다.

우리는 그것을 반대했습니다. 왜 반대를 했느냐, 그 사람들이 말하는 평화협정 이라는 것은 이름이 평화지 평화가 아닌 것입니다. 위장된 하나의 기만 술책이 고 평화를 위한 협정이 아니라 전쟁을 위한, 침략을 위한 협정이라는 것을 우 리는 알기 때문에 거절했습니다.

그자들이 들고 나온 평화 협정의 골자를 보면, 첫째가 남한에 있는 미군이 나 가야 되고 유우엔군이 나가야 된다는 것입니다. 두번째는, 남북이 서로 병력을 많이 가지고 있기 때문에 자꾸 충돌이 일어나지 않느냐, 그러니까 군축을 하자, 남북이 병력을 각각 10만 이하로 감축을 하자, 그리고 휴전 협정을 철폐해 버 리자, 이런 얘기 입니다. 그래서, 우리는 그것을 받아들일 수 없다고 했습니다.

여기에 대해서 우리가 제의한 불가침 협정 내용이라는 것은 여러분들이 잘 아 시는 바와 같이 남북이 서로 무력 침범을, 여하한 형태든 무력 침략을 하지 않 겠다는 것을 우리는 만천하에 약속하자, 그리고 서로 내정 간섭을 하지 말자는 것입니다. 우리가 북한의 공산주의를 싫어하지만 그러나 우리는 군이 그것을 비방하거나 간섭하지는 않겠다, 너희도 우리의 자유 민주주의나 자본주의를 싫어하겠지만 간섭하거나 이에 대해서 비방을 하지 말아라, 그리고 또 한 가지

는 현행 휴전 협정 체제는 그대로 유지되어야 한다, 이것이 우리가 제의한 상호 불가침 협정의 골자입니다.

여기에 대해서 북한측에서는 거부했읍니다. 그들이 왜 거부했겠느냐, 그 이유는 뻔한 것입니다. 아까도 말씀드린 바와 같이, 무력으로 적화 통일을 하겠다는 그 사람들의 야욕과 환상이 그대로 남아 있는 한, 이것을 받아들일 수 없을 것입니다.

그들은 앞으로도 그들의 야욕을 기어이 관철하기 위해서 계속 무력 도발도해야 하겠고, 간첩도 앞으로 계속 보내야 하겠고, 테러단도 보내야 하겠고, 간첩을 보내서 지하당도 조직해서 그것을 자꾸 확대해 가지고 남한 사회를 불안하게 만들고 혼란시켜야 하겠는데, 만약에 불가침 협정을 맺어버리면 그들이 이런 장난을 하는데 여러 가지 지장이 많다, 이것입니다.

그러니까 못 하겠다는 것입니다.

그 다음에 또 북한측에서는 덮어놓고 유우엔군은 철수해야 한다는 얘기입니다. 제 28차 유우엔 총회에도 그런 안을 냈고 작년 제 29차 유우엔 총회에서도 이런 안을 들고 나왔었읍니다.

유우엔군이 이 땅에 와 있는 것은 우리가 불러들였다는 것보다는 이북에 있는 공산당들이 불러들였다고 말하는 것이 더 정확할 것입니다.

1949년 말, 6.25가 나던 그 전 해에 38선 이남에 와 있던 주한 미군은 전부 다 철수했읍니다. 군사 고문단 약간명만 남고 전원 철수했읍니다. 그러자, 그 다음해 6월 25일에 일제히 전면 남침을 해 왔읍니다. 그래서, 유우엔군은 침략군을 저지하고 한국의 방위를 도와주기 위해서 이 땅에 온 것입니다.

유우엔군이 아직도 여기에 남아 있는 이유는 북한 공산당들의 무력 남침의 위협이 여전히 상존하고 있다는 것을 입증하는 것입니다.

아까도 얘기했지마는, 북한 공산주의자들의 군사적이 대한 민국에 대해서 심각한 위협이 되고 있기 때문에 주한 미군 또는 유우엔군이 여기에 남아 있는 것입니다.

물론, 나부터라도 유우엔군 사령부가 무작정 언제까지나 한국에 주둔해야 한다고는 생각지 않고 있읍니다.

그러나, 현 한계에서 만약 유우엔 결의라든지 유우엔 안보 이사회의 어떤 결의에 의해서 유우엔군 사령부가 해체된다면 반드시 휴전 협정만은 그대로 남겨 놓고 이것을 해체해야 한다는 것이 우리 정부의 주장이고, 또 우리 우방 국가들의 견해입니다.

따라서, 현행 휴전 협정이 효율적으로 운용될 수 있고 유지 준수될 수 있는 어떤 효과적인 방안이 마련만 된다면 유우엔군 사령부가 해체되는 것도 우리는 군이 반대는 하지 않겠다는 것을 표명한 바가 있읍니다.

우리 정부가 작년 제 29차 유우엔 총회에서 총회가 채택한 한국 문제에 관한 서방측 결의안을 전폭적으로 지지하는 이유도 바로 여기에 있읍니다. 그러나 여기에서 우리가 한 가지 확실히 해 둬야 할 것은 만약에 유우엔군 사령부가 해체된다 하더라도 주한 미군 철수 문제와 유우엔군 사령부 해체 문제는 전연 별개의 문제라는 것입니다.

주한 미군이 여기에 와 있는 것은 한,미 상호 방위 조약에 의거해서 지금주둔하고 있는 것입니다.

그러나, 북한 공산당들이 유우엔군 사령부를 해체하라고 주장하는 그 저의는 조금 다릅니다.

그 사람들은 유우엔군 사령부 그 자체가 문제가 아니라 유우엔군 사령부가 만약에 해체될 때에는 유우엔 깃발 아래 있는 모든 주한 미군도 같이 철수를 해야 된다고 주장하고 있는 것입니다.

결국은 유우엔군 해체를 들고 나오는 것도 근본 저의는 『주한 미군 나가라』는 것입니다. 이런 것을 우리가 쭉 훑어 볼 때에 북한 공산주의자들이 노리고 있는 정치적, 외교적 목표를 우리는 알 수가 있읍니다. 뭐냐 하면, 그들이 들고 나오는 평화 협정 운운하는 것도 궁극적인 목적은 한국에 와 있는 미군을 철수시키자는 것입니다.

제일 첫번에 나오는 것이 외군철수문제이기 때문에, 그 다음에 불가침 협정을 우리가 제의한 데 대해서 거부하는 이유도 그것을 받아들였다가는 미군 철수가 안 되기 때문에 거부하는 것입니다.

그렇다면 내정 간섭하지 말자, 휴전 협정도 그대로 두어야 된다, 그런 것이 들어 있기 때문에 이것을 안 받아들였다는 것이 됩니다. 결국 말을 뒤바꾸면 주한 미군을 철수시키자는 데 저의가 있기 때문에 이것을 수락할 수 없다는 것입니다.

그리고, 요즈음 그 사람들이 들고 나오는 『대민족 회의』 운운하는 것을 나는 무엇인가 하고 여러 가지로 생각해 보았는데 이것도 주한 미군을 내보내자는 것입니다. 왜 그러냐 하면, 소위 그 사람들이 말하는 남북의 정당,사회 단체 대표들이 전부 모여서 회의를 하자는 것인데, 한 쪽에서 수백 명씩 해서 남북 합치면 아마 500명에서 1천명까지도 될 것이라고 이야기합니다. 그렇게 많은 사람들이 모여서 무슨 회의를 하자는 것이냐, 그들이 노리는 저의는 무엇이냐, 남북의 숫자는 같을 것입니다. 500명이면 남쪽이 250명, 북쪽이 250명, 1천명이면 남쪽이 500명, 북쪽이 500명이 될 것입니다.

그린 경우 공산당이 제일 먼저 들고 나올 의제가 무엇이냐, 남한에 주둔하고 있는 외군 철수 결의안을 들고 나올 것입니다.

그러면, 북한 공산당은 어떻게 계산하고 있느냐 하면 자기들이 몰고 나온 수는 돌돌 뭉쳐서 한 치도 흔들리지 않는다 하고, 대한 민국에서 나오는 대표들 중에는 정부를 욕하는 사람도 있으니까, 잘 공작만 하면 몇 표가 자기네 쪽에 슬쩍 동조하지 않겠느냐, 그러면 50대 50으로 했는데 이 쪽에서 몇 표가 그쪽으로 가담을 하면 결국 남한에 주둔하고 있는 외군 철수 결의안이 통과된다는 것입니다.

이렇게 될지 안 될지 모르지만 그 사람들의 계산은 그런 것이 아니겠느냐, 그리하여 이것을 하나의 정치적인 선전 도구로 전체 조선 인민이 남한에 있는 외군 철수를 지금 이렇게 결의했는 데도 안 나가고 있다, 이렇게 떠들기 위해서』

대민족 회의』를 하자는 것입니다.

그 다음 『남북 연방제』라는 것은 무엇이냐, 이것도 마찬가지입니다. 우리가 받아들일 리도 없지만, 만약에 우리가 연방제를 같이 의논해 보자 하고 응한다면 제일 먼저 들고 나오는 것이 미군 철수 문제일 것입니다.

미군이 있는 한은 『연방제』이고 무엇이고 남북 대화가 안 된다, 이제 우리끼리 『남복 연방제』를 만들어 가지고 하나의 통일된 국가를 만들자고 그랬는데 가장 방해되는 것이 외군이다…, 그래서 미군을 내보내자는 것입니다. 아까 말한 UNC(주한 유우엔군 사령부) 해체란 것도 UNC가 없어질 그 때에는 그 깃발 아래 있는 미군도 나가라…, 그러니까 이 사람들이 지금 노리고 있는 이 모든 정치적, 외교적 선전의 최고 목표, 투쟁 목표가 주한 미군 조기 철수에 있다는 것을 우리는 알 수가 있습니다.

미군을 철수시켜 놓고 나서 무엇을 하자는 것이냐 하는 것은 이야기하지 않아도 여러분들이 충분히 짐작이 갈 것입니다.

또, 우리 한,미 두 나라 정부는 북한 공산주의자들의 이러한 음흉한 흉계와 저의를 잘 알고 있기 때문에, 현 단계에 있어서 주한 미군을 철수해서는 안 된다 하는 것이 양국간에 완전히 합의된 견해입니다.

나는 오늘 이 자리를 빌어서 다시 한 번 북한 공산주의자들에게 몇 가지 제의를 하고자 합니다.

전에 한 이야기를 종합한 이야기가 될는지도 모르겠습니다마는, 첫째는 공연히 쓸데없는 고집을 부리지 말고 진심으로 평화를 원하거든 『남북 상호 불가침 협정』 제의를 받아들이라는 것입니다.

둘째는, 『6·23 선언』을 긍정적으로 받아들이고 통일이 될 때까지는 유우엔에 남북이 같이 가입을 하자.

세째는, 휴전 협정의 효력이 그대로 존속되어야 한다는 방안에 동의를 한다면 유우엔군 사령부 해체에 우리는 반대하지 않겠다.

다음에는 남북 대화를 빨리 정상화시키는 데 좀더 성의를 표시하라.

끝으로 또 한 가지 더 제의하고 싶은 것은, 만약에 북한측에서 우리와 같이 유우엔에 가입하는데 대해서 끝내 반대한다면 우리 대한 민국만이라도 가입해야 하겠다는 것입니다. 우리 대한 민국은 유우엔에 들어갈 당당한 자격을 가졌다고 우리는 봅니다. 따라서, 북한이 들어가기 싫으면 우리가 들어가는 데 대해서 굳이 반대나 방해하지 말아달라는 것입니다.

......

The Government of the United States attaches great importance to the maintenance of peace and stability on the Korean Peninsula, and its efforts within and outside the United Nations have been devoted consistently to these goals. In this context my Government has given serious consideration to the best means to implement General Assembly resolution 3333 (XXIX).

In co-sponsoring and supporting the draft adopted as resolution 3333 (XXIX), the representative of the Government of the United States expressed a willingness to see the dissolution of the United Nations Command in conjunction with appropriate arrangements to maintain the Armistice Agreement. The Government of the United States is prepared to take concrete measures consistent with this resolution.

In this regard, the Government of the United States, in consultation with the Government of the Republic of Korea, wishes to bring to the attention of the Security Council that it is ready to terminate the United Nations Command and, together with the Republic of Korea, to designate military officers of the United States and the Republic of Korea as successors in command, as provided for in paragraph 17 of the Armistice Agreement of 27 July 1953, who would ensure implementation and enforcement of all provisions of the Armistice Agreement, which are now the responsibility of the Command-in-Chief of the United Nations Command.

The Government of the United States will terminate the United Nations Command and simultaneously, together with the Republic of Korea, implement the alternative arrangement outlined above on 1 January 1976, subject only to the prior agreement of the Korean People's Army and

Chinese People's Volunteers, as signatories to the Armistice Agreement, that the Armistice Agreement will continue in force.

The Governments of the Republic of Korea and the United States are prepared to discuss this matter with the other parties directly concerned at any time and in any place mutually agreed upon, as well as with the members of the Security Council should they so desire. The Government of the United States wishes further to state that, in anticipation of the recommendations of the General Assembly embodied in resolution 3333 (XXIX), it will in the meantime undertake measures to reduce manifestations of the United Nations Command, including restricted use of the flag, which were authorized by Security Council resolution 84 of 7 July 1950.

The Government of the United States emphasizes that its sole concern in this question is that all provisions of the Armistice Agreement, the basis of peace and security in the Korean Peninsula for over 20 years, be maintained and preserved pending negotiations and conciliation between the South and the North of Korea leading to a lasting peace between them.

I wish to request that this letter be circulated as a document of the Security Council.

(Signed) John SCALI

주한 유엔군 사령부에 대한 유엔기(旗) 사용제한 조치, 1975, 729.54, 8353,
외교사료관.

......

스틸웰 대장 ...... 우리가 유엔 안보이사회에 제출할 서한의 최종초안을 어제
(75.6.26) 아침에 받았습니다. 이 서한은 만일 북괴가 대한민국에서 이후 유엔
군사령관에 계승되는 군사령관을 휴전협정 조인당사자의 일방으로 인정하고,
현재와 같은 휴전체제를 유지하는데 동의한다면 우리는 UNC를 해체할 용의
가 있다는 내용의 것인데 보신 일이 있으십니까?

장관: 완전히 동일한 내용인지는 모르나 본 기억은 난다.

스틸웰 대장 그 서한의 각주에 보면 UNC 해체 시까지는 유엔기의 게양을 제한
하는 것으로 되어있습니다. 그렇게 될 경우 유엔군사령부나 군사정전업무에
직접 관계되는 부대에만 유엔기를 게양하게 될 것입니다. 환언하여 유엔군사
령부, DMZ 내와 부근부대들, 방공부대들은 유엔기를 게양할 것입니다. 그러
나 미2사단은 공식적으로 따져서 유엔기를 게양할 수 없을 것입니다. 본인으
로서는 유엔기를 내리고 싶지 않지만 이미 결정이 내려진 일이므로 이에 따르
는 수밖에 없습니다. 그러나 유엔기를 내리는 문제는 극히 신중을 기하여 처리
하려 합니다.

장관 이 문제는 모르는 일인데?

스틸웰 대장 한미 외무실무자들은 한동안 이 문제를 놓고 작업해 왔습니다. 외무
부에서는 국방부로 이런 문제를 알려주었어야 했을 것입니다. (이런 서한이 유
엔 안보이사회에 제시되었을 때 투표를 우리 측에게 유리하게 이끌려는데 이
각주의 동기가 있었으리라고 생각됩니다만.)

장관 결정이 내려졌다고 했는데 언제부터 유효하게 되는가?

스틸웰 대장 유엔 안보이사회에 서한이 제시된 직후가 될 것입니다. 그 다음에는
한국군부대에 게양된 유엔기에 대한 결정도 내려져야 할 것입니다. 어쨌건 기
(旗)라는 것은 감정에 호소하는(emotional) 물건입니다.

[자료 26] 유엔기 사용 제한에 대한 의견 회보, 1975년 7월 25일

주한 유엔군 사령부에 대한 유엔기(旗) 사용제한 조치, 1975, 729.54, 8353, 외교사료관.

외무부

방연 731.1 - 977   (70-2334)   1975. 7. 25.

수신 : 국방부 장관

제목 : 유엔기 사용 제한에 대한 의견 회보

　　1. 정책 911 - 25 (75. 7. 21.) 귀 문의에 대한 회보입니다.

　　2. 금후(?) 제30차 유엔총회 한국문제 토의에 대비하여 당부는 귀부와의 협의 하에 주한 유엔군 사령부의 장래문제에 관하여 미국 측과 아래와 같이 합의한 바 있습니다.

　　　　가. 현행 한국 휴전협정의 일방당사자인 유엔군 사령부의 협정 이행 책임을 한미 양국정부가 임명할 후계사령관으로 하여금 계승토록 하여 휴전협정의 효력을 유지시킨다는 방안에 대하여 협정 타방당사자인 북괴와 중공이 사전 동의한다면 미국정부는 1976. 1. 1.자로 유엔군 사령부를 해체할 것임을 유엔 안전보장 이사회에 통고함.

　　　　나. 유엔군 사령부의 대외적 면모를 축소시키기 위한 경과 조치를 취함.

　　3. 상기한 한미 기본 합의와 그 이후 한미 양국정부간에 계속된 협의 결과에 따라 미국정부는 6. 27. 상기 2항의 내용을 안전보장 이사회에 통고하는 공한을 이사회 의장 앞으로 발송하고 그 속에서 "1950. 7. 7.자 안보리 결의 84호에 의하여 인정된 유엔기 사용을 제한하는 것을 포함하여 유엔군 사령부의 면모를 축소시키기 위한 경과 조치를 취할 것"임을 밝힌 바 있습니다.

　　4. 당부는 상기한 아측 이니시아티브에 대한 아측 성의를 대외적으로 표시함으로써 금후 유엔총회에서의 아측 입장을 강화시키는 것이 중요하다는 입장에서 유엔기 사용 제한을 포함한 유엔군사 면모 축소를 위한 경과 조치는 되도록 금후 총회 개막이전에 취하여짐이 좋다고 생각하며, 다만 동 경과조치의 구체적 내용에 대한 한미간 사전 협의는 아직 없었음에 비추어 유엔기 사용

제한을 포함한 유엔군 사령부의 대외적 면모 축소를 위한 구체적 조치는 (한국군의 유엔기 사용문제 포함) 귀부에서 유엔군 사령부와 협의하여 주시기 바라며, 협의 진행 상황과 결과를 수시로 당부에 알려 주시기 바랍니다.

첨부 : 6. 27.자 안보리 의장앞 미국정부 공한 전문 1부. 끝.

외무부장관

주한 유엔군 사령부에 대한 유엔기(旗) 사용제한 조치, 1975, 729.54, 8353, 외교사료관.

면담요록

1. 일시 : 1975년 8월 2일(토요일) 11:40시~12:00시
2. 장소 : 외무부 미주국장실
3. 면담자 : 미주국장, 주한미대사관 Edward Hurwitz 참사관
4. 내용 :

제목 : 유엔기 사용 제한에 관한 문제

허윗츠 참사관 금년도 제30차 유엔총회에서의 한국문제와 관련하여 75. 6. 27.자로 미측이 유엔 안전보장이사회 의장 앞으로 발송한 공한 가운데에서, 유엔기 사용 제한을 포함한 유엔군 사령부 면모 축소를 위한 경과 조치에 관하여 언급한 바 있는데, 이에 관하여 국무성 훈령에 따라 다음과 같이 알려 주려고 함.

　　1. 유엔기 사용 제한에 있어, 주한 미군 부대는 유엔군 사령부 본부, 한미 제1군단 본부 및 판문점 공동경비구역(J.S. Area) 및 제314방공부대 본부를 제외한 기타 모든 부대에서는 유엔기를 계양치 않음.

　　2. 한국군 부대의 유엔기 사용에 있어서는 : 첫째, 제1군 및 한미 제1군단 지역 이남의 모든 부대는 유엔기를 계양치 않으며, 둘째, 제1군 및 한미 제1군단 지역 내에서는 유엔군 사령부의 작전 지휘 하에 있는 부대와 기타 DMZ 근방의 휴전 업무와 관계되는 이유로 유엔기 계양이 필요하다고 인정되는 부대에만 유엔기를 계양토록 했으면 하는 것이 미측의 생각임.

　　3. 기타 유엔군 사령부 표지(sign) 및 문장(symbol), 예를 들면 버스 등에 부착하는 것 등은 일체 사용치 않도록 함.

　　4. 현재 주한 미군 부대는 약 90개의 유엔기를 계양하고 있는데 1항의 조치에 따른다면 4개만 남게 될 것임.

　　5. 미측은 상기 조치를 75. 8. 25.까지 완료하고 9. 1.자로 조치 내용을 통보하는 공한을 유엔 안전보장이사회에 발송할 예정임. 상기에 대한 한국

측의 견해를 알려주기 바람.

미주국장 이 문제에 대해서는 얼마전에 스틸웰 주한 유엔군 사령관이 국방부 장관에게 제기하여, 국방부의 조회가 있었으므로 국방부가 유엔군 사령부와 협조토록 요청한 바 있었음.

허윗츠 참사관 국무성에서 온 본국 정부 훈령이 대사 및 스틸웰 장군 양인을 수신으로 하고 있는 것으로 미루어 보아, 스틸웰 장군이 국방부측과 협의한 결과에 따라 본 훈령이 온 것으로 추측됨.

미주국장 국방부측과 협의하여 한국 정부의 의견을 알려 주겠음. 미측이 9. 1.자로 안전보장 이사회에 송부할 예정인 공한의 초한을 한국측에 미리 보여주었으면 좋겠음.

허윗츠 참사관 초안에 관하여는 알아본 후, 연락하여 주겠음.

주한 유엔군 사령부에 대한 유엔기(旗) 사용제한 조치, 1975, 729.54, 8353,
외교사료관.

국방부

정책 911-33　　　　　　(42 - 1271)　　　　　　1975. 8. 12

수신　　외무부장관

참조　　미주국장

제목　　유엔기 사용 제한 조치내용 통보

1. 미이 723-1021 (75.8.4) 귀 문의에 대한 회신입니다.

2. 유엔기 사용제한 문제에 관하여 당부는 주한 유엔군 사령부와의
협의하에 아래와 같이 조치하였습니다.

　　　　가. 유엔기 계양 제한시기 및 부대범위

구분	계양 제한시기	계양 중지부대	계속 계양부대
1단계	75.8.15 하기 이후	육군본부, 육군 군수 사령부, 공군본부	
2단계	75.8.22 하기 이후	계속 계양부대를 제외한 전부대	육군 1군사령부, 육군 GP, 공군작전사령부
3단계	유엔군 사령부 해체시	별도 지시	별도 지시

　　　　나. 각종 의전행사시 유엔기 사용은 75.8.15 (1단계) 이후 중지함.

　　　　다. 기타 유엔군 사령부의 표지, 상징뱃지, 표찰, 공문서상의 표시
등의 사용제한은 유엔기 사용제한에 준함.

　　　　3. 유엔기 사용 제한조치와 관련한 공보문제는 한,미양국의 합의에
의하여 결정될 문제로서, 현재 여러안이 거론되고는 있으나 문제의 중요성에
비추어 금후 그 세부내용에 대한 면밀한 검토가 있어야 할것으로 사료됩니다.
동 문제와 관련하여 주한유엔군 사령부는 과대공보 및 75.9.1 이전 신문보도,
성명등의 공표를 원치 않으며, 만일 기자의 질문이 있을 경우 75.6.27자 안
보리에 제출한 서한내용을 확인함에 그치는 것이 좋겠다는 의견임을 첨언합
니다.

4. 참고적으로, 유엔기사용 제한에 대한 주한유엔군 사령부의 조치내용은 아래와 같습니다.

구분	게양제한시기	지역 및 부대	제외 부대
1단계	75.8.15 하기 이후	1군 및 한,미 1군단 후방한계선 이남	314비행사단, 38방공 여단, 미해군 사령부
2단계	75.8.22 하기 이후	상기 한계선 이북	유엔군 사령부 한,미 1군단 공동 경비구역
3단계	유엔사 해체시	별도 지시	별도 지시

(파기 : 75.12.31)   끝.

국방부장관

[자료 29] 외무부 보고사항, 유엔기 사용 제한 조치에 관한 보고, 1975년 8월 12일
주한 유엔군 사령부에 대한 유엔기(旗) 사용제한 조치, 1975, 729.54, 8353,
외교사료관.

외무부 보고사항

외 미이 723- 호   1975. 8. 12.

수신 : 국무총리각하

제목 : 유엔기 사용 제한 조치에 관한 보고

다음과 같이 보고합니다.

......

3. 조치사항

유엔기 사용 제한을 포함한 유엔군 사령부의 대외적 면모 축소 조치는 한,미
양측이 협의하여 유엔 안보 이사회에 보낸 75. 6. 27.자 미측 서한에서 밝힌 바
있으며, 상기한 아측 이니시아티브에 의한 후속 조치를 유엔 총회 개막전에 취
하는 것이 유엔에서의 한국문제 상정 토의에 대비한 아측 입장을 강화하는 데
도움이 될 것이므로,

가. 국방부가 유엔군 사령부와 협의하여 합의한 조치를 근거로 하여 9. 1.자로 미
   측이 안전보장이사회 의장 앞으로 서한을 발송하는 데 대하여 동의함을 통보
   하며,

나. 그러나 미측이 안전보장이사회 앞으로 보낼 서한 내용에 관해서는 한,미 양
   측간에 사전 협의하도록 하고, 미측의 서한은 주한미군의 유엔기 사용 제한
   조치에 관해서 주로 다루기로 하며 한국군의 유엔기 사용 제한 조치에 관
   해서는 대외적인 관계 및 유엔 대책면을 고려하여 전혀 언급치 않든가, 혹
   은 극히 간략하게만 언급토록 요청코저 합니다.

4. 보도 관계

또한 미측은 상기한 유엔기 사용 제한 조치에 관하여 유엔 안보이사회 앞 9. 1.자

서한 발송 이전에는 대외적으로 발표 또는 보도하지 않으며, 그 이전에 유엔기 사용 제한에 관한 단계적 조치를 취하게 되므로써 외부 보도기관의 주의를 끌게 되어 질문이 있게 되면 6. 27.자 안보이사회 앞 서한내용을 확인하는데 그치겠다고 함을 보고합니다. 끝.

외무부장관

주한 유엔군 사령부에 대한 유엔기(旗) 사용제한 조치, 1975, 729.54, 8353,
외교사료관.

면담요록

1. 일시 : 1975년 8월 13일 (수요일) 14:00시~14:20시
2. 장소 : 외무부 미주국장실
3. 면담자 : 미주국장, 주한 미대사관 Edward Hurwitz 참사관
4. 내용 :

제목 : 유엔기 사용 제한

미주국장 유엔기 사용 제한 문제에 관하여 국방부와 유엔군 사령부측과의 협의
결과를 통보 받았는바, 상세한 내용에 관하여는 미대사관측에서도 잘 알고 있
을 것으로 생각함. 동 협의 내용은 지난 8. 2.에 미측이 제시하여 온 것과 약간 차
이가 있는 바, 첫째, 유엔기 하기를 2단계로 나누고 있으며, 둘째, 주한미군중 유
엔기를 계속 사용할 부대로서 주한미 해군 사령부와 38 방공 사령부를 추가하고
있음.

허윗쓰 참사관 한국 정부는, 유엔기 사용제한 조치 및 동 조치내용을 유엔 안보
이사회 의장에게 통보하는 것에 대하여 동의하는 것인가?

미주국장 그렇다. 동 건과 관련하여, 첫째, 한국정부는 유엔기 사용 제한 조치
에 동의하며, 둘째, 9. 1. 자로 동 조치 내용을 설명하는 공한을 안보 이사회 의
장 앞으로 발송하는 데에 대하여도 동의함. 셋째, 그러나 동 서한 내용과 관련
하여, 종전의 관례에 따라 미측은 한국측과 사전에 협의하여 주기를 바람. 서
한 내용에 관한 우리의 견해는, 주로 주한미군 부대에 의한 유엔기 사용 제한
조치만 나두고 한국군 부대에 의한 조치에 관하여서는 언급치 않는 깃이 좋다
고 생각하며 만일 한국군 부대에 의한 조치를 언급하는 것이 필요하다고 생각되
는 경우, 동 언급은 극히 간략하게 함이 좋을 것으로 생각함. 그 이유로는, 현재까
지 한국군 부대가 유엔기를 게양하고 있다는 점이 외부에 알려져 있지 않고 있는

데, 서한중에 한국군 부대에 의한 제한조치를 언급함으로서 이점에 새삼스럽게 유엔의 이목을 끌어 한국군이 유엔군 사령부의 작전지휘하에 있음을 부각시킴은 바람직스럽지 않기 때문임.

허윗쓰 참사관 잘 알겠음. 이들에 관하여 국무성에 보고하겠으며 미측서한 초안에 관하여는 되는대로 한국측과 협의토록 하겠음. 보도문제에 있어서는 9. 1. 이전에는 공표치 않을 것이며 만일 각 부대가 단계적으로 유엔기를 하기 하고 있는 사실이 보도기관에게 주목되어 혹시 질문일도 받는 경우, 6. 27. 자 유엔 안보이사회 의장 앞 서한 내용을 재확인하고 유엔군 사령부는 해체시까지 그 기능을 계속할 것임을 밝힐 것임.

미주국장 보도문제에 있어 그와 같이 함에 이의 없음. 그러나 9. 1. 자로 안보 이사회 의장 앞 서한을 내면 이와 때를 맞추어 서한내용을 공표하는 문제에 대해서는 양측이 상의할 것을 바람.

허윗쓰 참사관 그 점에 관하여도 국무성에 보고하겠음.

- 끝 -

Dear Mr. President:

I wish to bring to the attention of the Security Council that, with effect from 25 August 1975, the United Nations flag no longer flies over military installations in the Republic of Korea except at facilities directly associated with the implementation of the Armistice Agreement of 27 July 1953.

Restricting the use of the United Nations flag will contribute to making a distinction between first, those military personnel directly involved in the performance by the United Nations Command of its Armistice Agreement responsibilities (less than 300 non-Korean personnel), and secondly, United States forces serving in the Republic of Korea in accordance with the Mutual Defense Treaty of 1954 (registered as Treaty No. 3363 in the United Nations treaty series on 8 May 1956) at the request of the Government of the Republic of Korea.

This action is pursuant to the letter of the Permanent Representative of the United States of America of 27 June 1975 addressed to the President of the United Nations Security Council. That letter stated that, in consideration of the recommendations in General Assembly Resolution 3333 (XXIX), adopted on 17 December 1974, the United States would take measures to reduce manifestations of the United Nations Command.

The restriction on the use of the United Nations flag does not alter the responsibilities of the United Nations Command under the terms of the Armistice Agreement. In that regard I wish to reiterate that the Governments of the United States and the Republic of Korea, as already stated, are prepared to discuss with the other parties directly concerned, at any mutually agreed time and place, the question of the termination of the United Nations Command subject to continuation of the Armistice Agreement. They are also prepared to discuss this question with the members of the Security Council should they so desire.

The Government of the United States re-emphasizes that its chief concern in this matter is that the Armistice Agreement, which has been the basis of peace and security in the Korean peninsula for over twenty years, be maintained in the absence of alternate lasting arrangements between the South and the North. Any proposal for peace on the Korean peninsula which does not provide for the maintenance of the Armistice Agreement in these circumstances would not be in the interest of international peace and security.

I wish to request that this letter be circulated as a document of the Security Council.

Sincerely Yours,
Daniel P. Moynihan

H. E. Mr. Moulaye El Hassen
The President of the Security Council
The United Nations
New York

A/RES/3390(XXX), Official Document System of the United Nations, https://documents.un.org, 검색일: 2021년 3월 1일.

UN General Assembly Resolution 3390 (XXX):
Question of Korea

A

The General Assembly,

Mindful of the hope expressed by it in resolution 3333 (XXIX) of 17 December 1974,

Desiring that progress be made towards the attainment of the goal of the peaceful reunification of Korea on the basis of the freely expressed will of the Korean people,

Recalling its satisfaction with the issuance of the joint communiqué at Seoul and Pyongyang on 4 July 1972 and the declared intention of both the South and the North Korea to continue the dialogue between them,

Further recalling that, by its resolution 711 A (VII) of 28 August 1953, the General Assembly noted with approval the Armistice Agreement of 27 July 1953, and that, in its resolution 811 (IX) of 11 December 1954, it expressly took note of the provision of the Armistice Agreement which requires that the Agreement shall remain in effect until expressly superseded either by mutually acceptable amendments and additions or by provisions in an appropriate agreement for a peaceful settlement at a political level between both sides,

Aware, however, that tension in Korea has not been totally eliminated and that the Armistice Agreement remains indispensable to the maintenance of peace and security in the area,

Noting the letter of 27 June 1975, addressed to the President of the Security Council by the Government of the United States of America, affirming that it is prepared to terminate the United Nations Command on

1 January 1976, provided that the other parties directly concerned reach agreement on alternative arrangements mutually acceptable to them for maintaining the Armistice Agreement,

Noting the statement of 27 June 1975 by the Government of the Republic of Korea affirming its willingness to enter into arrangements for maintaining the Armistice Agreement,

Recognizing that, in accordance with the purposes and principles of the Charter of the United Nations regarding the maintenance of international peace and security, the United Nations has a continuing responsibility to ensure the attainment of this goal on the Korean peninsula,

1. *Reaffirms* the wishes of its members, as expressed in the consensus statement adopted by the General Assembly on 28 November 1973, and urges both the South and the North of Korea to continue their dialogue to expedite the peaceful reunification of Korea;

2. *Expresses* the hope that all the parties directly concerned will enter into negotiations on new arrangements designed to replace the Armistice Agreement, reduce tensions and ensure lasting peace in the Korean peninsula;

3. *Urges* all the parties directly concerned, as a first step, bearing in mind the need to ensure continued observation of the Armistice Agreement and the full maintenance of peace and security in the region, to embark on talks as soon as possible so that the United Nations Command may be dissolved concurrently with arrangements for maintaining the Armistice Agreement;

4. *Expresses the further hope* that these discussions will be completed and alternative arrangements for the maintenance of the Armistice

Agreement will be made in order that the United Nations Command may be dissolved on 1 January 1976 so that by that date no armed forces under the United Nations flag will remain in the South of Korea.

2409th plenary meeting
18 November 1975

B

The General Assembly,

Noting that the reunification of Korea has not yet been achieved although thirty years have elapsed since Korea was divided into North and South and twenty-two years since the establishment of the armistice in Korea,

Recalling the obligations assumed by States in accordance with the Charter of the United Nations on respect for the principle of equality and self-determination of peoples and on refraining from intervening in matters which are within the domestic jurisdiction of any State,

Considering that it conforms with the principles of the Charter to encourage the Korean people to achieve the independent and peaceful reunification of their country at the earliest possible date on the basis of the three principles of independence, peaceful reunification and great national unity and to create favourable conditions for it,

Hoping that the North and South of Korea will promote their dialogue to accelerate the reunification of the country in accordance with the spirit of the joint statement of 4 July 1972 and with the decision adopted by the General Assembly at its twenty-eighth session, on 28 November 1973, which welcomed the joint statement,

Considering that a durable peace cannot be expected so long as the present state of armistice is kept as it is in Korea,

Considering that, in order to guarantee a durable peace in Korea and accelerate its independent and peaceful reunification, it is urgently necessary to take new decisive measures for terminating foreign interference in its internal affairs, removing tension and preventing armed conflicts in that region,

1. *Considers* that it is necessary to dissolve the "United Nations Command" and withdraw all the foreign troops stationed in South Korea under the flag of the United Nations;

2. *Calls upon* the real parties to the Armistice Agreement to replace the Korean Military Armistice Agreement with a peace agreement as a measure to ease tension and maintain and consolidate peace in Korea in the context of the dissolution of the "United Nations Command" and the withdrawal of all the foreign troops stationed in South Korea under the flag of the United Nations;

3. Urges the North and the South to observe the principles of the North-South joint statement and take practical measures for ceasing arms reinforcement, reducing the armed forces of both sides drastically to an equal level, preventing armed conflicts and guaranteeing against the use of force against the other side, and thereby remove the military confrontation and maintain a durable peace in Korea, conducive to accelerating the independent and peaceful reunification of the country.

2409th plenary meeting
18 November 1975

| 연 표 |

일 자		내 용
1950	6. 25	한국전쟁 발발
		유엔 안보리 결의안 82호 통과
	6. 27	유엔 안보리 결의안 83호 통과
		[자료 1] 유엔 안전보장이사회 결의 83호, 1950년 6월 27일
	7. 7	유엔 안보리 결의안 84호 통과, 통합군사령부 창설 권고
		[자료 2] 유엔 안전보장이사회 결의 84호, 1950년 7월 7일
	7. 8	맥아더 극동군 총사령관 유엔군사령관에 임명
	7. 14	이승만 대통령 맥아더 장군에게 한국군 지휘권 이양하는 서신 발송
		[자료 3] 이승만 대통령이 한국전쟁 당시 맥아더 장군에게 보낸 서한, 1950년 7월 14일
	7. 16	맥아더 장군 한국군 작전지휘권 인수하는 회신 발송
	7. 24	도쿄에서 유엔군사령부 창설
1951	7.	휴전 협상 시작
	9. 8	샌프란시스코 평화조약 체결
1953	6. 18	반공포로 석방
	7. 27	정전협정 체결
		[자료 5] 한국정전협정, 1953년 7월 27일
	10. 1	한미상호방위조약 체결
		[자료 6] 대한민국과 미합중국 간의 상호방위조약, 1953년 10월 1일
1954	2. 19	주일유엔군지위협정 체결
	4.	제네바 회담 개최
	11. 17	경제 및 군사문제에 관한 한미 합의의사록 체결
		[자료 7] 한미상호방위조약에 대한 합의의사록, 1954년 11월 17일
1957	7. 1	유엔군사령부 서울(용산기지)로 이전

일 자		내 용
1961	5. 16	군사 쿠데타 발생
	5. 26	유엔사와 국가재건최고회의 공동성명 발표
1969	7.	닉슨 대통령 괌 독트린 발표
1971	2. 6	주한미군 감축에 관한 공동성명서 발표
	7. 9	키신저 백악관 국가안보보좌관 비밀리에 베이징 방문
	8. 13	핵심우방전략회의
	9. 25	유엔총회 본회의 한국문제 토론 연기안 통과
	10. 25	중화인민공화국 유엔 가입
	12. 6	국가비상사태 선포
1972	2. 27	미국과 중국 상하이 공동성명 발표
	3.	저우언라이 평양 방문
	7. 4	7.4남북공동성명 발표
	9. 23	유엔총회 본회의 한국문제 토론 연기안 통과
	10. 17	유신 선포
1973	1. 27	베트남 파리평화협정 체결
	5. 16	북한 세계보건기구 가입
	6. 23	박정희 대통령 평화통일 외교정책에 관한 특별선언(6.23선언) 발표 [자료 18] 평화통일 외교정책에 관한 특별성명(6.23선언), 1973년 6월 23일
	8. 8	핵심우방전략회의
	8. 28	김영주 남북조절위 북측 위원장 남북대화 중단 선언
	9. 17 ~10. 6	김용식 외무장관 미국방문
	11. 16	박정희-키신저 회담에서 박 대통령 유엔사 권한 한국군 인수 조건으로 유엔사 종료 의사 표명
	11. 18	유엔총회 본회의 언커크 해체를 포함한 합의성명 채택
1974	1. 18	박정희 대통령 연두기자회견에서 남북 불가침협정 제안

일 자		내 용
1974	3. 25	허담 외교부장 북미평화협정 제안
	4. 9	미국 조건부 유엔사 해체안 한국에 전달
	6. 13	미국 조건부 유엔사 해체안 중국에 전달
	8. 9	닉슨 대통령 워터게이트 사건으로 사임
	8. 15	박정희 대통령 저격 미수 사건
	12. 17	유엔총회 결의 3333호 조건부 유엔사 해체와 관련 안보리 주의 환기 [자료 22] 29차 유엔총회 결의 3333: 한국문제, 1974년 12월 17일
1975	1. 14	박정희 대통령 연두기자회견에서 정전협정의 효력 유지되면 유엔사 해체에 반대하지 않는다고 표명 [자료 23] 1975년 박정희 대통령 연두 기자회견, 1975년 1월 14일
	4.	북베트남 사이공 점령
	8.	북한 비동맹회의 가입
	9. 22	키신저 국무장관 유엔총회 연설에서 정전협정 대안이 마련되면 유엔사 해체할 용의가 있다고 표명
	11. 18	유엔총회 본회의에서 친한 결의안, 친북 결의안 모두 통과 [자료 32] 30차 유엔총회 결의 3390: 한국문제, 1975년 11월 18일
1976	3. 28~ 30	핵심우방전략회의
	5. 20	청와대 대책회의 - 박정희 대통령, 결의안 지침 시달
	7. 1	핵심우방전략회의 - 우방 결의안 초안 토의
	7. 22	키신저 미 국무장관 남북한 교차승인과 유엔사 종료 용의 제안
	8. 12	핵심우방전략회의 - 우방 결의안 최종 확정
	8. 18	판문점사건 발생
	8. 20	우방 결의안 유엔사무국 제출
	9. 21	공산진영 결의안 철회, 우방 결의안 철회
1978	11.	한미연합군사령부 출범
1991	3.	군사정전위원회 파행

일 자		내 용
1991	9.	남북한 유엔 가입
1994	12. 1	평시작전통제권 환수
1995	3.	북한 중립국감독위원회 사무실 폐쇄
2013	3.	북한 정전협정 무효 선언
2018	4. 27	남북 정상 정전협정을 평화협정으로 전환 의지 표명

|참고문헌|

자료편

국가기록원.

국방부, 『한·미 안보협의회의(SCM) 공동성명』(서울: 국방부, 2003).

김태영, 『애국애족의 통일방안』(평양: 평양출판사, 2001).

대통령기록관, https://pa.go.kr.

외교사료관.

Department of State, Subject-Numeric Files, RG 59, National Archive at College Park.

Office of the Historian, Foreign Service Institute, United States Department of State,
        https://history.state.gov.

Official Document System of the United Nations, https://documents.un.org.

Taiwan Documents Project, http://www.taiwandocuments.org.

"The World and Japan" Database Project, https://worldjpn.grips.ac.jp.

Wilson Center Digital Archive, https://digitalarchive.wilsoncenter.org.

회고록

곽재성, 『한국 외교와 외교관: 이복형』(서울: 국립외교원, 2015).

김동조, 『냉전시대의 우리 외교』(서울: 문화일보, 2000).

김용식, 『희망과 도전: 김용식 외교회고록』(서울: 동아일보사, 1987).

노태우, 『노태우 회고록(하): 전환기의 대전략』(서울: 조선뉴스프레스, 2011).

박구병, 『한국 외교와 외교관: 이정수 전 주콜롬비아대사』(서울: 국립외교원, 2016).

이상옥, 『전환기의 한국외교』(서울: 삶과꿈, 2002).

이한규, 『한국 외교와 외교관: 김승호』(서울: 국립외교원, 2015).

조동준, 『한국 외교와 외교관: 이시영 전 주UN대사』(서울: 국립외교원, 2015).

진창수, 『한국 외교와 외교관: 김태지 전 주일대사』(서울: 국립외교원, 2017).

기간지
〈동아일보〉
〈로동신문〉
〈서울신문〉
〈조선일보〉
〈중앙일보〉
〈한국일보〉

Korea Herald
Korea Times

연구물

김계동, 『정전협정 전후 한미상호방위조약 체결협상』(서울: 국립외교원, 2019).
김병기, "전시작전통제권 전환과 유엔사의 역할: 유엔사의 법적 지위와 정치적 함의를 중심으로," 『신아세아』, 26권 4호, 2019년 겨울, 60-84쪽.
김일영, "미국의 안보정책 및 주한미군 정책 변화와 한국의 대응: 주한미군에 관한 '냉전적 합의'의 형성과 이탈 그리고 '새로운 합의'의 모색," 하영선·김영호·김명섭 공편, 『한국외교사와 국제정치학』(서울: 성신여자대학교 출판부, 2005), 383-429쪽.
김일영·조성렬, 『주한미군: 역사, 쟁점, 전망』(서울: 한울아카데미, 2003).
김정섭, "전시작전통제권 전환의 쟁점과 과제," 『세종정책브리프』, No. 2020-11, 2020년 8월 20일.
김종대, 『노무현, 시대의 문턱을 넘다』(서울: 나무와 숲, 2010).
김현욱, "제51차 한미안보협의회의(SCM) 성과 및 과제," 『IFANS 주요국제문제분석』, 2019-35, 2019년 12월 6일.
남기정, 『기지국가의 탄생: 일본이 치른 한국전쟁』(서울: 서울대학교출판문화원, 2016).
노동영, "한국문제에서 유엔사의 지위와 역할," 『국방연구』, 60권 4호, 2017년 12월, 53-75쪽.
동아시아연구원(EAI) 한미동맹 연구모임, 『변환시대의 한미 안보협력: 미래를 향한 지휘관계 재건축』(서울: 동아시아연구원, 2008).

박휘락, "6·25전쟁 종전선언의 기회와 위험 분석: 안보의 시각,"『의정연구』, 24권 3호, 2018, 56-83쪽.

서주석, "한반도 정전체제와 유엔군사령부,"『통일시론』, 2001년 1월, 105-115쪽.

설인효, "유엔사의 어제와 오늘: 유엔군사령부의 역사적 전개과정 및 평화체제 이행시의 주요 문제,"『군사』, 108호, 2018년 9월, 1-35쪽.

송승종, "종전선언, 정전협정과 유엔사령부,"『한일군사문화연구』, 27집, 2019, 235-263쪽.

신욱희,『순응과 저항을 넘어서: 이승만과 박정희의 대미정책』(서울: 서울대학교출판문화원, 2010).

외교통상부,『한국외교 60년 1948-2008』(서울: 외교통상부, 2009).

우승지,『남북화해론: 박정희와 김일성』(일산: 인간사랑, 2020).

유병현,『한미연합사 창설의 주역 유병현 회고록』(서울: 조갑제닷컴, 2013).

이기범, "한반도 평화체제 논의에 관한 국제법적 검토,"『아산 국제법 인포커스 2018』, 2018년 11월.

이기범, "유엔군사령부의 미래 역할 변화와 한국의 준비,"『아산 이슈 브리프』, 2019-20, 2019년 7월 8일.

이상현, "한반도 평화체제와 한미동맹,"『한국과 국제정치』, 22권 1호, 2006년 봄, 225-256쪽.

이상현, "한미동맹은 건재한가?: 제52차 한미 SCM 평가,"『세종논평』, No. 2020-23, 2020년 10월 19일.

이승헌, "국제정치장에서의 남북한 외교절충,"『정경연구』, 1972년 10월, 68-83쪽.

이시우,『UNC 유엔군사령부』(파주: 들녘, 2013).

이종석,『북한-중국관계 1945~2000』(서울: 중심, 2000).

장광현,『다시 유엔사를 논하다』(서울: 굿프렌드 정우, 2020).

장동철, "한반도 평화체제 구축과 휴전협정 대체,"『IFANS 주요국제문제분석』, 2003년 5월 16일.

정경영,『유엔사의 미래역할과 한국군과의 관계정립 방안』(서울: 21세기군사연구소, 2007).

정경영,『피스 크리에이션: 한미동맹과 평화창출』(파주: 한울, 2020).

정용석, "제28차 유엔총회의 남북한문제,"『신동아』, 1973년 11월, 71-75쪽.

제성호,『한반도 안보와 국제법』(서울: 한국국방연구원, 2010).

조한범, "한반도 평화체제 구축 로드맵," KINU Online Series, CO 18-26, 2018년 6월 5일.

최동주 편저,『유엔과 한국 1945-1973: 건국, 평화, 경제 성장의 파트너십』(서울: 경계, 2020).

한용섭, "전시작전통제권 환수문제," 심지연·김일영 편,『한미동맹 50년: 법적 쟁점과 미래의 전망』(서울: 백산서당, 2004).

홍석률,『분단의 히스테리: 공개문서로 보는 미중관계와 한반도』(파주: 창비, 2012).

홍석률,『1970년대 UN에서의 UNCURK 해체 문제』(서울: 국립외교원, 2020).

홍용표, "이승만 정부의 한·미동맹 정책과 한·미상호방위조약," 함택영·남궁곤 편,『한국 외교정책: 역사와 쟁점』(서울: 사회평론, 2010), 144-181쪽.

Kissinger, Henry, *Diplomacy* (New York: Simon & Schuster, 1994).

Oberdorfer, Don, *The Two Koreas: A Contemporary History*, Revised and Updated (Indianapolis: Basic Books, 2001).

Park, Hwee Rhak, "The Transfer of Wartime Operational Control in Korea: History, Risks and Tasks from a Military Perspective," *Korean Journal of International Studies*, 8: 2, 2010, pp. 327-351.

Suh, Dae-Sook, *Kim Il Sung: The North Korean Leader* (New York: Columbia University Press, 1988).